30가지 심리학 이야기로 풀어보는 UX 디자인

30가지 심리학 이야기로 풀어보는 UX 디자인

윤하린 지음

저자 소개

윤하린

인간-컴퓨터 상호 작용(Human-Computer Interaction, HCI) 분야를 연구하며, 생성형 AI와 UX 디자이너가 효과적으로 협업할 수 있는 프로세스를 만들고 있습니다. 또한, 인공지능 시대에 UX/UI 디자이너가 나아가야 할 방향성과 UX 디자인에 논리적으로 접근하기 위한 심리학 및 행동 경제학 기반 케이스 스터디를 디논이라는 닉네임으로 콘텐츠를 통해 전달하고 있습니다.

	인스타그램	@design_nonri
	브런치	brunch.co.kr/@design-nonri
	요즘IT	yozm.wishket.com/magazine/@design_nonri
	퍼블리	publy.co/profile/719077?fr=chapter-top

서문

UX/UI 디자인을 공부한다고 했을 때 가장 많이 받았던 질문은 '그게 뭔데?'였습니다. 그다음으로 자주 들었던 말은 '아, 그거 앱 화면 만드는 거잖아.'입니다. 물론, 요즘에는 UX/UI의 중요성이 부각되면서 이에 대해 관심을 가지는 분들도 점차 많아지고 있습니다. 실제로 공부해 보고 싶었다고 말씀하시는 분들도 많았습니다. 하지만 막상 UX/UI가 무엇인지 알아보려고 검색하거나 책을 찾다 보면 피그마(Figma)를 어떻게 사용하는지와 같은 툴 사용법이나 지나치게 깊이 있는 방법론뿐이어서 무엇을 어떻게 공부해야 할지 모르겠다고 이야기합니다.

그래서 이 글을 쓰기 시작했습니다. UX/UI가 도대체 무엇인지 묻는 친구들과 주위에서 관련된 이야기는 많이 듣는데 인터넷에서는 피그마 사용법만을 설명하고 있어서 답답해했던 지인들을 비롯하여 UX/UI에 대해 궁금하지만 필요 이상의 실무적인 방법론까지 파고들 계획은 없는 모든 분들이 가볍고 쉽게 읽을 수 있는 글이 되었으면 좋겠습니다. 그러면서도 '아, 이런 것도 UX/UI 디자인이구나.'하는 생각을 떠올리게 할 수 있다면 더욱 좋을 것 같습니다.

이 책에서는 사용자의 감정과 행동을 분노, 행복, 설득, 불안, 기억이라는 다섯 가지 카테고리로 나눕니다. 그리고 그러한 감정과 행동을 불러일으키는 디자인에 관해 설명합니다. 일상에서 쉽게 접할 수 있는 서비스 사례로 구성하였기에 공감할 수 있는 지점이 많을 것으로 생각합니다. 의도되었다고는 전혀 생각하지 못했던 디자인이 사실은 인간의 심리와 감정 및 행동을 고려하여 만들어졌고 그러한 일련의 과정과 결과물이 모두 UX/UI 디자인이라는 메시지가 전달되었으면 합니다.

> "A designer who doesn't understand human psychologies is going to be no more successful than an architect who doesn't understand physics."
>
> "인간 심리학을 이해하지 못하는 디자이너는 물리학을 이해하지 못하는 건축가보다 성공할 수 없습니다."
>
> — 조 리치(Joe Leech)의
> 『디자이너를 위한 심리학(Psychology for Designers)』 중에서

심리학이라는 학문에 대해 전문적인 교육을 받거나 학습을 한 적이 없기 때문에 관련 이론들을 인용하여 이야기하는 것이 사실 굉장히 조심스러웠고 고민도 많이 되었습니다. 그럼에도 '사용자 경험(User eXperience, UX)을 설명하는 데 있어서 인간의 행동과 마음만큼 중요한 게 또 있을까?'라는 생각에 이렇게 방향성을 정하게 되었습니다. 관련 이론과 학술 논문을 기반으로 개념을 설명하고 디자인 사례를 연결 지어 서술했지만, 혹시나 잘못 인용된 부분이나 사례가 있다면 부디 따뜻한 목소리로 메일 한 통 부탁드립니다.

마지막으로, 집필하는 과정에서 다양한 사례와 경험담을 나누어 준 모든 분께 감사드리며, 이 책이 UX/UI 디자인에 대한 궁금증을 해소하고자 하는 분들께 작은 도움이 되기를 소망합니다.

목차

저자 소개 iv
서문 v

CHAPTER 1 사용자를 분노하게 만드는 UX   1

1 디자이너의 날갯짓이 불러일으킨 태풍 2
2 들어올 때는 마음대로였겠지만 나갈 때는 아니란다 10
3 나도 모르는 사이 내 일상이 생중계된다면 19
4 시작된 스무고개, 가장 저렴한 가격은? 36
5 힘 조절에 실패한 부메랑 던지기 46
6 끝날 때까지 끝난 게 아니다 54

CHAPTER 2 사용자를 행복하게 하는 UX   67

1 부장님이 주말마다 등산하자고 하는 이유 68
2 피시돔에 중독된 이유 77
3 서비스의 기브 앤 테이크 92
4 데이터 결산 서비스에 숨은 심리학 101
5 주목 경제의 혼란 속에서 사용자를 구하는 서비스 108
6 내 친구 AI 116

CHAPTER 3 사용자를 설득하는 UX   127

1 너무 빠르기만 한 UX가 나쁜 이유 128
2 사용자를 채찍질하는 UX 139
3 둔↘둔↘두두두 → 이 노래 뭐야? 하는 심리 154
4 도로 위의 왕눈이 165
5 스탠리 텀블러가 역주행한 이유 175
6 과소비의 길로 이끄는 가격 디자인 182

CHAPTER 4 사용자를 불안하게 하는 UX   191

1 현대인의 햄릿 증후군 192
2 너 설마 바보 같은 선택을 할 거야? 201
3 실수를 용납하지 않는 디자인 211
4 적절한 종료 타이밍이 중요한 이유 225
5 구매 유도 다크 패턴 236
6 강제하는 디자인 vs 자신 있는 디자인 248

CHAPTER 5 사용자가 기억하는 UX   255

1 부정적인 사용자에 대처하는 방법 256
2 감각적으로 소통하는 서비스 263
3 심플함 속 화려함, 화려함 속 심플함 269
4 계획하고 기억하고 행동하라 276
5 정보를 소화하는 방법 286
6 오래 보아야 예쁘다, 서비스도 그렇다 294

각주별 출처 304

1 디자이너의 날갯짓이 불러일으킨 태풍
2 들어올 때는 마음대로였겠지만 나갈 때는 아니란다
3 나도 모르는 사이 내 일상이 생중계된다면
4 시작된 스무고개, 가장 저렴한 가격은?
5 힘 조절에 실패한 부메랑 던지기
6 끝날 때까지 끝난 게 아니다

CHAPTER

1

사용자를 분노하게 만드는 UX

1 디자이너의 날갯짓이
불러일으킨 태풍

영국의 식민지였던 인도에는 코브라가 너무 많아서 실행된 정책이 하나 있다. 코브라를 잡아 오면 보상금을 주는 정책이다. 이 정책을 실행한 초반에는 코브라가 줄어드는 듯했지만, 나중에는 돈을 벌기 위해 일부러 코브라를 번식시키는 사람들이 생겨났다.

이 사실을 알게 된 영국 정부는 보상 정책을 중단했다. 그러자 코브라 사육자들은 가치가 없어진 코브라를 몽땅 풀어버렸다. 결과적으로 정책을 시행하기 전보다 더 많은 야생 코브라가 사람들의 생명을 위협하는 상황이 벌어졌다.

20세기 초, 프랑스의 식민지였던 베트남 하노이에서도 비슷한 일이 있었다. 여기서는 '쥐 없애기' 정책을 시행했는데, 코브라 정책과 마찬가지로 쥐를 잡아서 죽이고 그 꼬리를 가져오면 보상금을 주는 제도였다. 하노이에서는 이 정책이 효과가 있었을까?

예상할 수 있듯이 코브라 정책 때와 똑같은 일이 벌어졌다. 하노이 사람들은 돈을 벌기 위해 쥐를 죽이는 게 아니라 꼬리만 자른 다음에 다시 풀어줬다. 쥐들이 번식을 했을 때 자를 꼬리가 계속 생기도록 의도한 것이다. 또한 더 많은 꼬리를 모으기 위해 직접 쥐를 사육하기도 했다.

이렇게 원래의 의도와 달리 문제를 심화시키거나 바람직하지 않은 결과를 초래하는 상황 및 구조를 코브라 효과(cobra effect)[1, 2] 또는 비뚤어진 인센티브(perverse incentive)라고 한다. 이는 2차 효과의 대표적인 사례이다.

모든 행동에는 결과가 따라오며 그 결과로 인해 또 다른 결과가 생길 수 있는데, 이를 2차 효과(second order effect)라고 한다. 인도의 코브라 정책과 베트남의 쥐 없애기 정책에서 봤듯이 '결과'로 인한 '또 다른 결과', 즉 2차, 3차 결과는 초기 의도와 전혀 달라질 수 있다. 이는 디자인에서도 마찬가지이다. 이제, 디자인 분야에 어떤 2차 효과 사례가 있는지 살펴보자.

약관 동의 UI

UI 디자이너가 약관 동의 페이지를 만들 때 어디에 초점을 두고 디자인을 하는지 한번 생각해 보자. 디자이너의 디자인 목표는 '사용자가 약관 동의를 빠르고 쉽게 할 수 있는 페이지를 제작하는 것'이다. 그래서 '약관 동의 UI'를 검색해 보면 다음과 같은 디자인 전략이 대부분이다.

- 동의 체크 박스를 좌우 어디에 배치할지(어디에 두어야 빠르게 선택하고 넘어갈 수 있을지)
- 엄지 손가락이 닿는 핫스팟 영역은 어디까지인지(거기에 체크 박스를 두어야 빠르게 선택할 수 있으니까)

- 수많은 약관에 동의하는 작업을 어떻게 최소화할지(전체 동의 버튼을 만들면 터치 한 번에 넘어갈 수 있듯)

이러한 전략은 모두 약관 체크(check)가 아니라 스킵(skip)에 초점을 맞추고 있다. 이름은 '약관 동의 UI'지만, 정작 중요한 '약관 전달'에 대한 고민이 전혀 들어가 있지 않은 것이다.

- 약관의 내용을 어떤 방식으로 전달할지
- 어떻게 하면 약관의 핵심을 이해시킬 수 있는지
- 모르고 지나가면 피해를 보는 약관은 어떻게 강조할 건지

대부분의 서비스에서 사용자의 개인정보를 당연하게 수집하고 활용하면서 그 정보를 어디에 어떻게 쓰는지, 얼마 동안 보관되며 어떻게 폐기할 수 있는지에 대한 '약관'은 쉽게 알려주지 않는다. 그저 '빠르게 넘겨야 좋은' 페이지로만 인식하게끔 만든다. 이렇게 약관 동의 UI를 디자인했을 때 1차 결과와 2차 이후의 결과들은 다음과 같다.

① **계획**: 사용자가 약관 동의를 빠르고 쉽게 할 수 있는 페이지를 제작한다.
② **1차 결과**: 사용자는 빠르게 약관에 동의하고 넘어간다.
③ **2차 결과**: 사용자는 어떤 약관에 동의했는지 인지하지 못한다.
④ **3차 결과**: 모르고 동의한 약관으로 인해 개인정보 이용, 환불 불가, 서비스 해지 시 수수료 부과 등의 피해를 본다.
⑤ **4차 결과**: 제품 및 서비스에 대한 신뢰도가 하락하고 그 브랜드에 부정적인 인식이 생긴다.

처음 계획은 사용자들이 머리 아프지 않게 약관 동의를 쉽고 빠르게 할 수 있도록 하자는 '선한 의도'였다. 1차 결과는 의도한 대로 이루어졌다. 하지만 2차 이후의 결과를 보면 초기 의도와 달리 브랜드에 대한 부정적인 인식이 나타난다는 것을 알 수 있다.

인스타그램 사례 1

요즘은 인스타그램을 일부러 끊는 사람들이 많이 보인다. 나만 빼고 모두가 좋은 곳에 놀러 가고, 비싼 물건을 사고, 맛있는 걸 먹고 있는 것 같이 느껴져서 우울해지기 때문이라고 한다. 이러한 사용자들의 상대적 박탈감은 인스타그램에서 의도한 부분일까?

① **계획**: '좋아요', '팔로워' 등 사회적 지위와 영향력을 보여주는 보상 지표를 통해 사람들이 삶의 순간을 공유하도록 장려한다.
② **1차 결과**: 삶의 하이라이트만 편집하여 인스타그램에 업로드하는 사람들이 늘어난다.
③ **2차 결과**: 사용자는 다른 사람들 인생의 '하이라이트'를 보며 자신의 현실과 비교하게 된다.
④ **3차 결과**: 상대적 박탈감, 우울함, 허무함 등을 느끼는 사용자들이 생긴다.
⑤ **4차 결과**: 인스타그램을 삭제하거나 탈퇴하는 등 사용을 거부한다.

당연하겠지만, 인스타그램은 사용자에게 우울함을 느끼게 하려는 의도가 전혀 없었다. 그저 개개인의 순간을 캡처하여 공유하는 사회적 문화 형성에 집중했을 뿐이다.

그런데 결과는 어떤가? 처음엔 의도한 대로 인스타그램 붐(boom)이 일었고, 사용자도 기하급수적으로 늘어났다. 하지만 그 이후 사용자 행태를 보면 다른 사람의 편집된 순간과 자신의 현실을 비교하며 우울해하고 결국 인스타그램을 사용하지 않는 것으로 이어졌다. 심지어 '인스타그램 끊기'를 장려하는 문화가 생겼을 정도다.[3]

인스타그램 사례 2

인스타그램의 2차 효과 사례는 한 가지 더 있다. 대표적인 다크 패턴(dark patterns) 중 하나인 스마트폰 중독을 일으키는 무한 스크롤 기능인데, 이 또한 처음부터 나쁜 의도로 제작된 건 아니었다.

① **계획**: 끊김이 없는 매끄러운(seamless) 사용자 경험(User eXperience, UX)으로 콘텐츠 흐름에 연속성을 부여하자.
② **1차 결과**: 사용자는 스크롤만 내리면 끝없이 새로운 콘텐츠를 감상할 수 있다.
③ **2차 결과**: 흐름이 끊기지 않아서 하루 종일 스크롤만 내리는 '중독'에 빠지게 된다.

무한 스크롤 기능을 처음 개발한 디자이너 에이자 래스킨(Aza Raskin)은 이렇게 생각했다.

> 스크롤하고 있다는 건 이미 콘텐츠를 더 보고 싶다는 증거인데
> 왜 굳이 더 보기 버튼을 넣어야 하지?

그래서 그는 하단 더 보기 버튼을 없애 버리는 대신 스크롤만으로 계속해서 새로운 콘텐츠를 볼 수 있게 했다. 1차 결과만 보면 이 디자인은 적중률 100%로 성공했다고 볼 수 있다. 하지만 2차 결과는 처음에 의도한 바와 전혀 다른 부작용을 보여준다.

이 문제는 윤리적으로 많은 논란이 되었던 사례이기도 하다.[4] 결국 에이자 래스킨은 무한 스크롤 대신 '정지 신호'의 필요성을 주장하며 '인간 중심적인 디자인', '윤리적인 디자인'을 논하는 휴먼 테크놀로지를 위한 센터(Center for Humane Technology)를 설립하기도 했다.[5]

> **생각해 볼 문제**

> 앞서 소개한 사례들에는 예측하지 못한 2차 효과가 있다는 것 말고도 다른 공통점이 하나 더 있다. 바로 사용자 기만 디자인, 즉 다크 패턴이라는 것이다. 다크 패턴 디자인은 사용자를 속이면서 기업의 이익을 극대화하는 디자인이다. 불편함, 두려움, 불안 등 부정적인 감정을 불러일으키며 구독 유지, 추가 기능 구매 등 특정 작업을 진행하도록 강요한다.
>
> 이러한 정의를 보면 기업이 의도적으로 사용자를 속이기 위해 만든 디자인이라고 생각할 수 있다. 하지만 2차 효과 사례에서 보았듯, 사용자 경험을 개선하겠다는 선한 의도로도 다크 패턴을 만들 수 있다. 혹은 눈앞의 단기적인 이익(1차 결과)에만 집중하여 장기적인 이익(2차 결과)을 놓치는 다크 패턴 사례들도 있다.
>
> **처음 의도와 다르게 나타나는 2차 효과를
> 어떻게 통제할 수 있을까?**

사실 이건 불가능한 일이다. 이 복잡한 세상에서 어떻게 모든 원인과 결과의 변수를 예측하고 제어한단 말인가. 하지만 불가능하다고 해서 손을 놓고 있어도 된다는 건 아니다. 디자이너로서 우리가 할 수 있는 한 고민하고 생각해야 한다. 앞에서 보았듯 2차 혹은 그 이후 결과는 1차 결과보다 훨씬 더 막대한 영향을 끼친다. 기업 자체적으로도, 사용자에게도 말이다. 불확실성이 높은 지금의 시대에는 거의 모든 변화와 행동에 대해 2차 효과가 발생할 수 있기에 디자이너의 역할은 다음과 같이 확장된다.

역할 1: 문제 해결(1차 결과)을 위한 디자인
역할 2: 문제 해결이 또 다른 문제를 발생시키지는 않는지 2차 결과를 고려한 의사결정

챗GPT 자기소개서 관련 인터넷 기사[6]

앞의 기사는 챗GPT(ChatGPT)를 활용해서 자기소개서를 쓰는 지원자를 어떻게 구별할 수 있을지에 관한 이야기이다. 이에 대한 결과는 다음과 같이 예상해 볼 수 있다.

① **계획**: AI가 작성한 자기소개서를 구분하여 직접 자기소개서를 쓴 지원자를 채용하자.
② **1차 결과**: AI를 활용하지 않고 직접 글을 쓴 지원자를 뽑는다.
③ **2차 결과**: ?

2차 결과에 들어갈 수 있는 보기들은 다음과 같다.

❶ AI를 활용하지 않고도 업무를 잘할 수 있는 인재들이 모인다.
❷ AI 활용법을 전혀 고민하지 않는다. 그리하여 나중에 AI가 상용화되었을 때 이미 뒤처져 있다.
❸ AI 기술을 사용하려고 보니 이걸 잘 활용할 수 있는 인재가 없다.
❹ 결국, AI 기술을 잘 활용할 수 있는 인재를 다시 채용한다.
❺ 포트폴리오에 챗GPT를 활용한 프로젝트를 담은 인재를 채용한다.

앞의 기사에서처럼 AI 기술을 활용한 자기소개서를 막는다면 당장은 '직접 자기소개서를 쓴 성실한 사람'을 선택할 수 있다(1차 결과). 하지만 계속 이런 식으로 새로운 기술을 받아들이지 않으면 나중에 업무에 그 기술을 사용해야 할 때 어떻게 될까? 점점 도태되거나 그때가 돼서야 급하게 활용법을 고민하게 되지 않을까(2차 결과)?

더 나아가서 3차, 4차 결과까지 생각해 본다면 하루빨리 새로운 기술이 가져온 변화를 받아들이고 우리 업계에, 내 업무에 어떻게 적용할 수 있을지 고민해 보는 게 훨씬 더 합리적이고 똑똑한 선택일 것이다. 새로운 기술을 마주한 현대인으로서, 그리고 새로운 시대를 맞이한 디자이너로서 2차 효과를 고민해 보자.

2 들어올 때는 마음대로였겠지만 나갈 때는 아니란다

오후 6시 반, 문자 알림음이 울린다. 'ㅇㅇ카드 8*4* 승인 23,100원 일시불'. 무언가 이상하다. 카드 주인인 나는 지금 집에서 저녁 메뉴를 고민하고 있는데, 결제 알림이라니? 급하게 가방을 뒤적거려보니 다행히 카드를 잃어버리진 않았다. 설마 해킹당한 건가?

네이버 지식인

결제된 곳은 '엔에이치엔 케이씨피(NHN KCP)'. 네이버에 검색해 보니 지식인에 비슷한 상황의 사람들이 많이 보였다. 대부분 '이런 곳에서 갑자기 돈이 빠져나갔는데 난 아무것도 하지 않았다. 이거 뭐냐.'라는 비슷한 내용의 질문들이 올라와 있었다. 하지만 지식 전문가는 안타깝게도 그 회사와 관련된 정보는 알 수 없다며, 혹시나 카드 정보가 유출되었을 수도 있으니 확인을 해보라는 무시무시한 말만 남겨놓았다.

이미 저녁 메뉴는 한참 전에 머릿속을 떠났다. 근심과 걱정을 가득 안은 채 스크롤을 내리다 보니 익숙한 단어가 눈에 띈다. '포토샵', '어도비'. 혹시나 하는 마음으로 어도비(Adobe)에 로그인해 보니, 지난달부터 결제가 되고 있다는 영수증이 보인다. 범인을 찾았다. 두 달 전, 어도비의 무료 체험을 끝내고 구독 취소를 했는데 그 과정에서 무언가 잘못된 것 같았다. 무료 체험을 했던 건 일러스트 프로그램이지만 현재 결제되고 있는 건 클라우드 서비스다. 다음 날 눈을 뜨자마자 어도비 고객센터를 통해 환불을 요청했다.

"저는 클라우드 서비스를 구독하려고 한 적이 없어요. 환불해 주세요."
"고객님께서 홈페이지에서 구독하셨기 때문에 결제가 되었습니다. 따라서 환불은 어렵습니다."
"그럼 앞으로 사용하지 않을 예정인데 취소라도 해주세요."
"지금 플랜을 취소하시게 되면, 조기 취소 수수료가 약 11만 원 정도 발생합니다. 괜찮으시겠어요?"

덫에 걸렸다. 로치 모텔(roach motel)은 바퀴벌레를 유인하여 끈끈한 물질에 가둬두는 일명 '바퀴벌레 덫'이다. 모텔이라는 상품명답게 슬로건은 '바퀴벌레가 체크인은 하지만 체크아웃은 하지 않습니다!'

이다. 기발하고 재미있는 카피라이팅이다. 하지만 로치 모델에 갇히는 게 바퀴벌레만이 아니라는 걸 깨닫는다면 마냥 웃지만은 못할 것이다. 앞의 사례에서 보았듯, 우리는 종종 바퀴벌레 취급을 당한다.

덫은 어도비에만 있는 것이 아니다. 우리가 자주 사용하는 서비스 곳곳에 우리를 유인하고 가둬두려는 덫이 숨어 있다. 이러한 서비스들의 공통점이 있다. 서비스에 가입할 때는 그 무엇보다 빠르게 진행할 수 있다는 것. 서비스 해지 과정이 22단계에 달하는 스포티파이(Spotify)의 경우, 프리미엄 가입을 할 땐 [로그인]-[프리미엄 갱신하기]-[결제] 단 3단계만에 온보딩[a] 과정이 끝난다. 과정이 짧을 뿐만 아니라 결제를 유도하는 버튼은 해지할 수 있는 버튼보다 눈에 잘 띄는 색과 크기로 디자인되어 있다.

이처럼 사용자가 서비스를 쉽게 빠져나가지 못하도록 불필요한 마찰 과정을 만들어놓는 로치 모텔 디자인은 대표적인 사용자 기만(dark pattern, deceptive pattern) 디자인 중 하나다. 영국의 UX 디자이너인 해리 브리그널(Harry Brignull)에 의해 처음 제시된 개념으로 '다크 패턴'이라고 많이 알려져 있으며, 정확하게는 사용자를 속여서 특정 행동을 유도하는 디자인을 일컫는다.[7] 일반적으로 기업에 이득이 되는 행동을 유도하는데, 이때 기업이 활용하는 두 가지 법칙이 있다.

---

[a] 온보딩(on-boarding)이란 사용자와 서비스가 처음 만나는 접점으로, 서비스를 시작하며 그에 대한 첫인상이 결정되는 지점이다.

2.1 현상 유지 편향

현상 유지 편향(status quo bias)이란 특별한 이득이 주어지지 않는 이상 현재의 방식을 바꾸지 않으려는 경향을 말한다.[8] 뇌는 현상 유지 편향을 통해 스트레스가 많은 결정을 피하고 정신 에너지를 절약한다. 그리고 구독 서비스는 사용자의 이러한 편향을 이용하여 그들이 구독 중인 현재 상태를 유지하도록 다음의 세 가지를 숨긴다.

❶ 구독 갱신 알림

멤버십이 갱신되기 며칠 전에 미리 메일이나 메시지로 알림을 준다면 사용자가 이를 알아차리고 해지할 가능성이 있다. 그렇기 때문에 구독 서비스는 이 알림을 주지 않는다. 대표적으로 어도비나 아마존, 아이클라우드 등은 매번 구독 갱신 당일에 카드 결제 알림을 받고 나서야 구독이 갱신됐다는 걸 알아차린다. 특히 어도비의 경우 국내 결제사가 엔에이치엔 케이씨피(NHN KCP)로 표시되기 때문에 구독 사실을 잊고 있던 사용자는 매번 혼란을 겪게 된다.

❷ 변화에 대한 인센티브

현재 서비스를 구독 중인 소비자가 불편하지만 변화를 선택함으로써, 즉 구독을 취소함으로써 얻을 수 있는 인센티브는 서비스 비용만큼의 돈이다. 그러나 구독 서비스는 서비스 금액을 숨겨놓아 어느 정도의 인센티브를 받을 수 있는지, 그러니까 얼마만큼의 돈을 절약할 수 있는지 일부러 알려주지 않는다.

❸ 구독 관리 혹은 해지 페이지

월간 혹은 연간 구독 서비스 대부분은 가입 및 결제까지 굉장히 빠르게 도달할 수 있도록 만들어진 반면, 구독 관리 및 해지 페이지는 쉽게 찾지 못하도록 숨겨놓는다. 현상 유지를 하려고 하는 사용자가 '구독 해지'를 쉽게 포기하게 만드는 것이다. 여기에는 피츠의 법칙(Fitts' law)도 활용되었다.

2.2 피츠의 법칙

피츠의 법칙(Fitts' Law)은 시작 지점에서 목표물까지 도달하는 시간이 목표물의 크기와 목표물까지의 거리에 따라 달라진다는 인간-컴퓨터 상호 작용(Human-Computer Interaction, HCI) 이론이다.[9] 이 법칙은 클릭하고자 하는 버튼이 너무 작거나 멀리 있으면 클릭하기가 쉽지 않다는 이유를 설명한다. 구독 서비스는 이 이론을 이용하여, 구독을 관리하거나 해지할 수 있는 버튼을 아주 작게 혹은 버튼 대신 텍스트에 하이퍼링크를 거는 등의 방법으로 알아보기 쉽지 않게 만들거나 아예 숨겨놓기도 한다.

다행히 구독이 갱신된다는 사실을 숨기지 않는 클린마이맥 X(CleanMyMac X)라는 서비스는 갱신 며칠 전에 알림 메일을 보내준다. 하지만 이 메일을 받고 사용자가 할 수 있는 건 카드 정보를 바꾸는 것뿐이다. 그 외에 플랜 정보가 무엇인지, 취소는 어떻게 하는지 등에 대한 정보는 직접 문의하거나 이메일을 보내야 알 수 있다. 메일에 곧

바로 플랜 변경 및 해지를 할 수 있는 링크를 연결해 놓았다면 사용자는 서비스를 쉽게 해지할 수 있을 것이다. 그러나 고객이 서비스를 해지하는 것은 서비스가 원하는 게 아니므로 해지라는 목표물에 최대한 도달하기 어렵게 만들어두었다.

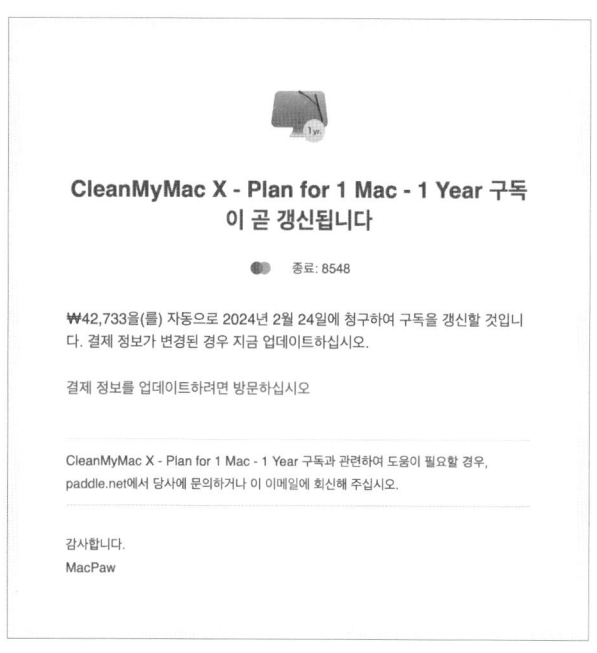

클린마이맥 X의 구독 갱신 알림 메일

기업은 이익을 위해 이처럼 피츠의 법칙을 활용하여 사용자 여정을 디자인한다. 하지만 그게 과연 장기적으로도 기업에 이익이 되는 디자인일까? 기업이 진짜 알아야 할 심리학 이론은 다음과 같다.

2.3 피크 엔드 법칙

피크 엔드 법칙(Peak-End rule)은 인간이 그들의 경험 중 감정의 절정(peak: 최고 혹은 최저점)과 경험의 마지막(end)에서 느끼는 감정들로 경험 전체를 평가한다는 이론이다.[10] 사용자는 경험 중에 발생한 모든 사소한 부분까지 따져가며 경험을 평가하지 않는다. 오로지 감정이 최고점에 달했을 때와 경험이 끝나는 시점의 일로 경험 전체를 평가한다. 따라서 사용자 감정의 절정을 최악이 아닌 최고로 만들기 위해 좋은 서비스를 제공하는 것만큼이나 서비스 종료와 해지 시점에서 좋은 인상을 남기는 것이 중요하다.

구독 서비스가 간과하는 점은 어차피 사용자는 여러 가지 이유로 이탈하며 그 모든 이탈 사용자를 막을 수 없다는 것이다. 무엇보다 고객이 서비스 해지를 마음먹고 해지 절차를 밟고 있는 상황이라면 이미 서비스를 더 이용하도록 설득하기엔 늦었다. 차라리 깔끔한 해지 절차 과정으로 긍정적인 인식을 심어주고, 해지하는 이유에 대한 확실한 피드백을 받아서 그 부분을 보완하는 것이 장기적으로 훨씬 이득일 것이다.

2.4 반응 저항

학창 시절, 누구나 이런 경험이 있을 것이다. 숙제를 하려고 책상 앞에 앉았는데 '너 숙제 안 하고 뭐 해! 빨리해!'라는 말을 듣고는 다시 게임에 접속한다거나, 간만에 방 청소를 하려고 물건을 집어 들었는데 '방이 이게 뭐야! 청소 좀 해!'라는 말을 듣고 타올랐던 열정이 금세 식어버리는 경험. 이처럼 사람들은 강요당한다고 느낄 때, 즉 자신의 행동에 대한 자유를 잃었다고 느낄 때 저항하는 마음이 생긴다. 이렇게 특정 행동의 자유를 위협하는 환경에서 발생하는 불쾌한 저항 반응을 반응 저항(reactance)이라고 한다.[11] 하고자 했던 행동에 대해서도 누군가 강요한다고 느끼면 반발심이 생기는데, 원하지 않는 행동에 대해 강요받고 있다고 느끼면 어떻게 될까?

앞에서 어도비의 상담원과의 대화에서 이용하지 않은 서비스에 대한 환불도, 앞으로 이용하지 않을 서비스에 대한 취소도 무엇 하나 자유롭게 선택하고 행동할 수 없었다. 원하지 않았던 어도비 구독 결제에 대해 강요받았던 상황이다. 기나긴 사투 끝에 무사히 취소할 수 있었지만, 이미 선택의 자유를 빼앗겼던 상황 속에서 반발심이 커져 버렸기에 취소 직후 곧바로 어도비에 등록한 결제 수단을 삭제하고 회원 탈퇴를 했다. 서비스가 필요하지 않은 사용자를 속여서 어떻게든 자동 결제가 되도록 만드는 대신, 사용하지 않을 권리를 제대로 보장해 줬더라면 탈퇴 절차까지 밟진 않았을 것이다.

결국, 당장의 탈퇴율을 낮추기 위한 로치 모텔 디자인은 나중에 서비스를 다시 사용하거나 신제품이 나왔을 때 서비스에 재가입할 수도 있을 잠재 사용자를 잃게 만들었다. 더불어, 불쾌한 반발심이 서비스 여정의 종료 시점에서 발생했기 때문에 오랫동안 '덫'에 걸렸다는 인상이 남게 된다. 피크 엔드 법칙에 따르면 이 덫이라는 인상은 서비스에 대한 이미지로 사용자의 머릿속에서 완전히 굳어질 수도 있다.

> **생각해 볼 문제**

기업들은 모든 화면 뒤에 실제 사용자가 있다는 것을 기억해야 한다. 그리고 그들은 빠져나가지 못하게 잡아둔다고 해서 완전히 잡을 수 있는 바퀴벌레 같은 존재가 아니라는 것도 명심해야 한다. 해지율이나 구독 갱신율 같은 단순한 숫자 데이터는 서비스를 이용하는 사용자의 감정까지 설명해 줄 수 없다. 단기적인 이익이 아니라 장기적으로 사용자의 마음속에 남을 기업의 이미지를 고려한다면, 조금 더 깔끔한 해지 절차 설계가 가능하지 않을까? 이미 많은 기업에서 정리해 둔 다음의 오프보딩(off-boarding) 디자인 체크리스트[12]를 참고하며 서비스에 어떻게 적용할 수 있을지 생각해 보자.

| **오프보딩 디자인 체크리스트** |

① 온보딩 과정과 동일하게 해지 프로세스에 대한 명확한 방법을 제공한다.
② 구독 관리 버튼이나 해지 버튼을 숨겨서 사용자를 함정에 빠뜨리지 않는다.
③ 사용자가 지쳐 떨어져 나가게끔 해지 절차를 길고 복잡하게 만들지 않는다.
④ 사용자가 서비스를 잊고 사용하지 않는 경우, 구독권 갱신을 멈추거나 이를 알린다.
⑤ 취소로 인해 심각한 결과를 초래할 수 있는 경우에만 의도적인 마찰을 둔다. 웹사이트 호스팅 플랫폼에서 웹사이트를 삭제하기 위해서는 그 이름을 하나하나 입력하게끔 하는 것을 예로 들 수 있겠다.
⑥ 취소에 대해 기분 나쁘게 경고하면서 사람들에게 죄책감을 심어주지 않는다. 그 대신 최대한 간결하고 정중한 UX 라이팅(UX writing)을 사용한다.

⑦ 취소 후에는 이메일 등으로 해지되었음을 명확히 알린다. 해지 알림 이메일에서 다시 멤버십을 시작하는 링크를 걸어두고 '필요할 경우 우리가 여기에 있다.'라는 메시지를 주는 것도 좋다.

3 나도 모르는 사이 내 일상이 생중계된다면

얼마 전 뉴스에서 충격적인 사생활 침해 사건이 보도되었다. 피해자는 평범한 30대 여성으로, 그녀가 보유하고 있던 전자기기를 통해 일상이 녹음 및 녹화되고 있었다고 한다. 피해자가 이 사실을 알게 된 건 동영상 스트리밍 사이트를 통해서다. 집에 있는 TV와 직장에 있는 컴퓨터뿐만 아니라 스마트폰, 태블릿 PC, 개인용 컴퓨터에 담기는 모든 내용이 약간의 편집을 거친 후 스트리밍 사이트에 공유되고 있었다. 그리고 그 영상이 피해자에게도 추천되면서 발각된 것이다. 더 충격적인 건 이제부터다. 이 소름 끼치는 사실을 알게 된 후 곧바로 신고를 하고 영상 삭제를 요청했지만, 영상을 촬영한 회사와 공유한 사람들 모두 법적 처벌을 받을 수 없다는 판결이 나왔다. 몇 달 전, 피해자가 동의했던 약관이 그 이유였다.

다행스럽게도 이 이야기는 실화가 아니라 넷플릭스의 대표 SF 드라마인 블랙 미러 시즌 6의 1화를 각색한 이야기다. 그럼에도 안심할 순 없다. 우리의 일상에서 충분히 재현될 수 있는 시나리오이기 때문이다. 그래도 내 얘기는 아닐 거라고? 다음 사례를 살펴보고 정말 나와는 아무런 관련도 없는 이야기인지 생각해 보자.

3.1 스레드 사례

최근 메타(Meta)에서 새로운 SNS, 스레드(Threads)를 출시했다. 사진이나 영상이 주력 콘텐츠인 인스타그램과는 달리 텍스트에 초점이 맞춰진 SNS다. 인스타그램과 계정이 연동되기 때문에 애플리케이션만 다운로드하면 바로 사용해 볼 수 있다는 장점이 있다. 그 덕에 출시 후 단 1시간 만에 100만 명의 사용자를 모았다고 한다.[13]

오른쪽은 스레드를 처음 시작할 때의 화면이다. 공개 이후 첫 주 기준 약 9,300만 명이 이 화면을 거쳐 갔다. 다시 말하면 약 9,300만 명의 사람들이 다음과 같은 내용에 동의했다는 의미다.

스레드 시작 페이지

- 스레드는 나의 개인정보를 마음껏 수집·활용할 수 있다(개인정보 종류: 집 주소 등의 개인정보, 임상 건강 기록 API 등의 의료 데이터, 카드 번호 및 계좌 번호, 신용 점수, 월급, 수입, 부채 등의 재무 정보, 소수점 아래 세 자리 이상 해상도의 위도 및 경도로 설명되는 사용자의 정확한 위치, 인종 또는 성적 지향, 임신 또는 출산 정보, 장애, 종교, 철학적 신념, 노동조합 가입 여부, 정치적 견해, 유전 정보, 생체 데이터, 사용자의 목소리 또는 사운드 녹음, 앱에 포함되지 않는 콘텐츠에 대한 방문 기록 등등).

저런 내용을 본 적이 없다고? 아까 화면으로 다시 돌아가 보자.

스레드 시작 페이지와 앱 스토어에서의 스레드 정보

1장 사용자를 분노하게 만드는 UX 21

'Threads의 작동 방식' 화면을 자세히 보면, 아래쪽에 '내 데이터'라는 이름으로 각종 개인정보 약관에 대한 내용이 있다. 어떤 내용인지 확인하기 위해 앱 스토어(App Store)에서 스크롤을 내려 앱 정보를 보면, 수집되고 있는 개인정보 데이터가 나열되어 있다. 여기서 [세부 사항 보기]를 누르면 다음과 같이 구체적으로 어떤 데이터를 수집하는지 볼 수 있다. 다음은 스레드가 수집하고 있는 데이터 유형의 일부만을 캡처한 이미지이다.

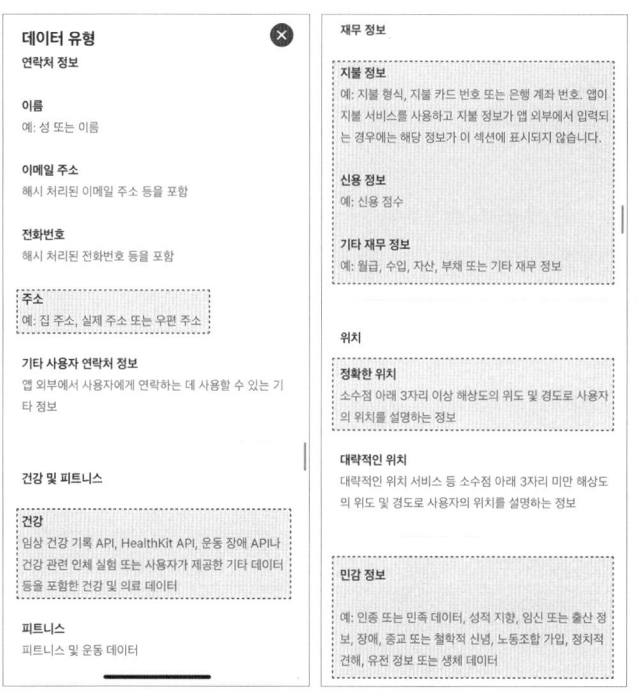

스레드가 수집하는 개인정보 데이터 유형(1)

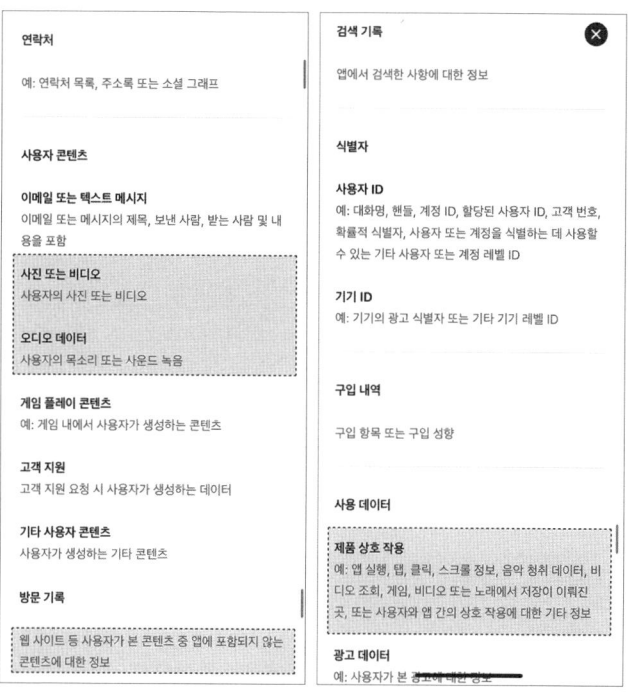

스레드가 수집하는 개인정보 데이터 유형(2)

길을 걷다가 낯선 사람이 집 비밀번호를 알려달라고 하는 상황을 상상해 보자. 대부분의 사람은 의심을 한가득 품고 그 사람을 피해야겠다고 생각할 것이다. 그런데 스레드라는 낯선 이에게는 집 비밀번호를 알려주는 걸로도 모자라 언제 어디서든 나를 감시할 수 있는 카메라를 설치하도록 도와준 셈이다. 모든 게 물 흐르듯 진행되었다. 여기엔 두 가지 심리학 이론이 숨어 있다.

3.2 프레이밍 효과

프레이밍 효과(framing effect)란 무엇을 말하는지가 아니라 어떻게 말하는지가 중요하다는 것으로, 정보가 보여지는 방식이 의사결정에 영향을 주는 인지 편향(cognitive bias)[b] 현상이다.[14]

프레이밍 효과는 일종의 사고 오류이다. 동일한 정보임에도 긍정적인 부분을 강조하는지 혹은 부정적인 부분을 강조하는지에 따라 다른 선택을 한다. 예를 들어 다음과 같이 A와 B, 두 가지 상품이 있을 때 우리는 A보다 B를 선택할 확률이 높다. 왜냐하면 A는 반값을 지불해야 한다는 손실에 초점을 맞춰서 이야기하고 있고, B는 '덤'이라는 이익을 강조해서 이야기하고 있기 때문이다.

A: 반값 상품
B: 1+1 행사 상품

스레드도 마찬가지다. 재무 정보나 건강 상태, 신념이나 정치적 견해 등의 정보를 수집한다고 말하는 대신 작동 방식이라는 제목 안에 중요한 정보를 숨겨 두었다. 심지어 약관으로 연결되는 하이퍼링크가 걸려 있는 글씨들은 약하게 굵기를 조절해 놨을 뿐, 어떠한 강조 서식을 적용하지 않았다.

---

[b] 인지 편향: 모든 정보 처리를 단순화하려는 뇌의 경향으로 개인적이고 주관적인 경험에 따라 비논리적 추론을 하고 결과적으로 잘못된 판단으로 이어지는 패턴

A: 수백 개 정도 되는 너의 개인정보 좀 가져갈게.

B: 우리는 이런 식으로 작동돼.

그러고는 가입하기 버튼을 누르는 것 자체가 약관에 동의하는 것과 동일한 의미라고 말한다. 약관을 보기 위해 연하게 강조된 '개인정보 처리 방침'이라는 글씨를 누르더라도 정확하게 어떤 데이터를 수집하는지 알기는 쉽지 않다.

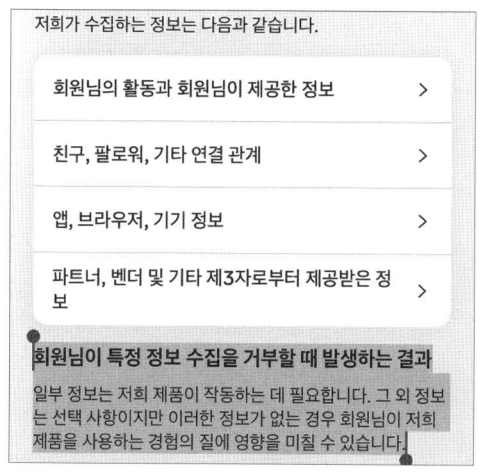

정보 수집 거부 경고 문구

'회원님이 제공한 정보'라고 표시되기 때문이다. 앱 스토어에서 스크롤을 끝까지 내리고 더 보기 버튼을 여러 번 눌러서 꼼꼼히 데이터 종류를 확인하는 사용자가 아니라면 '회원님이 제공한 정보'가 무엇을 의미하는지 알 길이 없다.

이미지 아래쪽을 보면, '회원님이 특정 정보 수집을 거부할 때 발생하는 결과'에 대해 친절하게 설명해 두었다. 우리의 정보가 서비스 사용 경험의 질에 영향을 미칠 수 있으니, 좋은 사용자 경험을 하고 싶으면 정보 수집에 동의하라는 의미다.

여기까지 읽고 당장 스레드를 탈퇴하려고 해도 쉽지 않을 것이다. 왜냐하면 'Threads의 작동 방식' 화면 첫 번째 항목에서 볼 수 있듯, 스레드 계정을 삭제하려면 연결된 인스타그램 계정까지 삭제해야 하기 때문이다. 앞에서 소개했던 로치 모텔 디자인이다. 가입하는 건 너무나도 쉬웠지만 빠져나가는 건 마음대로 되지 않는다. 프레이밍 효과 때문에 아무것도 모르고 가입한 것은 맞지만, 아무리 그래도 어떻게 이렇게 아무런 의심도 없이 덫에 걸리게 된 걸까? 이는 스레드의 후광 효과 때문일 수도 있다.

3.3 후광 효과

후광 효과(halo effect)는 보기 좋은 떡이 먹기도 좋다고, 어떤 대상의 일부분에 대한 긍정적 혹은 부정적 인상이 전체에 대한 판단으로 이어지는 효과를 말한다.[15] 보기에 정갈하면 더 맛있게 느껴지고, 겉모습이 매력적인 사람이 더 좋은 인성을 가지고 있을 것이라 생각하는 것 모두 일상에서 우리가 겪는 후광 효과 사례다. 음식이나 사람뿐만 아니라 브랜드를 볼 때도 마찬가지다. 아이폰과 맥북을 좋아하는 사람이라면, 애플에서 어떤 신규 제품을 출시하든 긍정적으로 바라볼 가능성이 크다.

다시 스레드 사례로 돌아가 보자. 스레드는 페이스북과 인스타그램을 보유한 메타에서 출시한 SNS다. 즉, 기존에 페이스북과 인스타그램을 즐겨 사용하던 사람이라면 스레드가 처음 나왔을 때 의심이 아니라 기대나 신뢰 같은 긍정적인 인상을 느끼고 있었을 가능성이 더 크다. 혹은 처음엔 별다른 관심을 가지지 않았더라도 뉴스에서 '출시한 지 1시간도 안 돼서 백만 명이 가입한 SNS'라는 말을 들었거나 좋아하는 인플루언서가 스레드를 사용한다는 소식을 듣게 되면서 스레드에 대한 흥미와 관심이 생겼을 것이다.

메타라는 세계적인 빅테크 기업, 유명한 사람이 가입한 SNS, 이렇게 단편적인 정보만을 갖고 스레드가 믿을만하고 흥미로운 SNS라고 판단한 것이 바로 후광 효과다. 프레이밍 효과든 후광 효과든, 1억 명에 가까운 사람들이 스레드에게 집 열쇠를 내어주고 카메라 설치를 도와줬다는 사실은 변하지 않는다. 스레드의 어느 부서에서는 사용자들의 일상이 생중계되고 있을지도 모른다. 아직도 블랙 미러의 이야기가 상상 속 이야기라고 생각하는가?

3.4 약관 동의 디자인

유럽에서는 스레드의 개인정보 수집 문제 때문에 출시가 허용되지 않았다고 한다.[16] 그럼 우리도 이런 서비스를 사용하지 않으면 해결되는 문제일까?

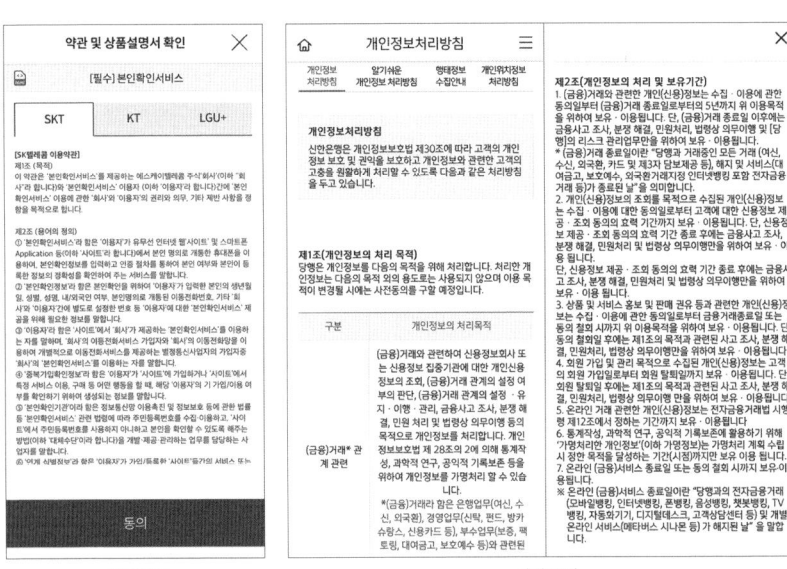

우리은행

신한은행

토스뱅크

금융 서비스 약관

앞 이미지는 주의가 필요한 약관이 상대적으로 많은 금융 서비스의 약관(개인정보 수집 동의 및 개인정보 처리 방침) 화면들이다. 여기에는 두 가지 공통점이 있다.

- 지나치게 작고 많은 글자들
- 이해하기 힘든 법률 용어

이 두 가지 공통점은 모두 약관 내용을 인지하기 힘들게 만드는 특징이다. 약관 UI의 본질적인 목표는 사용자가 약관을 알기 쉽게 잘 전달하는 것임에도 이를 위한 디자인은 찾아보기 어렵다. 금융 서비스뿐만 아니라 대부분의 서비스가 이와 같은 방식으로 약관 페이지를 만들어놓는다. 그로 인해 사용자가 약관을 인지하지 못하고 지나치거나 기업에서 의도적으로 주의가 필요한 약관을 숨기는 비윤리적인 문제가 발생해도 잘 알아채지 못한다.

제이콥 닐슨(Jakob Nielsen)과 도널드 노먼(Donald Norman)이 1998년에 설립한 미국 컴퓨터 사용자 인터페이스 및 사용자 경험 컨설팅 회사 닐슨 노먼 그룹(Nielsen Norman Group)에서는 약관 UI를 디자인할 때 지켜야 할 다섯 가지 법칙을 제시했다.[17]

❶ 일상 언어를 사용한 구체적인 예시 제공

사용자가 약관에서 복잡한 법률 용어를 마주하면, 자신을 위해 작성된 것이 아니라 변호사처럼 전문가를 위해 작성되었다고 인지하며 중요한 정보를 숨기고 있다고 생각한다. 따라서 데이터를 제공받는 제삼자는 누구인지, 정확하게 어떤 종류의 개인정보가 수집되는지, 약관을 철회하거나 개인정보를 보호할 수 있는지 등에 대한 내용을 일반 언어로 명확하게 제시하고 또 약관이 사용자에게 어떤 영향을 미칠지 구체적으로 예시를 제공함으로써 사용자를 안심시켜야 한다.

❷ 약관 화면 상단에 요약 표시

약관이나 정책의 핵심 내용은 무엇인지, 누구를 대상으로 하는지, 시행일 및 업데이트 날짜는 언제인지 등의 내용을 일상 언어로 요약하여 제공해야 한다. 특히, 약관이 새롭게 업데이트되었다면 변경된 날짜뿐만 아니라 정확하게 어떤 내용이 바뀌었는지에 대한 요약도 필요하다. 중요한 약관 내용과 예시를 동영상으로 만들어 사용자에게 제공하는 것이 가장 잘 전달할 수 있는 방법이다.

❸ 기기 간의 연결성 및 가독성 확인

글씨 크기를 고정하면 데스크톱에서는 잘 보여도 모바일 기기에서는 읽기 어려울 수 있다. 약관의 글자가 너무 작으면 사용자는 회사가 무언가를 숨기는 것 같다고 느낄 수 있다. 또한 영어 약관의 경우 모두 대문자로만 작성하면 과도하게 강조하는 것처럼 인식할 수 있기 때문에 주의해야 한다. 구체적으로는 폰트 크기 14pt 이상, 핵심 용어나 제목은 굵은 글씨로 표시하는 방법이 있다.

❹ 목차를 활용한 약관 구분

사용자가 꼭 전체 약관을 알아야 하는 것은 아니다. 필요한 특정 정보만을 확인하고 싶어 하는 사용자를 위해 하이퍼링크를 사용한 목차를 표시하는 것이 중요하다. 사용자는 모든 약관을 한곳에서 쉽게 볼 수 있고 필요한 내용에 빠르게 접근할 수 있다는 측면에서 목차로 된 약관 디자인에 대해 긍정적인 반응을 보인다.

❺ 예상 가능한 위치에 약관 표시

웹 페이지에서는 바닥글 부분, 모바일 앱에서는 설정이나 마이페이지 부분 등 사용자가 '약관'에 대해 알고 싶을 때 들어가 보는 페이지가 몇 개 있다. 이렇게 사용자가 약관을 볼 수 있을 거라고 기대한 그 페이지에 약관과 연결되는 링크를 표시해야 한다. 특히, 기본 약관에 대한 링크뿐만 아니라 세부 내용을 알 수 있는 링크도 연결해 놔야 사용자는 서비스가 투명하게 운영된다고 느낀다.

3.5 GOOD CASE

링크드인

약관 UI의 다섯 가지 법칙을 적절하게 적용한 사례가 바로 링크드인(LinkedIn)이다. 링크드인의 개인정보 처리 방침 페이지를 보면, 약관을 요약한 내용과 영상을 함께 표시하고 있으며 약관 내용이 다섯 개의 목차로 나뉘어 있다. 특정 정책에 대해서는 하이퍼링크를 연결하고 강조 표시를 해서 해당 내용이 필요한 사용자가 쉽게 접근할 수 있도록 했다는 점에서도 좋은 예시이다.

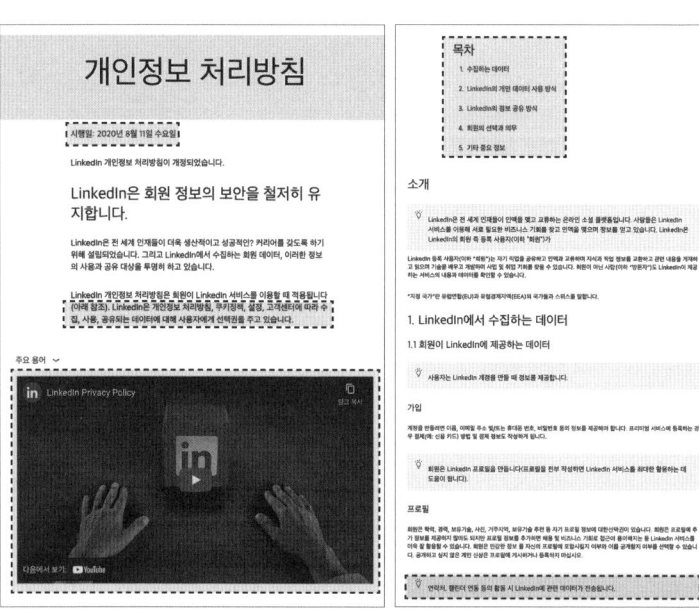

링크드인 개인정보 처리 방침

하지만 약관이 개정된 날짜는 정확하게 표시된 반면, 어떤 내용이 개정되었는지에 대한 요약이 없다. 또한, 모바일로 접속했을 때 약관 내용이 영어로 표시되는 것도 아쉬운 점이다.

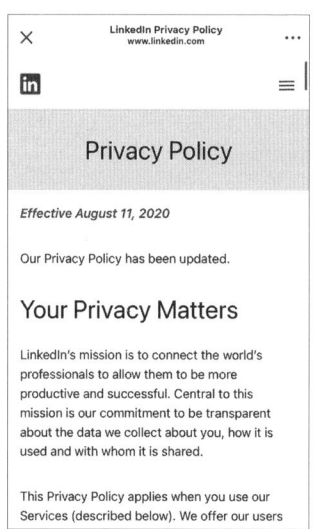

링크드인 모바일 약관

구글

구글의 개인정보 처리 방침 또한 약관 디자인의 모범이라고 할 수 있다. 방대한 양의 약관 내용을 목차로 나눈 후, 일반적인 용어를 사용한 텍스트 요약본과 동영상 요약본이 모든 목차에 포함되어 있다. 특정 내용에 대해 하이퍼링크를 연결하고 강조 표시한 것도 링크드인과 마찬가지로 잘 되어 있다.

구글 개인정보 처리 방침

정책 발효일이 명확하게 표시된 반면에 수정 내용이 요약되어 있지 않은 것도 링크드인과 비슷했는데, 구글은 이전 버전의 정책 내용을 모두 볼 수 있게 해두어서 좀 더 명확한 정보를 제공하는 것처럼 보인다. 그리고 모바일 버전에서도 웹 버전과 동일하게 영상, 하이퍼링크, 텍스트 등의 요소를 잘 사용한 걸 확인할 수 있다.

케이뱅크

다음은 케이뱅크(Kbank)의 모바일 앱에서 보이는 약관 동의 화면이다. 눈에 띄는 점은 모든 약관 항목에 대한 전체 동의가 아니라 [필수 항목 전체 동의]와 [선택 항목 전체 동의] 두 가지로 나누어서 동의할 수 있게 만들어졌다는 것이다. 이렇게 함으로써 사용자가 전체 동의를 누른 후, 일괄적으로 동의가 되어버린 선택 항목을 하나하나 다시 눌러서 취소해야 하는 상황을 피할 수 있다.

또한 선택 항목 란에서는 안전한 정도에 따라 안심과 다소 안심, 보통이라는 컬러 배지가 붙어 있다. 이는 사생활 침해 위험이나 혜택, 명확성 등을 종합적으로 고려하여 약관 동의 내용에 대한 평가 등급을 표시해 둔 것이다. 작은 디자인 요소지만 사용자가 복잡한 텍스트를 하나씩 다 읽고 이해하지 않아도 정보를 받아들일 수 있도록 신경 쓴 배려가 돋보이는 디자인이다.

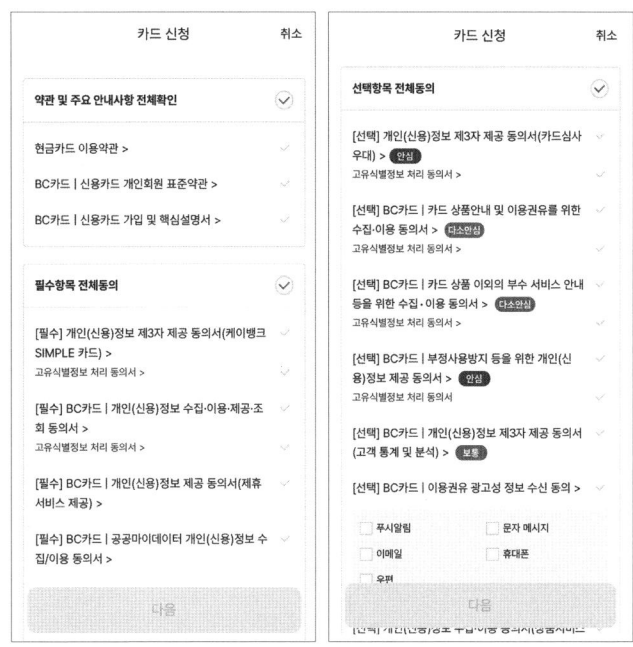

케이뱅크 약관 동의

> **생각해 볼 문제**

> 이렇게 세 가지 사례 외에도 사용자를 안심시킬 수 있는 약관 동의 UI의 사례는 어떤 것이 있을까? 또 케이뱅크 사례처럼, 앞에서 소개한 약관 동의 UI 디자인의 다섯 가지 법칙 외에도 사용자가 좀 더 쉽게 약관을 이해하고 받아들일 수 있도록 도와주는 UI 디자인에는 어떤 것이 있을지 생각해보자.

4 시작된 스무고개, 가장 저렴한 가격은?

휴가를 가기 위해 펜션을 알아보던 중 예상치 못한 난관에 부딪혔다. 스무고개 게임에서 이긴 사람만이 원하는 숙소를 예약할 수 있는 한 숙소 예약 사이트의 정책 때문이었다. 여기서 숙소의 가격을 확인하려면 다음과 같은 질문을 던져야 한다.

Q1. ○○ 펜션을 예약하려고 하는데, 1박 가격이 얼마인지 알 수 있어?
A1. 아니요. 날짜를 먼저 선택하세요.

Q2. 2월 1일부터 2월 2일까지 1박 가격은 얼마인지 알 수 있어?
A2. 아니요. 해당 날짜는 모든 방이 이미 예약이 완료되었습니다.

Q3. 3월 7일부터 3월 8일은 한 달 뒤니까 가격을 알 수 있겠지?
A3. 아니요. 객실 타입 여덟 가지 중 예약되지 않은 1, 2번 방을 선택하셔야 가격이 제공됩니다.

Q4. 1, 2번 방의 가격이 평일보다 주말에 더 비싼지 알려줄 수 있어?
A4. 아니요. 이용 가능한 주말 날짜를 먼저 선택해야 합니다.

1박 가격을 확인하려면 숙소 예약 사이트에서 먼저 날짜를 선택해야 하고, 만약 선택한 날짜에 이미 예약이 완료되었다면 가격을 확인할 수 없다. 선택할 수 있는 객실 타입이 총 여덟 가지인데 방의 이용 가능 여부도 날짜를 선택한 후에 확인할 수 있다. 정리하자면 여덟 가지 객실 타입 중 원하는 방의 가격을 알기 위해서는 그 방이 빈 날짜를 정확하게 선택해야만 하고 만약 주말과 평일, 성수기와 비성수기의 가격을 비교하려면 객실이 공실 상태인 날짜를 두 번이나 정확하게 맞춰야 한다.

이런 식이라면 가격을 알고 싶은 소비자와 수수께끼 정답에 집착하는 예약 사이트 사이의 스무고개는 끝도 없이 이어질 수 있다. 지친 소비자는 질문 20개를 다 하기도 전에 결국 예약을 포기하고 말 것이다.

4.1 가격 비교 방해 디자인

사용자가 지불해야 하는 가격이 얼마인지 파악하기 어렵게 만드는 가격 비교 방해(price comparison prevention)는 다크 패턴 중 하나다.[18] 이러한 디자인은 다양한 품목 간의 직접적인 가격 비교를 못하게 방해함으로써 사용자가 서비스나 제품에 대해 더 큰 비용을 지불하도록 유도하고 그 사실을 은폐한다.

스무고개로 가격을 알려주던 숙소 예약 사이트에서 고객은 기업에게 가장 이윤 폭이 큰 품목을 선택하게 될 가능성이 크다. 애초에 가격 비교가 어려우니 합리적으로 가장 저렴하고 자신에게 혜택이 높은 품목을 따져보지 못하는 탓이다.

다른 숙소 예약 사이트는 어떨까? 비록 스무고개에서 패배했지만 휴가를 포기할 수는 없어서 다른 숙소 예약 사이트에 들어가 봤다. 다행히 비어 있는 날짜를 맞추지 않아도 첫 화면에서부터 최소 가격과 최고 가격을 확인할 수 있다. 그리고 여덟 가지 객실 타입 중 원하는 객실을 선택하면 날짜별 가격과 이용 가능 여부도 한 번에 볼 수 있다. 앞서 살펴봤던 스무고개 가격보다는 훨씬 속시원한 디자인이다. 그럼에도 여전히 객실 타입별로 가격을 비교하는 데는 어려움이 있다.

두 번째 예약 사이트에서 객실 타입별 가격을 비교하려면 두 가지 방법이 있다. 먼저, 날짜를 선택한 후 그때 이용 가능한 객실의 가격을 확인하는 방법이다. 이 경우 첫 번째 사이트와 마찬가지로 예약이 완료된 객실의 가격은 알 수 없다.

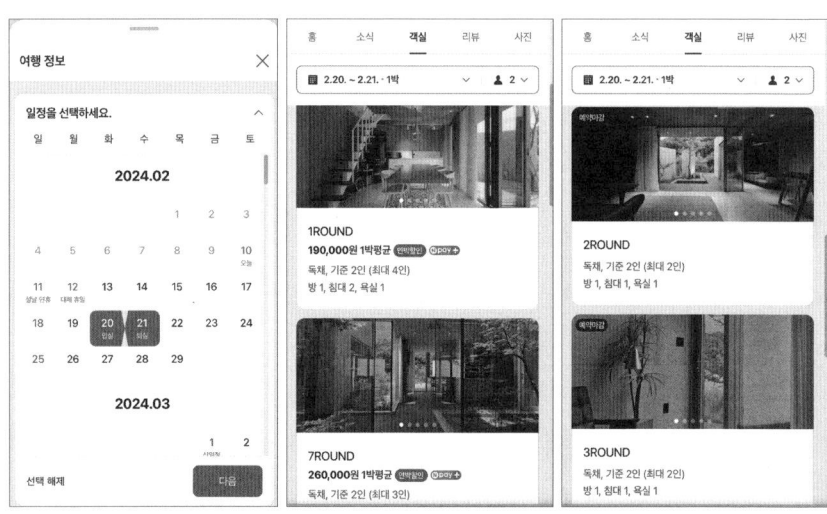

네이버의 숙소 예약 페이지 - 객실 선택

두 번째 방법은 여덟 가지 객실 타입을 하나하나 선택해서 이용 가능 날짜와 가격을 모두 확인한 후 비교해 보는 것이다. 가장 정확하게 가격을 비교해 볼 수 있는 방법이지만, 하나씩 들어가서 확인하고 가격 정보를 기록해야 해서 번거롭다는 것이 단점이다.

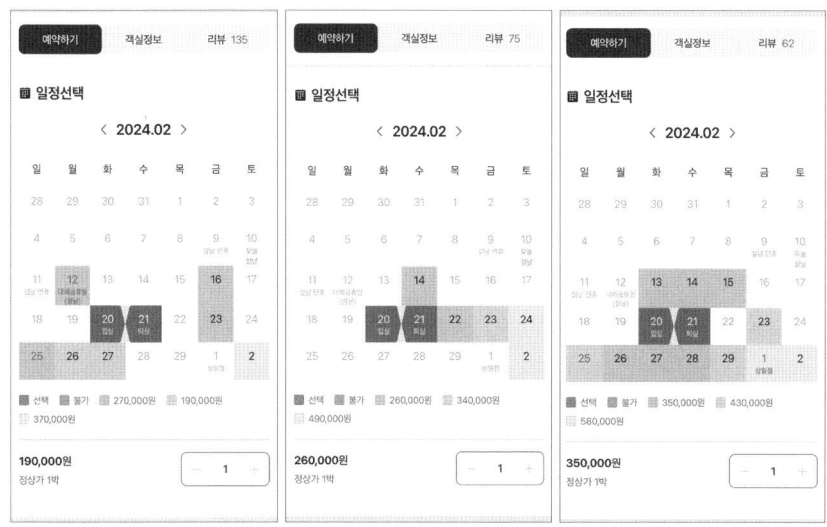

네이버의 숙소 예약 페이지 - 일정 선택

결국 두 번째 사이트도 첫 번째 사이트보다는 낫지만 여전히 사용자가 합리적으로 가격을 비교하고 옵션을 선택하기 어렵다. 특히, 객실 타입이 다양할수록 사용자는 다크 패턴의 덫에 걸릴 확률이 더 높아진다.

4.2 지불 방법의 복잡성

가격 비교 방해를 위해 상품 가격을 아예 숨기는 대신 지불 방법에 대한 정보를 복잡하게 꼬아서 제공하기도 한다.

"정가 75만 원 상당의 멤버십을 월 19,916원에 판매합니다."

이 문구에는 분명 가격 정보가 드러나 있다. 하지만 매월 약 2만 원의 돈을 몇 개월 동안 내야 하는지 나와 있지 않기 때문에 총 지불 금액을 파악할 수 없으며, 실제로 월마다 돈을 내는 월 결제형인지 아니면 연 결제형인지에 대한 정보도 제공하고 있지 않다. 결국 사용자는 앱을 다운로드해서 결제 방식과 결제 기간을 확인한 후 직접 계산해 보지 않는 이상 정확한 서비스 가격에 대해 알 수 없는 것이다.

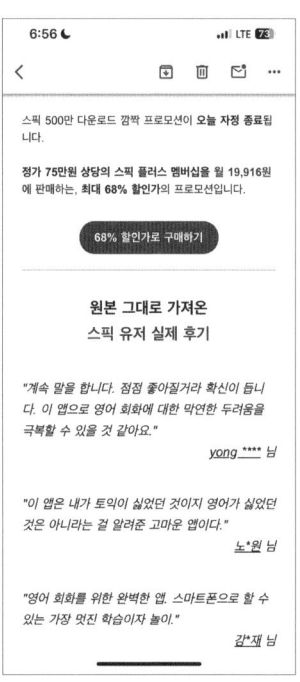

슬쩍 보기에는 혹하는 문구와 함께 굉장한 할인 혜택을 제공하는 듯하지만 실상은 가격 비교 방해 디자인일 뿐이다. 이러한 혼란스러운 제안은 소비자로 하여금 불만을 일으키고, 비슷한 상황이 반복된다면 기업 평판 악화로 이어질 수 있다.

스픽 광고 메일

4.3 가격 비교로 인한 인지 과부하

인지 부하(cognitive load)는 어떤 작업을 완료하고 이해하는 데 필요한 총 노력의 양을 말한다. 이는 적을수록 좋은데 만약 사용자가 처리할 수 있는 것보다 더 많은 정보를 제공한다면 사용자는 인지 과부하 상태가 된다. 어도비의 사례를 살펴보자.

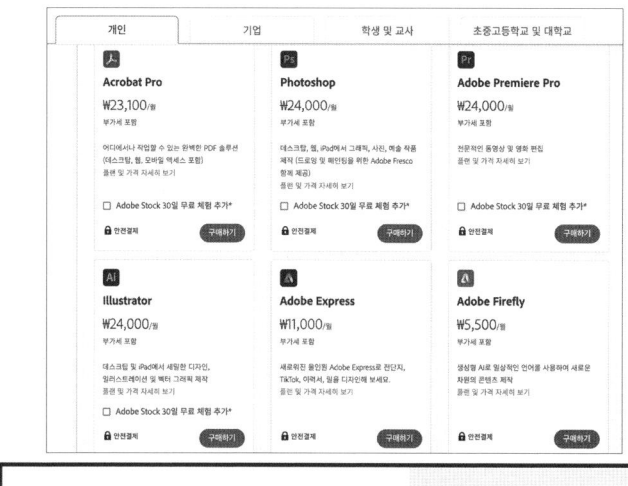

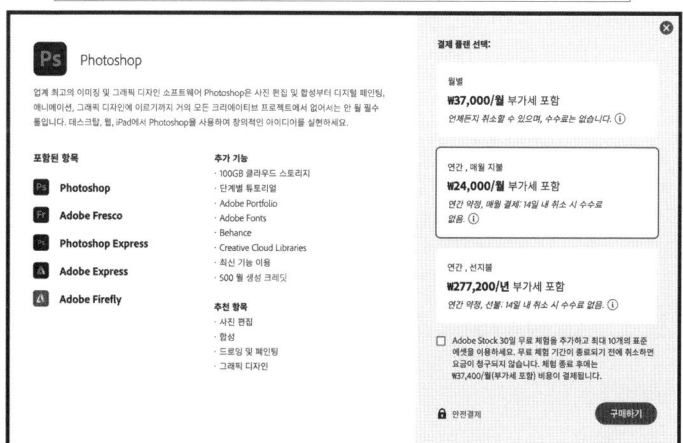

어도비 플랜 비교

포토샵 프로그램을 구독하기 위해 어도비에 접속 후 해당 옵션을 클릭하면 포토샵 외에 다섯 가지 항목이 자동으로 추가된다. 항목별 프로그램으로 무엇을 할 수 있는지에 대한 정보를 얻기 위해선 사용자가 하나씩 찾아보는 방법밖에 없다. 사용하고 싶은 프로그램만 고를 수 있는 옵션도 제공하지 않는다.

여섯 개의 프로그램에 대한 사용료는 오른쪽에 표시되어 있는데 세 가지 플랜 중에 하나를 선택하면 된다. 첫 번째는 월별 결제 플랜, 두 번째는 연간 구독권이지만 매월 지불하는 플랜, 세 번째는 연간 사용료를 한 번에 선지불하는 플랜이다. 두세 번째 플랜 모두 연간 구독 형태지만 하나는 월 지불 가격만 표시해 둠으로써 지불해야 하는 총 금액을 비교하기 어렵다.

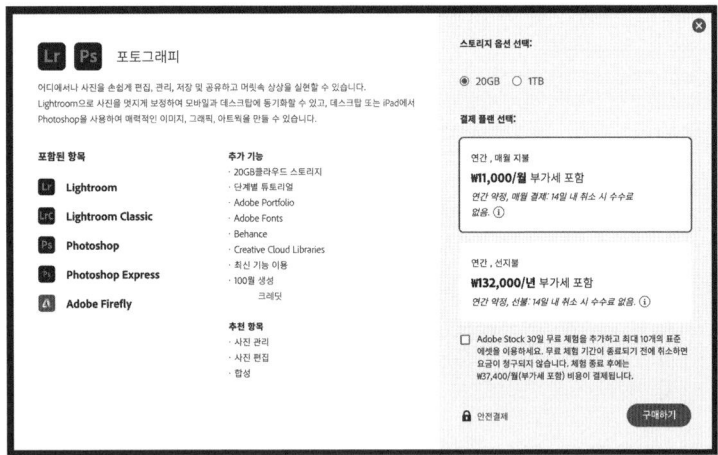

어도비 플랜 정보 - 20GB

포토샵을 제공하는 다른 옵션에서는 보다 저렴한 가격에 라이트룸이라는 사진 보정 프로그램을 추가로 제공한다. 그럼 가성비가 더 좋은 옵션인가 싶지만, 자세히 보면 추가 기능에서 제공하는 스토리지가 20GB이다. 첫 번째 옵션에서는 100GB였기 때문에 줄어든 스토리지 용량만큼 가격도 저렴해진 것이다.

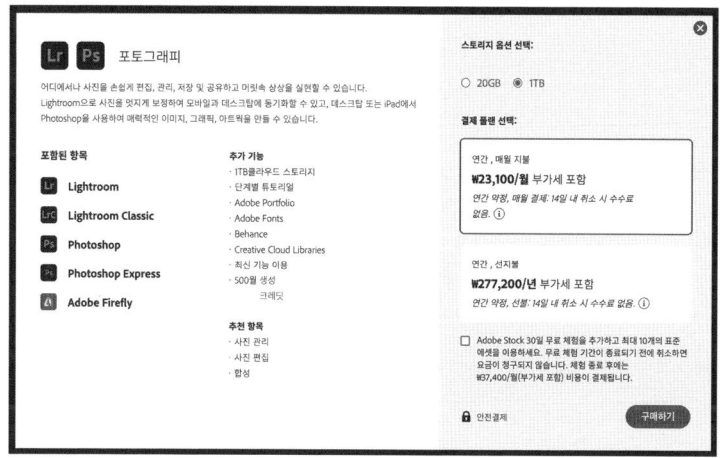

어도비 플랜 정보 - 1TB

추측이 틀렸다. 포토샵, 라이트룸과 함께 1TB의 스토리지를 제공하는 세 번째 옵션도 첫 번째 옵션보다 저렴하다. 추가 기능과 포함된 프로그램 및 추천 항목이 조금씩 다르지만 단순하게 '사진 편집'이나 '합성'이라는 용어로 적혀있어서 정확하게 어떤 기능을 추가로 사용할 수 있는지, 또 다른 플랜을 선택하면 어떤 기능이 빠지는지 알 수가 없다. 사용자가 직접 세부적인 옵션을 조정할 수도 없기에 가격에 반영된 사항들을 정확하게 비교해 보려면 결국 사용자는 작은 글자로 쓰인 추가 기능을 모두 꼼꼼하게 살펴봐야 한다.

포토샵 프로그램을 처음 사용해 보는 사용자라면 클라우드 용량이 20GB, 100GB, 1TB 중 어느 것이 적절한지 판단하기 어려울 것이다. 이미 사용한 경험이 있는 사용자더라도 포함된 기능과 프로그램이 어떤 역할을 하는지에 대해 명확하게 알고 있긴 힘들다. 심지어 프로그램 개수가 많아서 살펴봐야 하는 플랜 개수도 많다. 결국 사용자는 처음에 보여주는 옵션의 기본 플랜을 선택한 후 그냥 결제해 버리는 쉬운 방법을 선택하게 될 것이다. 필요하지 않은 프로그램이 포함되어 있고 스토리지 용량이 불필요하게 많더라도 말이다.

우리의 뇌가 처리할 수 있는 정보의 양은 한정되어 있다. 갑자기 많은 양의 정보를 주면 사용자가 그걸 다 소화해서 합리적으로 가격을 비교하기가 어려워진다. 이렇게 지불해야 하는 가격 정보와 지불 방식에 대한 너무 많은 정보를 알려줌으로써 인지 과부하를 만들어 가격 비교를 방해할 수도 있다.

> **생각해 볼 문제**

> 가격 정보를 숨겨놓은 숙소 예약 서비스부터 복잡한 정보로 가격 비교를 어렵게 만드는 구독 서비스까지 살펴봤다. 이들은 다양한 상품과 가격 플랜을 제공하여 선택의 폭을 넓혀주는 척하지만 사실 가격 비교를 어렵게 만들어서 합리적인 선택을 힘들게 만들려고 하는 함정일 수 있다. 특히 구독 서비스의 경우 해지 절차가 까다롭고 추가 수수료가 발생하는 경우가 많아 사용자는 더 큰 함정에 빠질 수 있다.

여기서 우리가 새롭게 고려해야 하는 건 제품 주도 성장(Product-Led Growth) 전략이다. 이는 사용자가 쉽게 제품 및 서비스를 사용할 수 있도록 만든 다음, 제품 자체에 매력을 느껴서 다시 돌아오도록 하는 제품 집중 성장 전략을 말한다.[19]

이제는 누구나 서비스를 만들고 제공할 수 있는 시대로, 시장 경쟁이 그 어느 때보다 심한 상황이다. 이전에는 경쟁자가 별로 없었기 때문에 고객을 직접 만나서 좋은 관계를 맺는 일에 집중했고(영업 주도 성장), 인터넷이 발달된 후부터는 고객에게 도달할 수 있는 다양한 콘텐츠에 집중(마케팅 주도 성장)했다. 물론, 제품이나 서비스에 따라 이 두 가지 전략은 여전히 유효하다.

하지만 SaaS(Software as a Service, 서비스형 소프트웨어) 시장에서는 제품 자체가 일종의 광고 채널이다. 제품을 사용하면서 어떤 경험을 했는지가 앞으로의 사용 여부에 가장 큰 영향을 미친다. 공급자와 어떤 관계인지, 어떤 콘텐츠를 보고 그 제품에 이끌렸는지 보다 '제품의 매력'이 더 중요한 것이다. 실제로 최근에는 많은 SaaS 기업들이 제품 주도 성장을 추구하면서 '제품의 기능'에 집중하고 있다. 시간이 걸리는 설치 과정이나 허들이 높은 결제 과정은 다 없애고 사용자가 쉽게 서비스를 사용해 보도록 만든 다음, 확실한 만족을 줌으로써 충성 고객으로 만드는 것이다.

이런 추세에도 불구하고 여전히 많은 서비스가 가격 비교를 방해하거나 무료 평가판이라는 덫을 놔두는 식으로 단기적인 이익을 벌어들이는 데 집중하고 있다. 진정으로 사용자의 만족도를 고려한다면 합리적인 가격 비교를 어렵게 만들어서 이익을 올리는 게 아니라 최대한 많은 사용자가, 최대한 빨리 아하 모먼트(Aha moment)*를 경험하도록 만드는 일에

---

* 아하 모먼트(Aha moment): 사용자가 제품의 가치를 발견하여 아하라고 외치는 순간

초점을 맞춰야 한다.

제품 주도 성장의 핵심은 서비스를 자발적으로 홍보해 줄 충성 고객을 만드는 것이다. 그러려면 고객의 필요를 이해하고 고민을 해결하는 제품 개발에 회사의 모든 자원을 집중시키고, 고객의 피드백을 적극적으로 수용하여 개선해 나가는 작업이 필요하다. 단순히 사용자의 돈을 얼마 더 가져오겠다는 목표보다는 서비스의 매력을 보여주고 만족도를 높이는 것에 집중한다면, 훨씬 더 많은 신규 고객을 확보할 수 있지 않을까?

5 힘 조절에 실패한 부메랑 던지기

집 앞 마트에 물건을 사러 갈 때마다 마음이 불편해지는 순간이 있다. 바로 계산할 때다. 계산대 위에 놓인 물건의 바코드를 모두 찍고 난 후 꼭 '포인트 번호요.'라는 말이 뒤따라 붙는데 그때마다 '없어요.'라고 단호하게 말해야 한다. 몰라서 안 만든 게 아니라 만들 생각이 없는 거고, 앞으로도 안 만들 거라는 의지가 드러날 만큼 단호해야 한다. 그렇지 않으면 '지금 하나 만들어요.'부터 시작해서 얼마 걸리지 않는 일인 데다가 바로 앱을 다운로드하여 회원가입을 할 수 있도록 QR코드까지 만들어 붙여놨다는 설명이 쏟아진다.

이사를 몇 번 다니며 만들었던 마트 포인트 번호만 족히 10개는 될 것 같다. 그런데도 포인트를 사용해 본 적은 없다. 사용할 수 있을 만큼의 포인트가 쌓인 적도 없다. 대형마트는 이사를 가도 포인트를 모을 수 있어서 계산할 때마다 꾸준히 핸드폰 번호를 입력하고 있지만, 얼마나 모여 있는지조차 확인하기 쉽지 않다. 앱을 다운로드하여 기억나지 않는 아이디와 비밀번호를 찾고, 로그인 후에 마이페이지 메뉴를 골라 들어가야 하는 과정이 너무 수고롭다. 이렇게 포인트는 쓰지도 못하고 광고 문자만 받았던 경험이 몇 번 쌓이다 보니 마트 회원가입을 하려는 동기가 전혀 생기지 않는다. 심지어 핸드폰 번호만 말하면 되는 것도 아니고 QR코드를 찍어서 앱까지 다운로드해야 한다니 이미 설명을 듣는 것만으로도 압도당하는 기분이 든다.

이런 사정을 알 리가 없는 마트 직원은 틈이 생길 때마다 포인트 번호를 만들라며 설득을 한다. 물론 안 한다고 하면 그만이다. 하지만 계산할 때마다 번호가 없다고 말하며 '이번에도 만들라고 하면 어떡하지?', 'QR코드가 붙은 곳으로 안내하면 뭐라고 말하지?'라는 생각과 함께 불안해지는 것도 사실이다. 웬만하면 다른 마트에 가서 편하게 장을 보고 싶은 마음도 생긴다. 어떻게 해서든 설득하려는 자와 그럴수록 하기 싫어하며 피하려는 자의 대치는 이렇게 종종 일어난다.

넛지(nudge)는 팔꿈치로 쿡쿡 찔러서 행동을 유도하는 것을 뜻한다. 이때 포인트는 '부드러운 유도'다.[20] 은근슬쩍 찌르기가 과해지면 자칫 밀어버리는 꼴이 될 수도 있다. 그럼 밀리는 사람은 버티고 설 것이다. 이렇게 누군가를 설득하려는 시도가 오히려 반대의 결과로 이어지는 걸 부메랑 효과(boomerang effect)라고 한다.[21] 부메랑을 던져서 다시 돌아오게 하려고 의도했지만, 잘못된 방향으로 던지거나 힘 조절을 적절하게 하지 못하면 부메랑은 어딘가에 충돌하거나 돌아오지 못할 것이다.

특정 타깃을 맞히려는 시도도 마찬가지다. 과정상의 어떤 이유로 인해 타깃에 도달하지 못하면 그대로 돌아와서 부메랑을 날린 사람이 맞을 수도 있다. 한 명이라도 더 가입시키려는 마트 직원의 설득이 절대 가입하지 않으려는 소비자의 의지와 부딪혀서 아예 발길을 뜸하게 만드는 결과로 이어진 것 또한 부메랑 효과의 사례다. 디지털 서비스를 사용할 때도 부메랑 효과가 나타나는 걸 볼 수 있다.

반복되는 알림 허용 창

앱에 재방문하도록 유도하기 위해 서비스는 다양한 전략을 사용한다. 그중 하나가 바로 푸시 알림이다. 서비스의 성격별로 알림 메시지의 내용은 달라질 수 있지만 보통 앱 안에서 일어나는 이벤트나 새로운 정보, 예정된 일정 등 사용자의 관심을 끄는 게 공통된 목적이다. 하지만 메시지의 내용을 고민하기 전에 먼저 필요한 건 사용자의 허락이다. 알림 허용 설정이 되어 있어야만 앱의 푸시 알림이 사용자에게 도달할 수 있다.

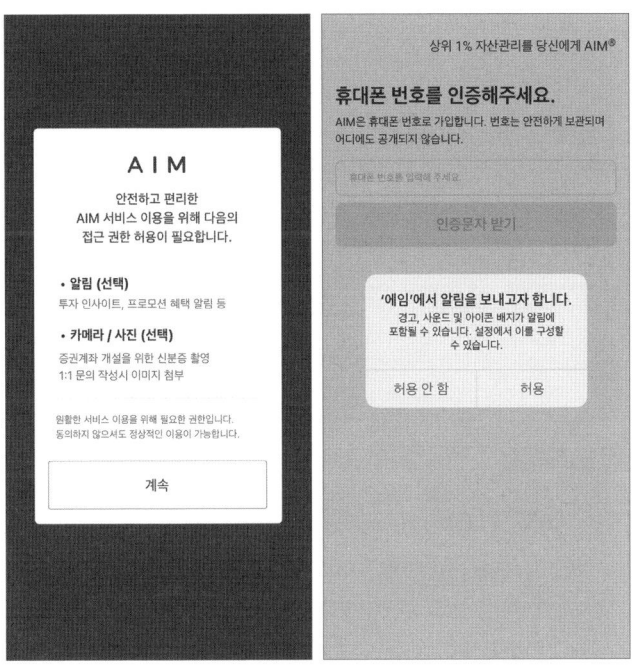

AIM의 알림 허용 창

그래서 서비스는 이렇게 앱을 다운로드한 후 접속하자마자 알림 허용을 요청한다. 그뿐만 아니라 알림 거부를 하면 앱에 접속할 때마다 허용 창을 띄우며 앱의 사용을 방해하는 서비스도 있다. 허용 창에는 분명 [허용 안 함]과 [허용] 버튼이 있지만 정작 선택권은 사용자가 갖고 있지 않은 듯하다. 푸시 알림을 허용하지 않으면 영원히 이 허용 창을 마주해야 하기 때문이다. 여기서 저항감이 발생한다. 서비스가 원하는 대로 푸시 알림을 허용할 때까지 허용 창을 띄운다는 건 더 이상 제안이나 유도가 아니라 강요다. 강요당하는 게 싫은 사용자는 언제든 앱 사용을 중단할 수 있다.

물론 아쉬운 사람이 지는 게임이다. [닫기]를 누르는 게 귀찮고 그럼에도 앱은 계속 사용하고 싶다면 알림을 허용할 수밖에 없다. 거의 억지로 설정을 바꾸게 되는 꼴인데, 그렇게 되면 푸시 알림을 받을 때마다 조종당했다고 느낄 수도 있다. 처음에는 단순한 번거로움이었지만 점점 분노의 감정으로 바뀌게 되는 것이다. 결국 서비스의 의도대로 되더라도 사용자가 부정적인 감정을 느끼는 건 막을 수 없다. 이렇게 과한 설득은 독이 된다.

듀오링고 아이콘

언젠가 듀오링고가 업데이트되며 아이콘 디자인이 바뀌었다. 초롱초롱했던 초록 부엉이의 얼굴이 잔뜩 찡그려진 채 녹아내리는 듯한 얼굴로 말이다.

업데이트 전과 후의 듀오링고 아이콘

순간 마음속에서 죄책감이 느껴졌다. 영어 공부를 한다고 앱을 다운로드해 놓고 한 달이 넘게 앱에 접속하지 않았던 것이다. 그래서 부엉이가 이렇게까지 녹아내린 건가 싶어서 급하게 앱에 접속했다. 하지만 너무 오래 사용하지 않는 탓에 공부 목적부터 범위까지 다시 설정하라는 페이지가 나왔고, 결국 금방 꺼버릴 수밖에 없었다. 그랬더니 이번엔 녹아내린 부엉이가 메시지를 보냈다.

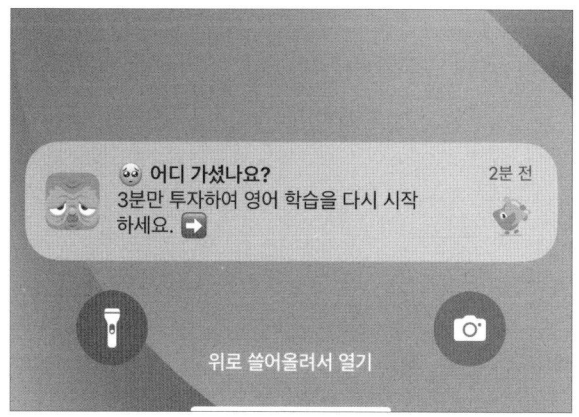

듀오링고 푸시 알림

저런 표정으로 어디 갔냐고 묻는 게 조금 무서웠다. 애써 무시하려고 곧바로 알림 메시지를 지웠지만 스마트폰 홈 화면을 볼 때마다 주름 잔뜩 낀 부엉이가 아무래도 눈에 거슬린다. 결국 앱을 삭제했다.

인터넷에 검색해 보니 갑자기 늙어버린 부엉이에 놀란 사용자가 한둘이 아니었다. 이전에도 한번 이런 적이 있었는데 듀오링고 관계자는 사용자가 앱에 다시 접속하도록 유도하기 위함이라고 설명했다. SNS 반응을 살펴보면 실제로 이게 뭔가 싶어서 접속한 사람들이 많았다. 하지만 매일 공부를 하고 있던 사용자의 아이콘도 동일하게 변했고 또 오랜만에 재접속해서 학습을 완료한 사용자의 아이콘이 다시 원래대로 돌아오지는 않았다. 이렇게 변해버린 앱 아이콘 때문에 결국 사용자들은 불쾌하고 소름 끼친다며 앱을 삭제할 거라고 글을 남기기도 했다. 더욱이 학습에 대한 동기가 전혀 생기지 않는다는 지적도 있었다.

듀오링고의 새로운 디자인은 앱에 접속하도록 유도하는 덴 성공했을지 몰라도 서비스에 대한 이미지를 지키는 일과 학습 동기를 부여하는 본래 목적을 달성하는 일엔 실패했다. 앱이 사용자의 홈 화면에 남아 있었다면 언제든 다시 접속할 가능성이라도 있었지만 이제는 아예 다운로드 기록 저편으로 사라져 버렸다. 사용자를 설득할 때 죄책감이나 불쾌감을 불러일으키면 반발심이 생기는 걸 보여주는 대표적인 예시이다.

> **생각해 볼 문제**

사용자의 선택을 유도하려는 행동이 오히려 저항을 불러일으키는 사례를 살펴봤다. 사용자의 저항에는 여러 가지 원인이 있을 수 있다. 이미 입장이 확고하게 정리된 상태일 수도 있고, 강요당하는 듯한 기분에 반발감이 생겼을 수도 있다. 서비스가 본래 전달하고자 했던 메시지를 아예 다르게 해석해서 오해를 했을 가능성도 있다. 어떤 이유든 사용자가 반발하고 저항하는 결과가 나타난다면 그 원인이 무엇인지 되돌아봐야 한다.

이렇게 설득하려는 시도가 부작용을 일으키기도 하지만 좀 더 편하게 해주려는 좋은 의도가 불편한 상황을 만들기도 한다. 이에 대한 예시로 금융 앱의 계좌 번호 붙여넣기 기능을 들 수 있다. 계좌 번호 텍스트를 복사한 후에 금융 앱에 들어갔을 때 자동으로 붙여넣기가 되는 건데, 특정 계좌로 송금해야 하는 상황에서는 확실히 편리하게 사용할 수 있다. 문제는 그렇지 않은 상황에서도 자동 붙여넣기가 실행된다는 데서 발생한다.

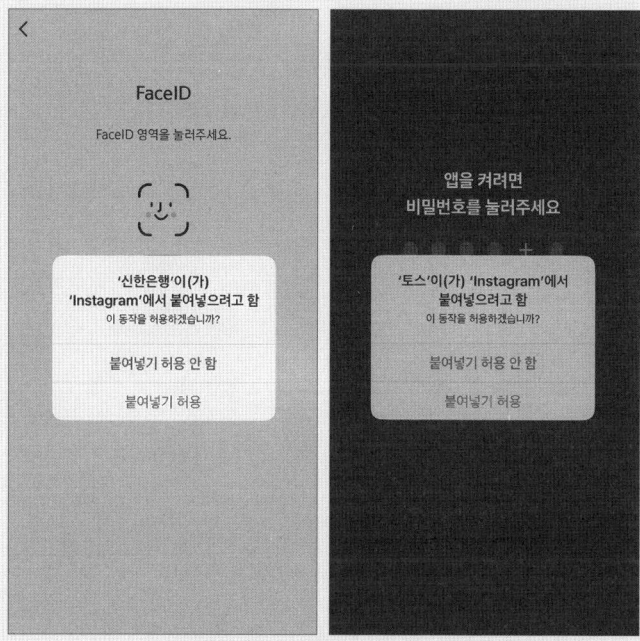

신한은행과 토스의 붙여넣기 허용 창

꼭 계좌 번호가 아니더라도 무언가 복사를 해놓고 금융 앱에 들어가면 어김없이 '붙여넣기 동작을 허용하시겠습니까?' 창이 뜬다. 로그인을 하기도 전에 붙여넣기 허용 창이 뜨는 바람에 자동 페이스 로그인과 충돌해서 앱 접속 자체가 느려지기도 한다. 이런 상황이 반복되자 사용자끼리는 어떻게 이 창을 안 뜨게 할 수 있는지 팁을 작성해서 공유하기도 한다.

2차 효과와 유도 저항 사례에서도 알 수 있듯 항상 디자인한 의도대로 사용자에게 전달되는 건 아니다. 그렇기 때문에 의도보다도 결과의 영향력에 대해 고민하는 게 디자이너의 역할이 아닐까? 금융 앱의 붙여넣기 허용창은 처음 의도와 다른 결과로 이어졌음에도 해결 방안을 찾는 건 사용자의 몫이 되어버렸다. 이를 방지하기 위해 디자인의 목적에 따른 효과는 지키면서 새롭게 발생한 문제를 해결할 방법을 찾는 것까지 디자인 프로세스를 재정의하는 것도 고려해 볼 수 있을 것이다.

6 끝날 때까지 끝난 게 아니다

"앱으로 방문 포장 주문 시 3,000원 할인!"

좋아하는 떡볶이집 문 앞에 할인 행사를 알리는 포스터가 붙어 있는 걸 발견했다. 그래서 바로 주문하는 대신 포스터에 쓰인 것처럼 앱을 먼저 다운로드하였다. 그런데 앱에 접속한 이후에는 다음과 같은 프로세스가 이어졌다.

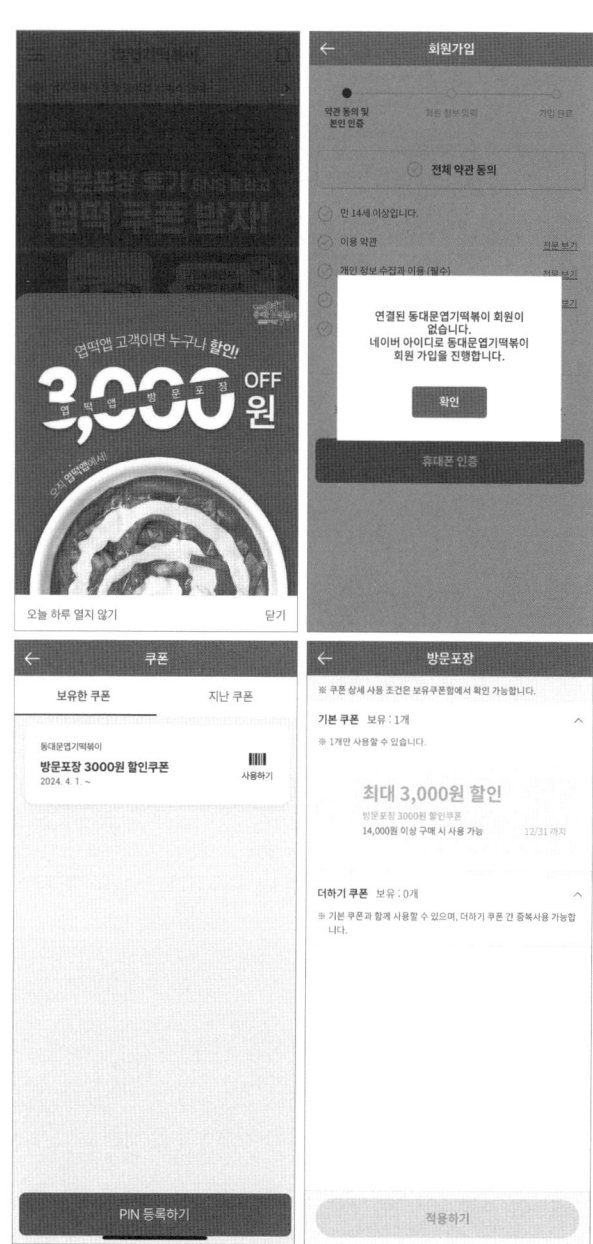

동대문엽기떡볶이의 로그인 및 주문 절차

1단계: 앱에 접속하자마자 포스터에서 봤던 프로모션 팝업이 뜬다.

2단계: 팝업을 클릭했지만 연결되지 않는다. 메인 화면에 있는 광고 슬라이드를 네 번 넘겨서 해당 프로모션을 찾아 클릭했다.

3단계: 이벤트 안내 페이지에 들어가 보니 결제 단계에서 쿠폰 조회를 클릭하면 된다고 한다.

4단계: 바로 메인으로 돌아가서 방문 포장을 눌렀다. 로그인을 요구한다.

5단계: 여러 가지 SNS 로그인 기능이 있어서 그중 하나를 선택했다.

6단계: 선택한 SNS와 연결된 계정이 없다며 회원가입 페이지로 연결됐다.

7단계: 이것저것 동의하고 다음 페이지로 넘어가니 휴대폰 번호 인증이 필요하다고 한다.

8단계: 이름, 휴대폰 번호, 생년월일을 입력하고 문자로 전송된 인증번호를 입력했다.

9단계: 이번엔 아이디와 닉네임을 입력하라고 했다. 닉네임은 한글 7글자 이내여야 한다.

10단계: 회원가입을 마치고 다시 로그인 페이지가 나왔다. 이번엔 연동한 SNS로 로그인을 했다.

11단계: 쿠폰 함을 확인해 보니 자동으로 '방문 포장 3,000원 할인 쿠폰'이 추가되어 있다.

12단계: 신나게 방문 포장 버튼을 클릭하고 메뉴 선택을 했다.

13단계: 드디어 결제 단계로 넘어왔다. 대망의 쿠폰 사용 타이밍이다. 쿠폰 조회를 클릭했다.

> 14단계: 쿠폰 함에 있던 쿠폰이 쎄한 회색빛을 띠고 있다. 역시나 선택할 수 없는 상태다. 절망하며 화면 이곳저곳을 훑어보니 빨간색 글씨로 이렇게 쓰여 있다.
>
> "14,000원 이상 구매 시 사용 가능"

주문하려고 했던 2인 세트는 기준 금액에 미달해서 쿠폰을 사용할 수 없었다. 그러나 가게 앞에 붙어 있던 종이 포스터, 앱에 접속하면 뜨던 팝업, 쿠폰 사용 방법 안내 페이지 등 그 어디에도 쿠폰 사용 조건이 명시되어 있지 않았다. 아무것도 모른 채 단골 떡볶이 가게에서 할인을 받겠다는 일념 하나로 인내하며 14단계를 거쳤다. 항상 먹던 메뉴가 할인이 안 된다는 걸 알았다면 당연히 앱을 다운로드하지도, 회원가입을 하지도 않았을 것이다. 먹음직스러운 미끼를 던져두고 가장 중요한 사실은 모든 과정의 끝에 살며시 알려주는 이런 디자인, 다크 패턴의 한 유형이다.

6.1 다크 패턴 유형

미끼와 스위치

처음에 떡볶이집 앞에서 프로모션 포스터를 봤을 땐 마치 누구에게나 3천 원의 할인 쿠폰이 주어지는 것처럼 느껴졌다. 어떤 메뉴를 선택하든 앱을 사용해서 포장 주문을 한다면 동등하게 주어지는 혜택 같았다. 그렇게 생각하는 순간 그들이 던진 미끼를 문 것과 다름 없다. 만약 앱을 다운로드하고 휴대폰 인증을 한 후, 닉네임을 만들고 SNS 계정을 연동해야 한다는 걸 알았다면 마냥 이득이라고 생각하진 않았을 것이다. 하지만 번거로운 조건은 모두 생략한 채 소비자가 얻을 수 있는 혜택만을 강조해서 홍보함으로써 좋은 거래로 보이도록 미끼를 만든 것이다. SNS 콘텐츠를 구경하다 보면 이와 비슷한 미끼를 심심치 않게 찾아볼 수 있다.

SNS 광고 문구

눈여겨 봐두었던 상품이 때마침 50% 할인을 한다거나 기존 가격보다 훨씬 저렴하게 판매 중이라는 문구를 보면 누구나 혹할 수밖에 없다. 그러나 막상 홈페이지에 들어가 보면 할인은커녕 원래 가격과 동일하거나 콘텐츠에 있던 제품과는 다른 제품을 할인 중인 경우가 종종 있다. SNS에서 봤을 때는 원하던 제품을 저렴하게 살 수 있도록 좋은 제안을 하는 것 같았지만 그건 미끼일 뿐이고 실제로는 소비자가 선택할 가능성이 낮은, 덜 매력적인 제안이 숨어 있다.

이러한 다크 패턴을 미끼와 스위치(bait and switch)라고 부른다.[22] 일단 가장 좋아 보이는 미끼를 던지고 그걸 물었을 때 다른 옵션을 선택하도록 전환하는 것, 이는 소비자(혹은 사용자)가 원래 의도하지 않았던 작업을 실행하도록 강요하는 디자인이다.

숨겨진 비용

떡볶이 할인 미끼에는 또 다른 다크 패턴 유형이 한 가지 더 숨어 있다. 바로 사용자가 목적을 달성하기 위해 행하는 모든 프로세스가 끝날 때까지 비용을 숨기는 '숨겨진 비용(hidden costs)' 디자인이다.[23]

떡볶이 앱에 가입하던 과정을 다시 살펴보자. 앱을 다운로드하고 그 이후에 발생한 클릭만 14번이다. 처음에 종이 포스터를 확인하고 인터넷에 검색해 보거나 앱을 검색해서 다운로드하는 과정까지 포함하면 더 많은 단계가 필요하다. 그런데 그 수많은 과정 중간 어디에서도 최종 주문 금액이 얼마 이상이어야 쿠폰을 사용할 수 있다는 조건을 확인할 수 없었다. 쿠폰을 사용하려면 본래 계획했던 주문 금액보다 더 많은 돈을 써야 하기 때문에 아예 쿠폰을 사용하지 않는 선택을 할 수도 있다. 그러면 당연히 앱을 다운로드하거나 회원가입을 할 필요가 없었을 것이다. 그러나 쿠폰 사용 조건, 즉 최종적으로 지불해야 하는 금액이 숨겨져 있었기 때문에 불필요하게 시간과 에너지를 투입하게 되는 결과로 이어졌다.

숨겨진 비용 디자인은 항공권 구매 시 자주 보이는 다크 패턴 유형이다. 유럽의 저렴한 항공사 홈페이지에 들어가서 항공권을 구매하는 경우를 예로 들어보자.

볼로티 메인 화면

먼저 홈페이지 메인 화면에서 가장 눈에 띄는 프로모션 항공권을 선택했다. 83유로에 구매 가능한 항공권이라고 표시되어 있다.

하지만 예상할 수 있듯 83유로는 최종 가격이 아니다. 일단 왕복 선택을 하면 가격이 두 배로 뛰는데 이건 시작에 불과하다. 그 이후로 좌석 선택, 기내 수화물 반입, 체크인 수화물 추가, 패스트 트랙, 여행자 보험, 공항 체크인, 기내식, 할인 구독 상품 가입까지 총 8번에 걸쳐서 추가 요금이 부과된다. 기타 편의 서비스는 제외하고 꼭 필요한 서비스만 추가해도 최종 가격이 약 314유로로 계산된다. 처음 봤던 가격과 비교했을 때 거의 4배에 달하는 금액이다.

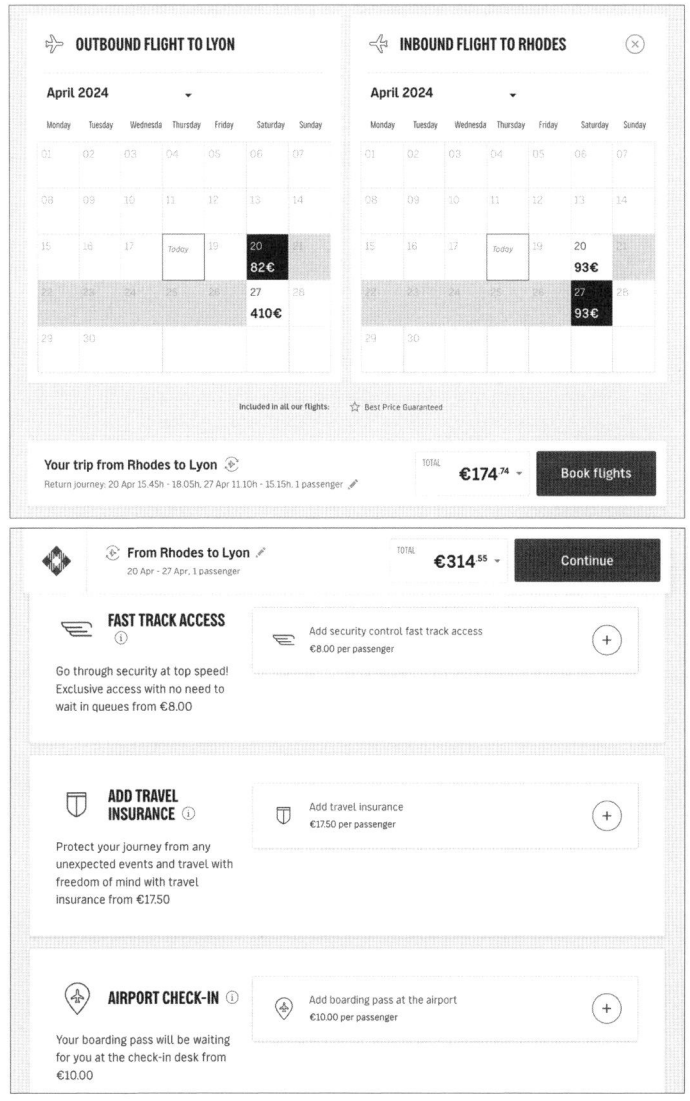

볼로티 추가 비용

1장 사용자를 분노하게 만드는 UX

이 외에도 많은 상품이 세금이나 서비스 수수료 등의 이름으로 사용자가 예상하지 못했던 기본 비용을 추가하여 처음 제시했던 가격보다 더 비싼 금액을 청구한다. 이렇게 결제의 마지막 과정에 도달하고 나서야 지불해야 하는 가격을 알려주면 사용자는 합리적인 선택을 하기 어려워진다.

6.2 계속 믿게 되는 이유

선택적 인식

미끼와 스위치, 숨겨진 비용 등의 다크 패턴은 흔하게 사용되는 전략이다. 이미 여러 서비스와 상품으로부터 당했던 수법임에도 계속 새로운 미끼를 물게 되는 이유는 무엇일까? 사람들은 자신의 기대, 신념, 기존의 태도 등과 일치하는 요소에만 집중하는 경향이 있다. 그 외의 것들은 무의식적으로 무시하거나 빠르게 망각한다. 이러한 선택적 인식(selective perception)[24]이 과장된 광고나 숨겨진 비용을 쉽게 알아차리지 못하게 만든다.

떡볶이 프로모션 사례에서도 선택적 인식이 반영됐다. 처음엔 앱을 실행하고 가입하는 14단계의 과정 동안 쿠폰 사용 가능 조건을 확인할 수 있는 구간이 전혀 없다고 생각했다. 그러나 모든 과정을 다시 찬찬히 살펴보니 떡볶이 프로모션 안내 페이지 아래쪽에 유의 사항이 있는 걸 발견했다.

작은 빨간 글씨로 '2인 세트는 할인 대상에서 제외'라고도 쓰여 있다. 14단계 중 딱 한 번이지만, 무수한 텍스트 중 일부이지만, 그리고 작은 글씨이지만 쿠폰 사용 조건이 아예 명시되지 않았던 건 아니었다. 그럼에도 이 중요한 사실을 발견하지 못한 건 '할인 쿠폰'이라는 혜택에만 초점을 맞춰서 시선을 움직였기 때문이다. 앱을 통해 포장 주문을 하면 할인을 받을 수 있다는 기대와 일치하는 부분, 즉 '할인 쿠폰 사용 방법'만 선택적으로 인식해서 정작 사용 조건을 놓쳤다. 이렇게 똑

유의 사항 3번에 최소 금액 제시

같은 정보가 제공되더라도 모든 사람에게 동일하게 인식되지는 않는다. 특히 혜택을 위해 행동하고 있는 사용자에게는 더욱더 보고 싶은 내용만 보일 수밖에 없다.

매몰 비용

사용자는 원하는 상품을 저렴하게 구매하는 것처럼 합리적이고 좋은 거래를 할 수 있으리라 기대하고 행동한다. 정작 사용자에게 주어지는 건 더 비싼 가격이나 살 생각이 전혀 없었던 전환(switch)된 상품

혹은 추가 비용이다. 미끼와 스위치, 숨겨진 비용 디자인의 공통점은 직접 선택해서 행동하기 전까지 진실을 알 수 없다는 것이다. 그리고 진실을 알게 되는 그 순간에는 이미 너무 멀리 온 상태다. 사용자는 거래를 하고 원하는 걸 얻을 수 있을 거라는 기대를 하며 그걸 충족하기 위해 시간과 에너지를 투입했다. 그렇기 때문에 얻지 못하게 되었을 때 그 실망감에서 벗어나기 위해 비용을 더 지불하고라도 혹은 원하던 상품이 아니더라도 얻고자 한다.

3천 원 할인 쿠폰을 받기 위해 떡볶이 앱을 다운로드하고 회원가입도 하고 너무 많은 과정을 거쳐왔기 때문에 어떻게 해서든 그 쿠폰을 쓰려고 원래 계획했던 것보다 비싼 메뉴를 주문하게 되는 것이다. SNS 광고 콘텐츠에 적혀있던 '50% 할인' 문구와 달리 할인 폭이 크지 않았지만, 이미 그 광고를 보고 홈페이지에 들어가는 순간 상품을 얻을 것이라고 기대했기 때문에 그 기대를 충족하기 위해 더 비싸더라도 구매하게 된다. 또 항공권 선택 시, 언제 어디로 여행할지 고민하고 중간에 있던 옵션을 추가할지 말지 심사숙고하던 시간이 있기 때문에 추가 비용이 발생하더라도 여행을 가고자 하게 되는 것이다.

> **생각해 볼 문제**

> 매몰 비용의 오류와 선택적 인식 경향 때문에 다크 패턴인 걸 알면서 한 번 더 믿게 되고 계속 속아 넘어가게 된다. 우리는 무의식적으로 선택하고 행동하기 때문에 속고 있다는 사실을 인지하기 힘들 때도 많다.

하지만 사용자가 모르고 지나친다고 해서 그러한 디자인이 좋은 디자인이라는 것은 아니다. 결과가 어찌 되든 인간의 본능과 심리를 이용해서 이득을 취하는 다크 패턴은 비윤리적이며 언젠가 사용자를 분노하고 불쾌하게 만들 것이다.

그럼에도 기업이 다크 패턴 전략을 계속 사용하는 이유는 하나다. 성과에 도움이 되기 때문이다. 정확하게는 성과 지표를 향상하는 데 도움이 된다. 그러나 사용자를 불편하고 화나게 만드는 디자인이 성과 지표를 향상시킨다면, 그 지표가 과연 옳은 기준이라고 할 수 있을까? 단기적인 성과와 장기적인 성과는 균형 있게 다루어지는 것이 중요하다. 다크 패턴이 수익성에 도움이 된다는 이유만으로 계속 고수하고 있다면 장기적인 성과 지표를 놓치고 있는 건 아닌지 생각해 보자.

1 부장님이 주말마다 등산하자고 하는 이유
2 피시돌에 중독된 이유
3 서비스의 기브 앤 테이크
4 데이터 결산 서비스에 숨은 심리학
5 주목 경제의 혼란 속에서 사용자를 구하는 서비스
6 내 친구 AI

CHAPTER

2

사용자를 행복하게 하는 UX

1 부장님이 주말마다 등산하자고 하는 이유

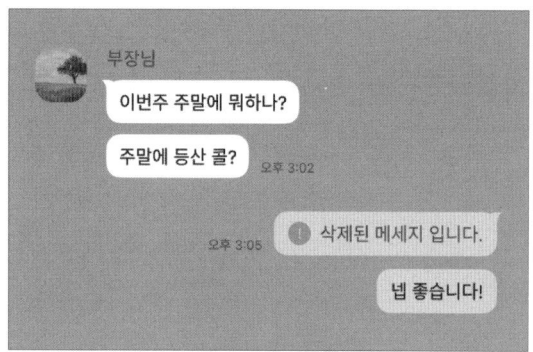

메신저 채팅 창 화면

이번 주말에도 어김없이 '등산 콜?'을 외치는 부장님과 하고 싶은 말을 못 하고 자동 응답기처럼 '넵!'이라고 답하는 직원, 흔히 볼 수 있는 대화다. 젊은 2030 세대가 등산을 싫어하는 건 아니다. 오히려 산린이(산+어린이), 등린이(등산+어린이)들이 모여 함께 산을 오르는 등산 크루(crew)를 만들어 일부러 주말마다 산을 찾는 게 2030 세대다. 이들은 그저 부장님과의 산행이 부담스러울 뿐이다.

이런 2030 직원들의 마음을 아는지 모르는지 부장님들은 항상 '산'을 고집한다. 또 그저 컴퓨터, 스마트폰에만 빠져 있을 것 같은 2030 세대는 갑자기 등산에 매료됐다. 왜 이렇게 다들 '산'을 찾는 걸까?

1.1 바이오필릭 디자인

녹색 갈증[25]은 바이오필리아(biophilia)라고도 하며 본능적으로 자연을 그리워하고 자연과 연결되고 싶어 하는 인간의 욕구를 의미한다. 생명체(bio)와 사랑(philia)의 합성어인 '바이오필리아'는 사회생물학의 창시자라고 불리는 하버드 명예 교수, 에드워드 윌슨(Edward O. Wilson)이 처음 도입한 개념이다.[26]

녹색 갈증

진화 과정에서 인간은 안전과 생계가 보장된 상황을 선호하는 경향이 생겼다. 예를 들어 꽃은 식품(열매) 공급의 가능성을 의미하기 때문에 과거 인간은 꽃을 선호했다. 이러한 경향이 이어져, 이제 더 이상 생계유지를 위해 꽃에 의존하지 않는 현대에도 여전히 꽃을 보면 긍정적인 감정을 느낀다. 이처럼 인간이 문명을 이뤄 대도시에 모이기 전까지 사냥을 하거나 농사를 지으며 형성된 자연과 인간 사이의 유대감은 진화 과정을 거친 현대인들에게도 여전히 남아 있는 것이다. 이렇게 인간들이 본능적으로 자연에 끌리는 현상을 '바이오필리아'라고 한다.

이와 관련해서 심리학자 카플란 부부(Stephen, Rachel Kaplan)는 '자연을 경험하는 것은 인간에게 안정감과 평화, 즐거움을 선사하고 집중력을 향상시키는 데 도움이 된다.'라는 주의 회복 이론(Attention Restoration Theory, ART)을 제안했다.[27] 특히, 에너지 소진 직후 자연과 가까워짐으로써 주의력을 새롭게 회복시킬 수 있다고 한다. 다시 말하면, 세대를 막론하고 우리가 등산에 푹 빠지게 된 이유는 자연을 가까이하고자 하는 생명체의 본능이며 그와 동시에 프로젝트에 지친 몸과 마음을 회복시키고자 하는 본능이기도 한 것이다.

바이오필릭 디자인(biophilic design)은 자연과 교감하고 싶어 하는 인간의 본능적인 욕구를 반영한 디자인을 말한다.[28] 빛, 향기, 색상, 소리 등의 자연 요소를 통해 오감을 자극하거나 자연 자재로 건축물을 짓는 것, 자연의 패턴을 모방하여 공간을 설계하는 것 모두 바이오필릭 디자인 방법론에 속한다. 바이오필릭 디자인 전략을 적극적으로 활용하여 사람들에게 건강하고 행복한 경험을 선사하는 브랜드 사례를 살펴보자.

더현대 서울

2021년 문을 연 '더현대 서울'은 바이오필릭 디자인을 구현한 대표적인 예시다. '자연 친화형 백화점'이라는 수식어에 걸맞게 내부 공간 곳곳에서 정원, 폭포 등의 자연 요소를 발견할 수 있다. 쇼핑센터임에도 매장의 면적을 줄이고 실내 조경과 휴식 공간을 늘리는 파격적인 디자인을 선보이며 '도심 속 자연주의'라는 콘셉트를 실현했다.

더현대 서울

파사드패턴

심플하고 클래식한 디자인으로 탄탄한 팬층을 보유하고 있는 패션 브랜드 '파사드패턴(Facade Pattern)'은 시즌마다 오프라인 팝업 스토어를 열고 있다. 이번 S/S 시즌에는 '연못'이라는 주제로 공간을 구성했는데, 그 모습이 마치 하나의 전시를 보는 듯하다. 매장에 들어가면 백합을 연상시키는 하얀 꽃부터 시작해서 동그란 창문 밖으로 흔들리는 초록 식물들, 나무 소재의 바닥과 가구들이 보인다. 그리고 곳곳에 놓여있는 꽃 장식과 압화 체험, 새가 지저귀는 듯한 음악까지 전반적인 쇼핑 경험에 바이오필릭 디자인 전략이 사용되었다.

파사드패턴

구글, 페이스북, 아마존 사무실

대표적인 글로벌 빅테크 기업인 구글, 아마존, 페이스북은 직원들을 위해 업무 공간을 바이오필릭 디자인으로 꾸몄다. 사진을 보면 알 수 있듯이 업무를 하는 모든 공간 안에서 직원들은 자연과 시각, 후각, 촉각, 청각 등으로 연결되어 있다. 그뿐만 아니라 햇빛이 잘 들어오는 유리창과 바람이 잘 통하는 테라스 구조를 통해 개방감과 안정감을 느낄 수 있는데, 이 모든 요소는 스트레스 감소와 생산성 향상으로 직결된다. 세 기업의 바이오필릭 사무실 인테리어를 보니 이곳의 직원들은 주말마다 상사와의 등산 약속에 시달릴 일은 없지 않을까 싶다.

빅테크 오피스 사례[29]

1.2 바이오필릭 UX 디자인 전략

앞의 세 가지 사례에서 살펴본 것처럼 바이오필릭 디자인은 사람을 위해 좋은 환경과 공간을 만드는 디자인이다. 그리고 이러한 전략은 더 나은 디지털 환경과 사용자 경험을 디자인하고자 하는 UX 디자인 분야에도 동일하게 적용된다.

자연 요소 활용 디자인: 포레스트 애플리케이션

포레스트: 집중하기(Forest - Stay focused) 앱은 핸드폰을 사용하지 않을 때 나무가 자라는 생산성 향상 서비스이다. 스마트폰이 아닌 다른 일에 집중하는 행동에 대해 '자라나는 나무'라는 보상을 줌으로써 집중을 돕는다. 그리고 실제 나무를 심는 기업 활동까지 하며 의미

있는 선순환을 만들어낸다. 이는 자연 요소를 직접적으로 활용하여 모바일 서비스를 디자인한 바이오필릭 UX 사례이다.

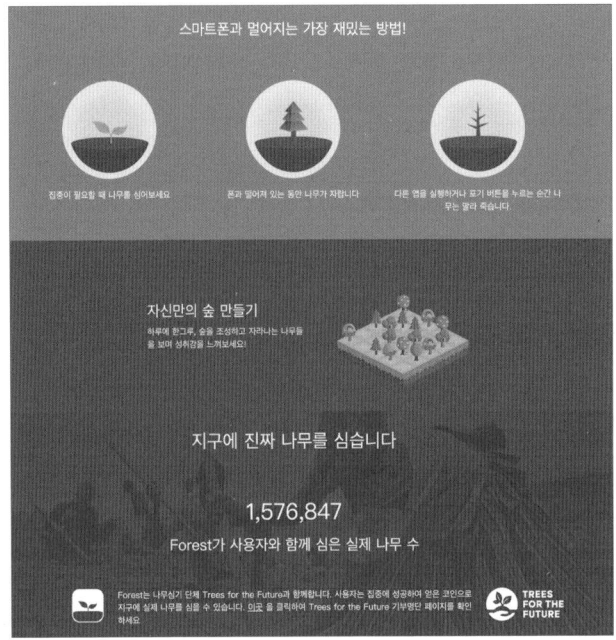

포레스트 홈페이지[30]

전망-피난처 전략: 인스타그램

전망-피난처 전략(prospect-refuge theory)에서 전망은 기회와 위험을 볼 수 있는 관점이며, 피난처는 위험으로부터 보호받을 수 있는 공간이다. 인간은 본능적으로 이 두 가지가 모두 있는 환경을 선호한다. 디지털 환경에서도 전망과 피난처를 모두 구축하면 사용자는 안정감을 느낀다.[31]

인스타그램 게시물 메뉴

예를 들면, 인스타그램에서 [좋아요 수 숨기기] 기능을 사용하면 다른 사용자가 '좋아요' 개수를 볼 수 없지만, 계정의 주인은 확인할 수 있다. 24시간이 지난 스토리나 숨긴 게시물도 다른 사용자는 볼 수 없지만 계정의 주인은 [보관] 옵션을 통해 확인할 수 있다. 이러한 기능은 사용자가 원할 때 숨을 수 있는 피난처 역할을 함과 동시에 사용자 본인은 정보에 쉽게 접근할 수 있다는 점에서 전망을 제공한다.

시간의 흐름: 구글 포토 알림

자연 속에서는 시간이 흐른다는 특성이 있다. '구글 포토 알림'은 시간의 흐름이라는 자연의 특징을 UX에 적용한 사례다.

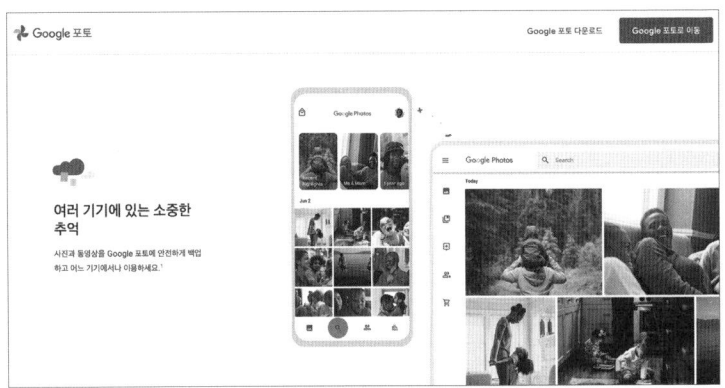

구글 포토 알림

구글 포토에 사진을 저장하면 '추억 속 오늘'이라는 이름과 함께 과거의 사진들을 보여준다. 이를 통해 사용자는 자연스럽게 과거의 추억을 떠올리며 시간의 흐름을 느끼게 된다.

> **생각해 볼 문제**

> 바이오필릭 디자인의 목표는 제품이나 건축물을 통해 인간과 자연의 유대감을 되살리는 것이다. 이를 위해 직접적으로 자연을 보고 느끼도록 하는 방식과 자연의 법칙이나 형태 등을 경험하도록 하는 간접적인 방식, 두 가지 전략을 사용할 수 있다. 그리고 이러한 바이오필릭 디자인 안에서 우리는 안정감과 편안함을 느낀다.

주말마다 등산에 가자고 하는 부장님뿐만 아니라 우리는 모두 자연을 원한다. 이런 본능을 이해하고 자연과의 정서적, 사회적 연결을 만들 수 있는 UX 디자인을 고민해 본다면 좀 더 긍정적인 사용자 경험을 제공할 수 있을 것이다.

푸릇푸릇한 시각적 요소나 전망-피난처 전략, 자연스러운 시간의 흐름 외에도 인간의 마음을 편안하고 안정적으로 만들어주는 자연 본연의 특징은 어떤 게 있을지, 또 그러한 특징을 디지털 프로덕트에 어떻게 적용할 수 있을지 고민해 보자.

2 피시돔에 중독된 이유

스트레스가 많고 지루한 시기엔 평소 전혀 관심을 주지 않던 게임 광고가 유난히 이목을 끈다. 이렇게 외부 트리거와 내부 트리거가 일치했던 것이 행동의 계기가 되어 피시돔(Fishdom)이라는 게임 하나를 다운로드하였다.

그 후로 하루 평균 3시간씩 게임을 하며 시간을 보냈다. 한 석 달쯤 됐을 때 심각성을 깨달았다. 약간의 도파민과 잠깐의 리프레시가 필요했던 것뿐인데, 이젠 아침에 일어나자마자 어항 속 물고기들에게 밥을 주고 친구들을 만났을 때도 화면 속 퍼즐을 맞추고 폭탄을 터뜨릴 만큼 정도가 지나쳐 가고 있었다. 이대로는 안 되겠다 싶었던 어느 일요일 밤 11시 59분, 결연한 의지로 게임을 삭제했다.

심즈, 크레이지 아케이드, 카트라이더, 애니팡, 테트리스 등등 그동안 스쳐 지나갔던 수많은 게임 중 한 달 넘게 이어갔던 건 단 한 개도 없었다. 하루에 3시간을 넘기며 게임을 했던 적도 없다. 그런데 피시돔은 도대체 어떤 마성의 매력이 있길래 이렇게 몇 달째 정신을 못 차리게 하는 걸까? 게임을 삭제하고 약 일주일 정도를 쉬었던 것 빼고는 또다시 매일 같이 물고기들을 찾게 만드는 피시돔만의 중독 형성 디자인 요소들을 살펴보자.

2.1 피시돔 중독 5단계

STEP 1 스며드는 단계 - 몰입 차트

게임을 다섯 시간 동안 할 수 있었던 건 시간 가는 줄 몰랐기 때문이다. 즉, 시간 감각을 잃을 정도로 한 가지에 온전히 빠져 있는 몰입 상태였음을 의미한다. 이러한 몰입 상태가 지속되려면 사용자의 능력과 게임의 난이도 수준이 일치해야 한다. 두 가지 조건의 일치 정도에 따라 세 가지 상태로 구분할 수 있다.

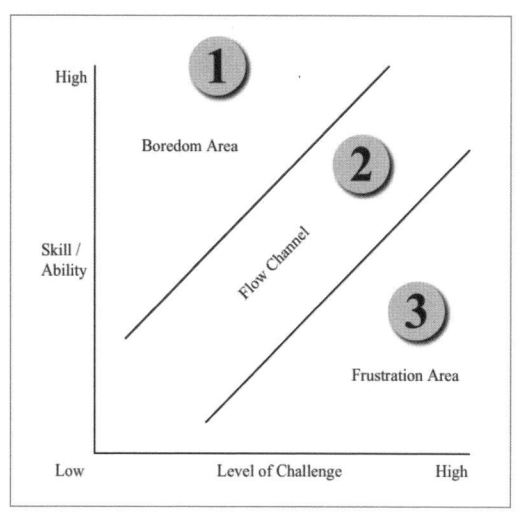

몰입 영역 그래프32

❶ 지루함 영역(Boredom Area)

사용자의 능력치는 증가했는데 챌린지의 난이도는 그대로이거나 너무 낮을 경우, 흥미 및 관심도가 떨어져서 활동에서 이탈

❷ 몰입 영역(Flow Channel)

점차 향상되는 사용자의 능력치에 비례하게 챌린지의 난이도가 증가할 경우, 몰입 상태가 유지

❸ 좌절 영역(Frustration Area)

사용자의 능력치보다 챌린지의 난도가 너무 높을 경우, 사용자가 흥미롭게 느낄 수 있지만 지속할 동기를 잃게 될 가능성이 큼

피시돔의 게임 방법은 아주 간단하다. 똑같은 모양을 세 개 이상 맞추기만 하면 된다. 10년 전 즈음, 국민 게임이었던 애니팡과 비슷하다고 생각하면 된다. 하지만 단순히 세 개 이상을 맞추는 규칙만 있다면 한 달도 안 돼서 지루함 영역으로 이동했을 것이다. 피시돔은 레벨이 오를수록 특정 영역을 터뜨려야 한다거나, 특정 블록을 모아야 한다거나, 그것도 아니면 특정 아이템을 몇 번 이상 써야 하는 등의 규칙이 추가된다. 업그레이드되는 규칙과 함께 새로운 폭탄이나 맵도 계속해서 생겨났다. 즉, 게임에 적응하며 향상되는 스킬과 달성해야 하는 챌린지의 난이도가 비례적으로 증가해서 이상적인 몰입 영역에 진입할 수 있었고, 그렇게 피시돔에 스며들기 시작한 것이다.

STEP 2 집중하게 만드는 요인 - 희소성 & 몰입형 경험

오랜 시간 게임을 할 수 있었던 이유는 '몰입 영역'을 벗어나지 않았기 때문이다. 그럼, 사용자의 능력치와 챌린지의 난이도가 일치하는 환경만 조성하면 집중력을 유지할 수 있을까? 피시돔에서는 몇 가지 추가 요인이 복합적으로 작용했다.

❶ 희소성

한 가지 작업을 1시간 이상 지속한다는 건 생각보다 어려운 일이다. 집중력이 결핍된 산만한 현대인 중 한 명으로서 아무리 몰입 영역에 진입했다고 하더라도 30분이 지나면 지금 당장 해야 할 것 같은, 수많은 일들이 떠오른다. 그 시점에서 '조금만 더'를 외치게 만드는 건 희소성이다. 피시돔이 무료 사용자에게 한 번에 주는 하트(생명: 게임을 할 수 있는 기회)는 다섯 개고, 한 개가 새로 생기는 데 걸리는 시간은 25분이다. 조금만 더 하면 깰 수 있을 것 같은 맵을 넘어가지 못한 채 하트 다섯 개를 모두 소진하는 것만큼 안타까운 일이 없다. 이렇게 몇 번만 하트의 희소성과 소중함을 깨닫고 나면 보상으로 주어지는 '무제한 하트 타임'을 쉽게 무시할 수 없게 된다. 대결에서 이기거나 리그에서 팀이 승리하는 등 특정 챌린지를 달성하면 5분, 15분, 30분, 1시간 심지어는 4시간씩 무제한 하트 타임을 준다. 보관 기능은 없다. 주어지는 순간부터 카운트다운이 시작된다. 희소한 하트와 그보다 더 희소한 무제한 하트 타임, 이 둘의 희소성 덕에 다른 할 일이 있어도 지금 당장만 할 수 있을 것 같은 게임에 더욱 몰입하게 된다.

❷ 전체 화면 모드

날짜와 시간, 배터리 상태 등이 보이지 않는 전체 화면 모드는 온전히 게임에만 집중할 수 있도록 도와준다. 아이폰 사용자라면 어떤 알림도 울리지 않는 '방해 금지 모드'로 전환함으로써 완전한 몰입형 경험을 할 수 있다. 물론 이 방법은 게임보다는 좀 더 생산적인 활동에 활용하는 것이 좋겠지만, 평소에도 방해 금지 모드를 켜두는 습관 덕에 게임에 좀 더 오래 집중할 수 있었다.

STEP 3 지속하게 만드는 요인 - 보상

높은 집중력을 발휘하여 게임에 참여한 사용자에게 그에 걸맞은 보상을 즉각적으로 준다면, 사용자는 충성심으로 보답할 것이다. 피시돔에는 크게 세 가지 보상 체계가 마련되어 있다.

피시돔 게임 화면

❶ 고정 행동 보상

사용자가 퀘스트를 완료하는 등의 특정 행동을 했을 때 주어지는 정당한 보상은 게임에서 가장 흔하게 볼 수 있는 보상 유형이다. 피시돔에서도 1:1, 1:N 대결에서 승리하거나 미션을 완료하면 아이템이나 무제한 하트 타임과 같은 보상을 제공한다. 또한, 어항에 아이템을 채워 넣을 때 '아름다움 포인트'를 지급한다. 아름다움 포인트 달성률이 100%가 되면 별 한 개를 주고, 이 별을 세 개 모으면 잠겨 있던 새로운 테마의 어항을 열 수 있다. '새로운 어항 잠금 해제'라는 커다란 목표에 도달하기까지의 과정을 '포인트'와 '별'이라는 보상으로 조각낸 이 시스템은 사용자로 하여금 좀 더 빠르게 보상을 얻게 하여 동기 부여와 참여도가 높아지게 만들었다.

❷ 무작위 보상

예측 가능한 고정 행동 보상이 도파민을 안정적으로 유지시킨다면, 예측할 수 없는 무작위 보상에 대해서는 그 기대치에 따라 더 많은 도파민이 분비된다. 새로운 맵을 잠금 해제했을 때 무엇이 있을지 예측할 수 없고, 혹은 조개 안에 어떤 아이템이 숨겨져 있는지 모를 때 사용자는 보상 자체보다 보상에 대한 기대를 하며 즐거움을 느끼게 된다.

피시돔의 무작위 보상(1)

피시돔의 무작위 보상(2)

❸ 친구로부터 받는 보상

피시돔에는 유료 아이템을 구매하지 않고도 하트를 얻을 수 있는 방법이 있다. 바로 팀에 가입하여 하트를 요청하는 것이다.

팀에서 하트 주고받기

서로 하트를 주고받으며 소소하게 친밀도를 높이다가 어쩌다 한 번 전 세계를 대상으로 하는 팀 토너먼트가 열리면 1등을 하기 위해 동기 부여 효과가 극대화된다. 피시돔 자체는 혼자 하는 게임이지만, 팀 기능을 통해 보상을 주고받을 수 있고 더불어 팀 기반 챌린지에 참여하며 협업을 경험할 수 있다.

팀 토너먼트

STEP 4 다시 돌아오게 만드는 요인 - 저장된 가치

3단계까지 경험한 사용자는 이제 게임을 멀리하려고 시도할 수는 있어도 완전히 벗어나기는 힘든 상태에 도달한다. 이미 게임의 보상 체계와 몰입형 경험에 익숙해졌기 때문이다. 그리고 한 가지 강력한 요인이 더 있다. 바로 저장된 가치(stored value)이다. 피시돔 속에서 주어진 수많은 퀘스트를 달성하다 보면 꽤 높은 레벨과 잘 꾸며진 어항, 그리고 희소성 있는 아이템들을 가질 수 있게 된다. 이 모든 것들이 저장된 가치이다. 시간과 에너지를 투자해서 얻은 것들이 모두 게임 속에 저장되어 있다. 게임을 중단하거나 삭제하면 모두 사라지게 된다. 결국 계속 게임에 참여할 수밖에 없다.

피시돔의 진행 상황 저장

피시돔 시작 화면에는 [진행 상황 저장]이라는 버튼이 있는데, 혹시나 하는 마음에 틈틈이 게임 히스토리를 저장하다 보면 삭제를 하더라도 다시 돌아오게 될 확률이 더욱 높아진다.

STEP 5 끊지 못하는 이유 – 매몰 비용 감옥

피시돔이 만들어둔 몰입 영역 안에서 주어지는 짜릿한 보상들 덕에 이제 피시돔에 완전히 빠져들었다. 끊고 싶어도 끊지 못한다. 그렇다고 이제 와서 피시돔 탓을 할 수는 없다. 결정적으로 게임을 끊지 못하는 이유는 나 자신에게 있기 때문이다. 이는 4단계에서 이야기했던 '저장된 가치' 개념과 이어진다.

게임 속에 쌓여 있는 수많은 아이템과 게임 머니는 사용자가 투자한 시간과 노력을 대변한다. 현실에서는 손에 쥘 수 없는 가상의 아이템일지라도 사용자는 자신이 달성한 것을 잃는 것을 극도로 두려워한다. 단기적으로는 저장된 가치가 생각나서 게임으로 돌아가게 되고, 장기적으로는 그것을 잃을까 두려워서 게임으로부터 멀어지지 못하는 것이다. 이러한 현상을 매몰 비용 감옥(sunk cost prison)이라고 부른다.

2.2 게이미피케이션 디자인 사례

게이미피케이션(gamification) 디자인이란 동기 부여 및 참여도 증대를 위해 게임이 아닌 환경에 게임 디자인 요소를 적용하는 디자인 전략이다.[33] 피시돔을 시작하고 완전히 빠져들 때까지 몇 달 동안 다양한 디자인 전략을 경험했다. 그중에서도 여기서 정리한 모든 디자인 요소는 게이미피케이션 요소로써 다른 서비스 분야에도 충분히 적용될 수 있다. 다른 서비스에서는 어떤 전략이 어떻게 나타나는지 한번 살펴보자.

틱톡

틱톡은 강한 중독성을 가진 SNS로 잘 알려져 있다. 심지어 미국의 한 의원은 틱톡이 디지털 펜타닐(마약성 진통제)이라는 강력한 표현을 사용하며 틱톡의 치명적인 중독성에 대해 경고했다.

틱톡도 피시돔과 마찬가지로 몰입 영역을 잘 유지한 사례다. 두 서비스 모두 작은 손가락 움직임만으로 새로운 자극을 경험할 수 있다. 피시돔에서는 퍼즐을 한 번 움직이고, 틱톡은 아래로 슬라이드 하는 방식이다. 다른 점이 있다면 피시돔은 업그레이드되는 챌린지와 미션으로, 틱톡은 보다 더 자극적인 영상으로 가변성을 유지했다는 점이다. 틱톡은 이렇게 낮은 인지 작업과 높은 가변성을 통해 중독을 형성하는 디자인(addiction-forming design)의 대표적인 예시이기도 하다.

에버노트

에버노트의 CEO 필 리빈(Phil Libin)은 스마일 그래프(smile graph)를 통해 저장된 가치 개념에 대해 설명했다.[34] 웃는 입 모양의 이 그래프는 에버노트를 사용하는 시간이 길어질수록 서비스 참여도가 증가하는 것을 보여준다. 서비스 사용 초기에는 잠시 이용 시간이 줄어들 수 있지만, 서비스 이용 습관이 형성되고 사용자가 저장된 가치에 대해 인식하기 시작하면서부터는 다시 서비스 이용 시간이 급증하는 형태를 띤다.

피시돔을 잠시 삭제했던 일주일 동안, 게임과 멀어지는 대신 그동안 형성된 이용 습관과 쌓인 경험치가 생각나서 다시 돌아오게 됐던 것처럼 에버노트도 비슷한 단계를 밟아 장기 사용자들이 모이게 됐다. '중독'이라고 부를 수는 없지만, 에버노트의 경쟁 서비스들이 굉장히 많아진 지금 시점에서도 여전히 충성도 높은 사용자들이 존재하는 걸 보면, 습관 형성이 굉장히 단단하게 잘 이루어진 사례라고 할 수 있다.

듀오링고

듀오링고는 언어 학습 서비스로, 사용자에게 지속적으로 동기 부여를 해서 공부 습관을 기를 수 있도록 다양한 게이미피케이션 요소를 활용한다. 보상 전략이 가장 대표적이다. 공부를 할 때마다 학습 진도율과 목표 달성률에 대한 포인트를 얻을 수 있고, 100%를 채우면 배지를 받을 수 있다. 또, 리그 내에서 대결을 통해 레벨을 올리거나 보석이라는 가상의 화폐로 하트(생명: 퀴즈를 재도전할 수 있는 기회)를 충전할 수 있는 것 모두 피시돔의 디자인과 닮았다. 잠시 공부를 중단하더라도 듀오링고에서 얻은 배지들과 달성한 목표에 대한 기록들이 '저장된 가치'가 되어서 나중에 언어 공부가 필요할 때 다시 돌아오게 만드는 요인으로 작동한다.

듀오링고의 게이미피케이션 디자인

인스타그램, 페이스북

인스타그램이나 페이스북에 중독된 것 같다고 느껴본 적 있는 사용자라면, 활동을 중단하려는 시도도 한 번쯤 해봤을 것이다. 그러나 계정을 삭제하거나 활동을 중단하는 건 말처럼 쉽지 않다. 이제까지 해오던 습관 때문이기도 하지만, 기록해둔 사진이나 연결된 사람들이라는 매몰 비용이 존재하기 때문이다. 피시돔을 지우는 그 순간에도 '진행 상황 저장'을 먼저 하고, 삭제한 이후에도 게임 히스토리가 있으니 안심하는 심리와 비슷하다. SNS 활동을 지속하면 더 많은 시간과 에너지를 낭비하게 될 수도 있음에도 불구하고 그동안 투자한 모든 것들을 잃는 것이 두려워서 끊지 못하는, 매몰 비용의 지옥에 갇히게 되는 것이다.

> **생각해 볼 문제**

네 가지 사례에서 살펴보았듯, 사용자를 옭아매는 중독적인 게임 요소들은 게임 서비스에만 적용되지 않는다. SNS, 교육, 헬스케어 등 분야를 막론하고 사용자가 서비스에 더 오래 머물도록, 그리고 다시 돌아오도록 만들기 위해 전략적으로 게이미피케이션 디자인 요소들이 사용된다.

그리고 게임 디자인과 게이미피케이션 디자인의 공통점은 단일 요소가 독립적으로 작동하지 않는다는 것이다. 여러 가지 요소가 자연스럽게 하나의 메커니즘으로 연결되어서 사용자에게 빠져나갈 틈을 주지 않아야 마성의 게임(혹은 서비스)으로 완성될 수 있다.

| ▎행복한 생산성 ▎

2011년, 과학자도 풀지 못했던 에이즈 바이러스에 대한 문제를 온라인 게임(Foldit)으로 만들었더니 플레이어들이 해결한 일이 있었다. 플레이어들은 '연구'가 아니라 퍼즐을 푸는 '게임'이라고 접근했기 때문에 엄청난 생산성을 발휘할 수 있었다. 이러한 게임 플레이어들의 특징은 휴식을 취하거나 아무것도 하지 않을 때보다 게임 안에서 문제를 해결하고 생산적인 일을 할 때 더욱 행복하다고 느낀다는 것이다. 이게 바로 '행복한 생산성(blissful productivity)'이다.[35]

제인 맥고니걸(Jane McGonigal)은 이 개념을 제시하며 게임이 더 나은 세상을 만들 수 있다고 얘기한다. 현실 세계에서 실제로 발생하는 문제들을 흥미롭고 재미있는 게임으로 만든다면 게임 플레이어들이 엄청난 집중력과 열정을 통해 그 문제를 해결할 수 있다는 게 그녀의 주장이다. 마치 폴드잇(Foldit)의 플레이어들이 에이즈 바이러스에 대한 문제를 풀었던 사례처럼 말이다. 결국 중요한 건, '의미 있는 게임'을 어떻게 만들 수 있는지다.

맥고니걸의 말처럼 현실 세계의 문제를 해결할 수 있는 게임을 만들기 위해 어떤 디자인 전략을 사용할 수 있을까? 특히 게이미피케이션 디자인은 학생들의 동기 부여를 위해 학습 서비스에 적용되는 경우가 많은데, 거기에 푹 빠져서 엄청난 학습 효과를 봤다는 사례는 찾아보기 어렵다. 이 경우 어떤 디자인 전략을 통해 학습 효과를 증대시킬 수 있을까?

3 서비스의 기브 앤 테이크

요즘은 어딜 가나 개인화 콘텐츠를 제공한다. 쇼핑, 음악, 이미지 검색, 영화, 심지어 어느 웹사이트를 들어가든 따라다니는 광고까지도 한 사람 한 사람을 타깃으로 보여준다. 그러다 보니 개인화 콘텐츠의 기반이 되는 사용자 데이터를 가져가는 수법도 다양해졌다. 오히려 당당해진 면도 있다. 다음을 보면 맞춤형 콘텐츠를 제공해 준다는 명목으로 서비스에 접속하자마자 앱을 스캔하겠다는 메시지를 보내고, 로그인을 하기도 전부터 각종 개인정보와 취향을 묻는 것으로 온보딩 과정을 시작한다.

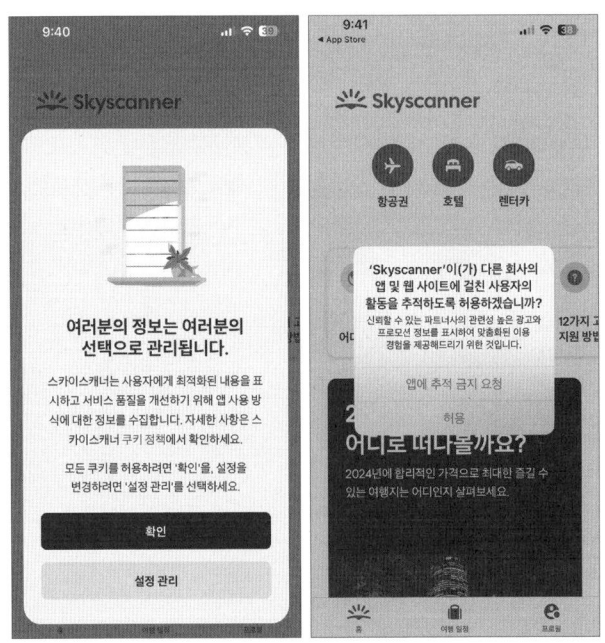

스카이스캐너의 온보딩

지그재그의 온보딩

이런 서비스의 의도와 사용자로서 누리게 될 혜택을 충분히 인지하고 있음에도 무언가 경험을 해보기도 전에 숙제부터 해야 하는 듯한 느낌을 지울 수 없다. 이제는 누구나 서비스를 만들고 제공할 수 있는 시대이면서 동시에 사용자는 어떤 서비스든 다운로드하여 사용해 본 후, 쉽게 삭제할 수 있다. 시장 경쟁이 그 어느 때보다 심한 지금이기에 단순히 신규 고객 한 명을 늘리는 것보다 진심으로 서비스에 만족해서 계속 찾아줄 진짜 고객 한 명을 확보하는 게 더 중요하지 않을까? 그렇게 하기 위해서는 사용자를 만족시키는 세 가지 원칙에 대해 꼭 알아야 한다.

상호성의 법칙

상호성의 법칙(law of reciprocity)[36]은 '가는 정이 있어야 오는 정이 있다.'라는 속담으로 표현할 수 있다. 즉, 사용자에게 무언가를 요청하기 전에 먼저 가치를 제공하라는 의미다. 그렇게 하면 사용자는 이미 받은 것에 대해 보답하려는 마음을 갖기 때문에 서비스에 대한 참여도가 올라가게 된다.

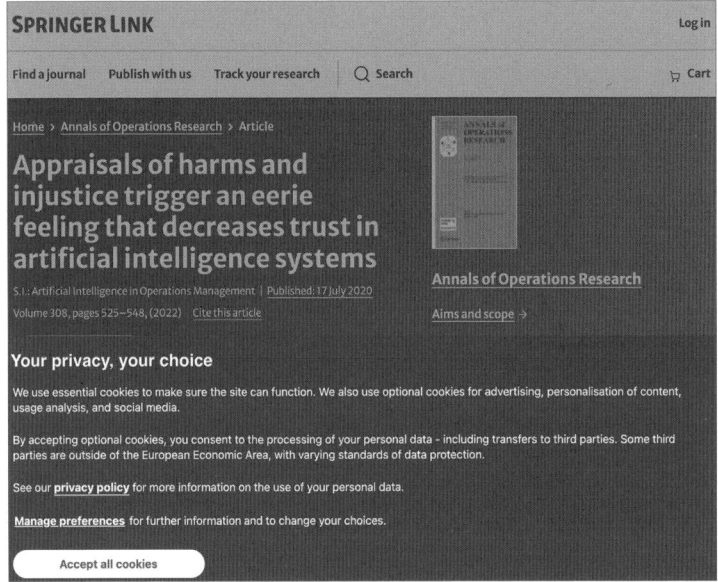

스프링거링크(SpringerLink)

검색을 하다 보면 이와 같은 쿠키 허용 창을 흔하게 볼 수 있다. 원활한 시스템 작동을 위한 목적도 있겠지만 자세히 읽어보면 '모든 쿠키'에는 맞춤형 광고와 추천 콘텐츠를 위한 각종 개인정보에 대한 접근 허가도 포함한다. 외부 서비스에까지 개인정보를 제공한다면서 이를 거부할 수 있는 버튼은 보이지 않는다. 필요한 쿠키만 허용하려면 설명 속에 숨어 있는 관리하기 버튼을 찾아서 클릭한 후, 깨알 같은 텍스트를 훑어봐야 한다. 이는 서비스가 필요한 걸 먼저 사용자에게 요구하는 전형적인 사례다.

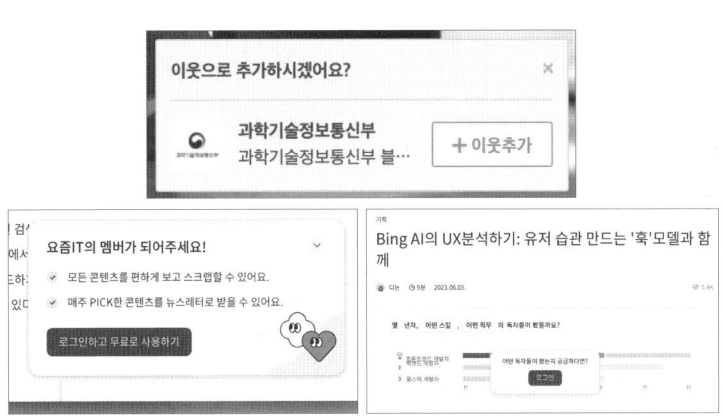

네이버 블로그와 요즘IT의 서비스 사용 유도 메시지

반면 사용자에게 먼저 콘텐츠를 제공한 다음에 추가 행동을 권유하는 서비스도 있다. 네이버 블로그는 로그인을 하지 않은 사용자도 콘텐츠를 자유롭게 둘러볼 수 있도록 한 후, 하나의 블로그에 오래 머물 경우 이웃 추가 의사를 묻는 메시지를 띄운다. 물론 이웃 추가를 하기 위해서 회원가입 및 로그인은 필수다. 온라인 IT 매거진인 요즘IT에서도 마찬가지로 로그인 없이 콘텐츠를 감상할 수 있다. 그리고 스크랩 기능과 뉴스레터 알림, 독자 분석 정보 등 추가 서비스를 위해 로그인을 하라고 유도한다. 이 두 서비스는 먼저 콘텐츠라는 가치를 제공했기 때문에 사용자가 지속적으로 참여할 가능성이 커진다. 즉, 비슷한 내용의 메시지라도 보여주는 시점에 따라 사용자에게 강요하는 느낌을 줄 수도 있고, 더 좋은 서비스를 제공하려는 노력이 느껴지게 할 수도 있는 것이다.

점진적 공개 전략

너무 많은 내용을 한 번에 보여주면 사용자는 압도당할 수밖에 없다. 이를 방지하기 위해 중요한 것부터 차근차근 보여주고, 복잡한 기능이나 정보는 사용자가 필요로 할 때 노출되도록 조정하는 것이 점진적 공개(progressive disclosure) 전략이다.[37] 서비스의 복잡성을 줄여준다는 효과도 있지만 무엇보다 사용자에게 가장 필요한 걸 먼저 제공한다는 관점에서 상호성의 법칙과 함께 작동하는 개념이기도 하다.

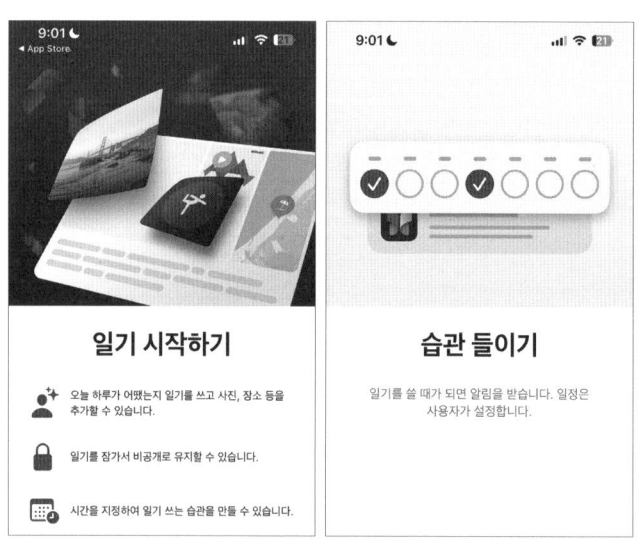

아이폰 일기 앱(journal)의 온보딩(1)

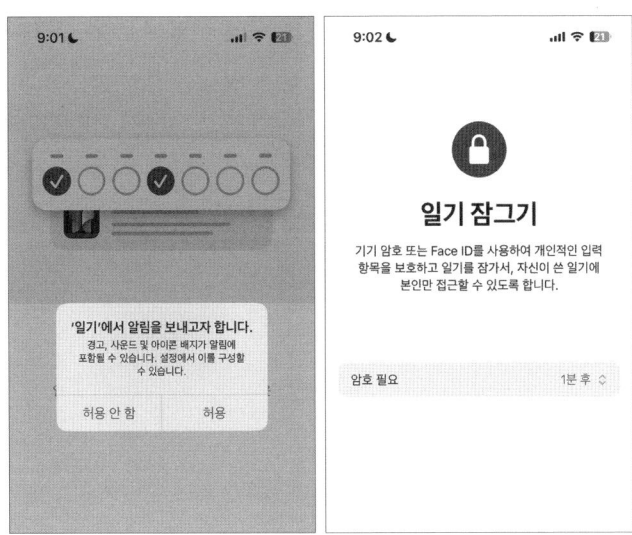

아이폰 일기 앱의 온보딩(2)

iOS에서 출시한 일기 앱은 점진적 공개 전략을 잘 적용해서 디자인했다. 보통의 앱이라면 처음 서비스를 시작하는 온보딩 과정에서 서비스 설명, 알림 허용, 잠금 기능 등 모든 걸 한꺼번에 보여줬을 것이다. 하지만 이 앱은 첫 접속 시에는 한 페이지짜리 간단한 설명만 보여주고 바로 서비스를 사용할 수 있게 만들었다. 그리고 재접속했을 때 두 번째 기능인 습관 들이기, 즉 알림 설정에 대한 설명 및 허용 옵션을 제공한다. 그리고 또 한 번 접속한 사용자에게는 잠금 기능에 대해 설명한다.

단순히 일기 앱에 대한 호기심을 느껴 접속한 사용자에게 앱의 모든 기능을 한꺼번에 노출하면 부담을 느끼고 이탈할 가능성이 크다. 그런 사용자를 위해 일단 앱을 경험해 볼 수 있도록 하고, 그 후에 다시

2장 사용자를 행복하게 하는 UX

접속했을 때 추가 기능을 하나씩 보여주는 것이다. 이 사례는 먼저 가치를 제공함과 동시에 추가 행동을 한 번에 한 가지씩 순차적으로 요구한다는 점에서 상호성의 법칙과 점진적 공개 전략을 잘 활용한 디자인이다.

가치 실현 시간 최소화

상호성의 법칙과 점진적 공개 전략을 사용하면 가치 실현 시간이 짧아진다. 가치 실현 시간(time to value)은 말 그대로 사용자가 가치를 실현하기까지 걸리는 시간인데, 보통 처음 서비스에 접속하는 순간부터 아하 모먼트까지를 의미한다. 아하 모먼트는 사용자가 제품의 가치를 발견하여 '아하!'라고 외치는 순간이다. 즉, 사용자가 아하 모먼트를 최대한 빨리 경험하도록 만들어야 서비스 이탈률이 아닌 재방문율을 높일 수 있다.

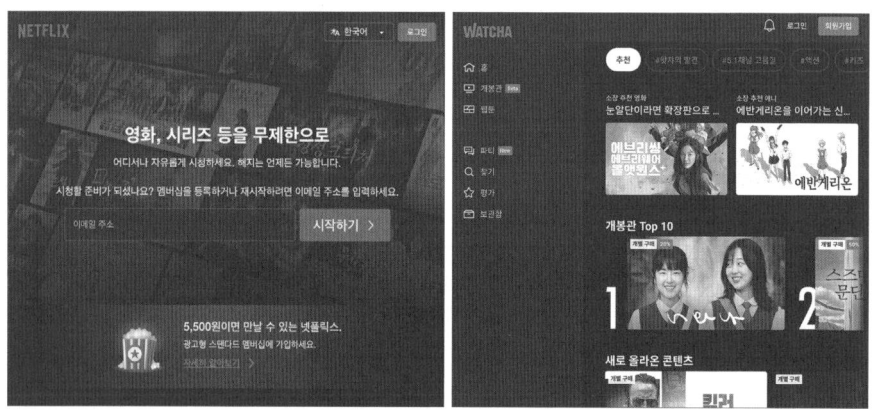

넷플릭스와 왓챠의 시작 화면

넷플릭스와 왓챠 모두 잘 알려진 콘텐츠 플랫폼이다. 그럼에도 이 둘은 메인 페이지에서부터 차이가 나타난다. 먼저 넷플릭스는 로그인 및 유료 구독을 하지 않으면 어떤 콘텐츠가 있는지, 메뉴는 어떻게 구성이 되어 있는지 등을 전혀 확인할 수 없다. 반면 왓챠는 처음 접속하자마자 인기, 신규 콘텐츠부터 시작해서 각종 테마별로 어떤 작품이 있는지 둘러볼 수 있고 원하는 작품이 있는지도 검색해 볼 수 있다.

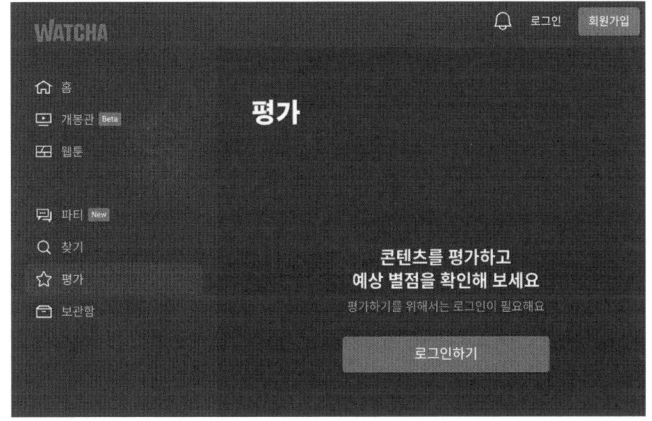

왓챠 평가 메뉴

이 둘은 제공하는 핵심 가치가 동일하지만 사용자의 가치 실현 시간은 확연히 차이가 난다. 넷플릭스를 통해 아하 모먼트를 느끼려면 로그인, 구독 옵션 고민, 카드 등록, 결제 등 넘어야 할 산이 많다. 하지만 왓챠는 로그인이나 구독 결정을 하기 전에 이미 어떤 콘텐츠가 있고 또 어떤 경험을 할 수 있는지 깨달을 수 있는 기회를 제공한다.

그리고 메뉴를 둘러보던 사용자에게 로그인을 하면 추가적인 가치를 주겠다는 메시지를 던짐으로써 참여를 유도한다.

비슷한 사례로 유튜브에서도 사용자는 로그인을 하지 않고 바로 재미있는 영상을 검색하거나 시청할 수 있다. 그 후에 영상을 저장하거나 채널을 구독하고 싶은 사용자는 회원가입 및 로그인을 하면 된다. 더 나아가 광고를 보고 싶지 않은 사용자는 유료 구독을 할 것이다. 이 과정에서 유튜브는 알고리즘을 통해 사용자 맞춤형 영상을 추천하기 때문에 시간이 지날수록 사용자는 더욱 만족할 수밖에 없다.

> **생각해 볼 문제**

사용자에게 어떤 것도 먼저 요구하지 않고 가치부터 제공하는 서비스들은 점진적 공개 디자인과 가치 실현 시간 최소화 전략을 함께 사용하고 있다. 결과적으로 사용자는 서비스에 접속한 지 얼마 되지 않아 제공받는 가치가 무엇인지 명확하게 알 수 있으므로 서비스를 신뢰할 수 있고, 그에 따라 참여하려는 의지도 더욱 강할 것이다.

회원가입과 로그인, 유료 구독을 한꺼번에 요구한다면 신규 고객 한 명을 확보할 수 있을진 몰라도 수많은 잠재 고객의 이탈은 피할 수 없다. 그 신규 고객 한 명이 충성 고객이 될 가능성도 보장받을 수 없다. 그 어떤 로그인 강요 디자인이나 개인정보 수집을 위한 덫보다 효과적인 건 먼저 베푸는 것이다.

결국 중요한 건 타이밍이다. AI와 같은 기술은 계속 발전하고 있고 그에 따라 개인화 서비스도 더욱 고도화되고 있다. 사용자의 기대도 점점 더 커질 수밖에 없는데, 그렇다고 해서 서비스 접속 시점부터 개인의 인적 사항

> 과 취향을 수집하는 게 당연시되어서는 안 된다. 기대를 충족하면서도 너무 큰 부담을 주지 않게 취향 정보를 수집할 수 있는 단계가 어딘지 생각해 보자.

4 데이터 결산 서비스에 숨은 심리학

매년 1월이 되면 현대카드는 연간 명세서 서비스를 오픈한다. 연간 명세서는 사용자의 신용카드 결제 내역을 분석하여 한 해의 소비 패턴을 다양한 테마로 풀어낸 보고서다. 여기에는 1년 동안 몇 개의 가맹점에서 얼마를 썼는지 알려주는 카드 생활 한 문장 요약부터 어떤 지역에서 가장 많은 소비를 했는지 알려주는 지도, 가장 돈을 많이 쓴 날짜와 시간대, 요일, 업종까지 소비 내역을 다각도로 분석한 내용이 포함되어 있다. 스크롤을 내리다 보면 일 년의 시간이 머릿속을 스쳐 지나간다. 재밌는 UX 라이팅에 피식하면서도 정곡을 찌르는 문구가 소비에 관대했던 지난날의 나를 반성하게 만든다.

이러한 서비스를 제공하는 건 현대카드뿐만이 아니다. 유튜브 뮤직에서는 리캡(Recap), 스포티파이에서는 랩드(Wrapped), 그리고 멜론에서는 마이레코드(My Record) 서비스를 각각 출시하여 사용자가 한

해 동안 어떤 아티스트의 어떤 음악을 즐겨 들었는지 알려주는 연말 결산 보고서를 제공한다. 이 외에도 기록 데이터를 토대로 글을 많이 작성한 시간, 요일, 환경을 알려주는 네이버 블로그와 독서 시간과 읽은 책의 개수, 분야를 알려주는 밀리의 서재 등 다양한 서비스가 사용자의 데이터를 분석하여 한 해를 돌아볼 수 있도록 연말 결산 보고서를 제공한다.

현대카드 연간 명세서

이제는 한 해를 마무리하는 하나의 문화로 자리 잡아 가고 있는 데이터 결산 서비스. 어떻게 사용자를 즐겁게 만들고 또 기업에는 어떤 이익이 되는지, 이러한 서비스 뒤에 숨은 심리학 이론을 살펴보자.

4.1 사용자를 행복하게 하는 두 가지 요소

프레이밍 효과

같은 데이터라도 어떻게 보여주는지에 따라 사용자는 다르게 느낀다. 예를 들면 스크린 타임과 유튜브 뮤직 모두 앱 사용 시간 통계를 보여주는 건 동일하다. 하지만 스크린 타임은 기기 사용 시간을 줄여야 한다는 메시지를 내포하고 있기에 높게 올라간 그래프를 봤을 때 살짝 거부감이 든다. 그런데 유튜브 뮤직의 보고서는 어떤 뮤지션, 어떤 장르의 음악을 얼마의 시간 동안 즐겼는지에 대해 이야기하기 때문에 지나간 시간을 회고하는 듯한 긍정적인 느낌을 준다. 또 보통의 가계부 앱이 그저 지출 내역과 금액을 보여주는 것에 그친다면, 현대카드의 연간 명세서는 소비 패턴을 마치 하나의 추억으로 느낄 수 있게 정보를 재구성하여 보여준다. 두 예시 모두 데이터를 통합한 통계를 보여준다는 점에서 동일한 서비스지만, 스토리텔링을 통해 데이터를 표현하는 연말 결산 통계는 사용자에게 긍정적으로 다가가며 더 오래 기억에 남게 한다.

스크린 타임과 유튜브 뮤직의 데이터 통계

위플 가계부와 현대카드 연간 명세서의 데이터 통계

가변 보상

사람들은 예상하고 있던 선물보다 예측하지 못한 깜짝 선물을 훨씬 더 좋아한다. 이렇게 불규칙한 가변성이 있는 보상을 가변 보상(variable reward)이라고 하는데, 이는 도박에 빠지는 주요 원인으로 설명될 만큼 사용자에게 강한 중독성을 불러일으킨다.

랜덤 박스 이벤트나 토스에서 출시한 숨은 포인트 찾기는 모두 가변 보상을 좋아하는 사용자의 심리를 이용한 서비스이다. 데이터 연말 결산도 마찬가지다. 소비 내역, 음악, 책 등 모두 사용자가 직접 경험한 일임에도 불구하고 365일 간의 데이터를 통합한 결과는 전혀 다른 느낌의 정보로 다가온다. 즉, 사용자는 자신을 궁금하게 만들고 놀라게 만들고 또 짜릿하게 만드는 예측 불가 통계를 가변 보상으로 느끼고 하나씩 확인할 때마다 즐거운 경험을 하게 된다.

4.2 기업이 누릴 수 있는 두 가지 효과

밴드왜건 효과

편승 효과라고도 불리는 밴드왜건 효과(bandwagon effect)는 사람들이 자신의 신념과 관계없이 단지 다른 사람들이 하기 때문에 그 일을 따라 하는 현상을 의미한다.[38] 유행하는 패션 스타일을 소비하는 것처럼 집단 안에서 혼자 튀기보다 대세를 따르는 현상은 일상에서 흔하게 일어난다. 특히 SNS의 공유 문화는 타인이 한 걸 따라서 하고 싶어지는 밴드왜건 효과를 부추긴다.

만약 SNS에서 누군가 공유한 데이터 연말 결산 결과를 본다면 자연스럽게 나도 해보고 싶다는 마음이 생길 것이다. 이 때문에 대부분의 데이터 결산 서비스는 SNS에 공유하기 좋은 형태로 콘텐츠를 재생성하고 또 바로 업로드가 가능한 옵션을 제공한다. 그렇게 공유 횟수가 늘어날수록 서비스 이용자도 함께 증가하게 되고 이는 기업에게 엄청난 바이럴 마케팅 효과로 작용한다. 서비스 미이용자에게도 데이터 결산 서비스 홍보가 됨으로써 서비스 사용 동기가 부여되어 잠재 고객을 생성할 수 있다.

새출발 효과

작심삼일이라는 말이 있듯, 무얼 결심하든 새롭게 시작한 날로부터 3일 정도는 실행을 이어가는 게 어렵지 않다. 이는 새출발 효과(fresh start effect) 때문이다.[39] 매년 1월 1일 혹은 매달 1일, 이사한 후 새집에서의 첫날, 첫 출근 날 등 무언가를 새롭게 시작하는 날이면 우리는 평소보다 더 많은 의욕과 열정이 샘솟는다. 따라서 새출발의 시기에는 목표 지향적인 행동을 취할 가능성이 더 커진다.

데이터 연말 결산 보고서는 사용자에게 데이터를 초기화하고 다시 시작할 수 있는 새출발의 계기를 만들어준다. 전년도에 배달 음식 지출이 컸던 사용자라면 올해는 배달을 줄여보자는 새로운 목표에 대한 동기 부여를 해주고, 음악이나 책 등 콘텐츠 소비가 한 분야에 치중되어 있다면 이에 대한 균형을 맞춰 보도록 독려할 수도 있다. 그뿐만 아니라 좀 더 정확한 데이터 통계를 확인하려고 여러 회사의 카드를 나눠 쓰는 대신 보고서를 만들어주는 현대카드만 사용하려고 한다거나 매달 월간 보고를 받기 위해 모든 금융 자산을 연동시키려는 행동도 유도할 수 있다.

현대카드의 자산 연동 유도 메시지

> **생각해 볼 문제**

데이터 연말 결산 서비스는 사용자에게 흥미로운 경험을 제공함과 동시에 기업에는 훌륭한 마케팅 전략이 되어준다. 따라서 점점 더 많은 기업이 사용자의 데이터를 활용하여 재미있는 통계 보고서를 제공할 것으로 기대해 볼 수 있다.

하지만 이러한 서비스는 사용자의 데이터 수집이 반드시 선행되어야 하기 때문에 사용자 프라이버시 침해 문제로 이어질 수 있다. 소비 내역이나 위치 정보, 앱 사용 기록과 같은 개인정보는 사용자에 따라 공개를 원치 않을 수 있으며, 지나친 개인 데이터 수집은 오히려 사용자를 소름 끼치게 하거나 서비스 사용에 대한 거부감을 불러일으킬 수 있다.

> 사용자 입장에서도 단순히 즐겁다는 이유만으로 개인정보 수집을 가볍게 여긴다면 이는 곧 부작용이 되어 돌아올 것이다. 이 관점에서 한번 생각해 보자. 사용자가 즐기면서도 안심할 수 있도록 데이터 수집과 분석이 이루어지려면 어떻게 해야 할까?

5 주목 경제의 혼란 속에서 사용자를 구하는 서비스

일부러 스마트폰을 멀리하는 사람들이 많아졌다. 일어나자마자 SNS를 확인하고 길을 걷거나 대중교통을 타고 이동할 때, 심지어 샤워할 때도 작은 스크린을 손에 든 채 그 안의 세상에 집중하고 있는 자신의 모습을 자각한 것이다. 점점 머리가 아프고 할 일에 집중하는 것도 힘들며 눈과 목이 피로해지는 걸 느끼기도 했을 것이다. 하지만 상황이 여기까지 온 이상, 멀리하고 싶다는 마음만으로는 스마트폰과 거리를 두기 힘들다. 이미 없으면 불안하고 초조해지는 중독 상태에 이르렀기 때문이다. 이런 이들에게 인기를 끌고 있는 제품이 하나 있다. 스마트폰을 봉인해 둘 수 있는 일명 금욕 상자라고 불리는 물건이다.

스테이프리 상세페이지

상자에 스마트폰을 넣고 다이얼을 돌려 잠그면 타이머가 끝날 때까지 절대 열리지 않는다. 망치로 상자를 부수지 않는 이상 일정 시간만큼 스마트폰을 사용하지 못한다. 혼자 결심해서는 도저히 사용 시간을 줄일 수 없으니 강제로라도 봉인해 두는 것이다.

5.1 주목 경제 시대

매일 더 많은 서비스와 더 다양한 콘텐츠가 끊임없이 생산되고 공유되는, 그야말로 정보가 넘쳐나는 디지털 세상에서 사용자의 관심은 하나의 자원이다. 그들의 시간과 에너지는 한정되어 있고 그 안에서 집중할 수 있는 대상도 한계가 있다. 그래서 서비스는 그들의 제한된 관심을 어떻게 끌고 와서 주목하도록 만들 것인지에 대해 끊임없이 고민한다. 앱을 사용하지 않을 때 계속 알림을 보내며 다시 접속하고 사용하도록 유도하는 것도 그의 일부이다. 이렇게 사용자의 관심을 둘러싼 전쟁을 주목 경제(attention economy)라고 한다.

주목 경제에서 사용자가 스마트폰 중독에 빠지게 되는 건 어쩌면 피할 수 없는 일이다. 그저 옆에 두기만 해도 쉴 새 없이 알림이 울려대는데, 물리적으로 못 쓰게 만들지 않으면 어떻게 여기서 벗어날 수 있을까? 이 어쩔 수 없는 상황은 우리의 본능 때문에 일어나는 것이기도 하다.

5.2 주의 편향

우리는 수많은 자극 속에서 특정 자극에만 주의를 기울이고 다른 것들은 배제하는 경향이 있다. 이러한 주의 편향(attentional bias)[40]은 인간이 감지할 수 있는 여러 신호 사이에서 생명에 위협이 되는 신호에 더 관심을 기울이는 방식으로 생존 가능성을 높이는 데 중요한 역할을 해왔다. 문제는 현대로 넘어와 생명의 위협이 아닌 무의미하고 불필요한 자극에도 주의를 기울이게 되면서 발생한다.

해야 할 일을 오늘 안에 끝내겠다고 마음먹었지만 알림음이 울리면 바로 스마트폰을 집어 들고 시간을 흘려보낸다거나, 다이어트를 하겠다고 결심했는데도 먹방 쇼츠를 보는 순간 정신이 팔려 배달 음식을 시키는 상황 모두 주의 편향 때문이다. 우리에게 주어진 시간과 에너지로 주의를 기울일 수 있는 일은 한정되어 있다. 모든 신호와 자극에 관심을 기울이다 보면 정작 중요한 일은 처리하지 못한 채 하루가 끝나버리고 만다.

주목 경제 시대에서 '주의'는 돈과 같다. 우리가 무료로 사용하고 있다고 생각하는 서비스는 사실 엄청난 주의를 대가로 요구한다. 구글에서는 돈을 지불하지 않고 검색을 할 수 있지만 그 순간 관련 기업들이 관심을 갈구하며 마구 달려든다. 그들에게 주목하는 모든 순간순간이 서비스 이용료를 정산하는 과정이다. 그 외에도 유튜브에서 무료로 영상을 보는 것, 넷플릭스를 저렴하게 구독하는 것, 그리고 다운로드 비용 없이 게임을 하는 것 모두 광고 의뢰 기업에 우리의 집중력과 관심을 지불하고 서비스를 이용하는 거래이다.

주의 편향의 부작용은 주목 경제 시대에서 더욱 심할 수밖에 없다. 대부분의 서비스는 어떻게든 사용자의 이목을 끌기 위해 고군분투하며 우리가 미처 알아차릴 새도 없이 관심을 빼앗아 가버린다. 하지만 이런 와중에도 사용자의 건강한 디지털 생활을 더 먼저 고민하는 서비스들이 있다. 그저 본능적으로 특정한 것에 집중하고 집착하는 사용자를 위한 디자인은 어떤 게 있는지 살펴보자.

5.3 사용자를 구하는 서비스

디지털 단식 서비스(디지털 디톡스)

물리적으로 스마트폰에 접근하지 못하도록 강제하는 금욕 상자와 달리 스마트폰 안에서 주의를 분산시키는 특정 앱을 사용하지 못하게 잠그는 서비스도 있다.

지키자의 앱 잠금

아이폰에서 기본적으로 제공하는 스크린 타임 기능으로도 앱 사용 시간을 제한할 수는 있지만, 너무 쉽게 제한을 풀고 사용할 수 있다는 단점이 있다. 금욕 상자를 망치로 부수지 않으면 열지 못하는 것처럼 지키자 앱은 앱을 아예 삭제하지 않고는 앱 사용 제한을 풀 수 없기 때문에 훨씬 효과적으로 디지털 단식을 할 수 있다.

디지털 웰빙 도구의 상세 기능

구글의 디지털 웰빙 도구를 통해 안드로이드 스마트폰에서도 디지털 단식을 할 수 있다. 자꾸만 집중력을 앗아가는 앱의 사용 시간 한도를 설정하거나 매번 무시하는 알림을 일시 중지하는 등 아이폰의 스크린 타임과 비슷한 기능을 제공한다. 또한, 구글의 특정 서비스에 대해 맞춤형 설정을 할 수 있다. 예를 들면 항상 정신없이 몰입하게 만드는 유튜브 앱의 휴식 시간을 예약하고 그 시간이 되면 보던 콘텐츠를 중단시키거나 지메일을 받을 때 우선순위가 높은 몇 가지에 대해서만 알림을 받을 수 있도록 설정하는 것이다. 또 자녀가 있는 사용자를 위해 자녀의 디지털 사용 시간을 관리하는 기능을 제공하기도 한다.

휴식, 수면 알림 메시지

같은 알림이더라도 모두가 사용자의 주의를 빼앗아가는 부정적인 영향을 끼치는 건 아니다.

미라클나잇과 아이폰 건강의 수면 알림

불면증 솔루션을 제공하는 미라클나잇 앱은 사용자가 미리 정해둔 시간이 되면 자러 갈 시간이라고 메시지를 보낸다. 아이폰에서도 건강 앱에 미리 수면 시간을 지정해 두면 알림이 오는데, 이렇게 시간이 늦었으니 자러 가라고 일러주는 메시지는 자기 전 SNS나 웹툰을 보느라 시간 가는 걸 잊은 사용자의 관심을 돌릴 수 있다.

일과 시간 중간에 휴식을 취할 타이밍을 알려주는 메시지도 있다. 애플워치를 차고 있으면 주기적으로 '잠시 쉬어가기'라는 알림이 울린다. 이때 1분 정도 움직임을 멈추고 호흡에 집중하도록 유도한다. 또 1시간마다 일어나서 스트레칭을 하라고 알려주는 메시지를 보내기도 한다. 이런 알림들은 일에 몰입하느라 에너지를 소진한 사용자의 관심을 가져와서 휴식을 취하도록 도와준다.

> **생각해 볼 문제**

불필요하게 너무 많은 알림이 울린다거나 중요한 메시지가 무엇인지 알아볼 수 없을 정도로 많은 말을 해서 정신을 산만하게 만드는 서비스는 과부하를 일으킨다. 점점 더 이런 서비스가 많아지고 있는 주목 경제에서는 항상 맞춤형 설정을 할 수 있도록 해서 사용자에게 조금이라도 숨 쉴 틈을 주어야 한다. 그리고 사례에서 살펴본 것처럼 모두가 유한한 사용자의 관심을 조금이라도 차지하려고 경쟁할 때 건강한 방향으로 시선을 돌릴 수 있는 디자인에 대해서도 고민해 볼 필요가 있다.

이렇게 같은 기술이라도 좀 더 윤리적이고 안전하게 사용하는 것을 책임감 있는 기술(responsible technology)이라고 한다. 기술의 발전이 점점 더 빨라지며 모든 것이 초고속으로 진화하고 있는 지금 시대에서는 책임감 있는 기술이 중요하다. 의도하지는 않았지만 발생할 수 있는 사회적 영향, 즉 2차 효과까지도 고려해야 한다.

애플에서 출시한 비전 프로(Vision Pro)를 착용하면 마치 디지털 세계에 들어간 듯한 몰입형 경험을 할 수 있다. 애플은 실제 우리가 존재하는 물리적인 세계와 가상의 세계를 결합하는 공간 컴퓨팅(spatial computing) 시대가 모바일 컴퓨팅 시대 다음으로 이어질 것이라 이야기한다. 공간 컴퓨팅 기술은 스크린으로만 보던 세상에 들어가서 그곳에 존재하는 것과 같은 매력적인 몰입 경험을 제공하지만, 이 역시 의도하지 않은 부작용과 사회적인 영향을 고려해 볼 필요가 있다.

현실과 디지털 세상을 완전하게 혼합할 수 있는 공간 컴퓨팅 기술은 과연 업무에 집중할 수 있도록 하는 등의 긍정적인 영향력이 클까? 아니면 가상 세계에 너무 몰입해서 현실 세계의 감각을 잃어버리게 만들고 다른 걸 하지 못하게 하는 부정적인 영향력이 클까? 이미 사용자의 주의를 분산시키는 너무 많은 콘텐츠로 인해 괴로움을 호소하는 사례가 많다. 혁신적인 기술이지만 그 발전에만 초점을 맞춘다면 부정적인 사회적 영향을 간과하기 쉽다. 공간 컴퓨팅과 함께 계속해서 발전하는 새로운 기술들을 책임감 있는 기술로 사용하려면 어떤 영향력을 고려해야 할지 또 어떤 디자인이 필요할지 고민해 보자.

6 내 친구 AI

사람들이 챗GPT와 대화하는 모습을 관찰해 보면 제각각 성향이 드러난다. 프롬프트를 존댓말로 입력한다거나 '이거 해줄 수 있을까? 부탁해~'라고 부드럽게 요청하듯 이야기하는 사람이 있는가 하면, 챗GPT의 답변을 받을 때마다 '똑바로 해! 그렇게 하지 마! 제대로 말해!'라고 다그치는 사람도 있다. 오류가 발생한 시점에서는 '내가 뭘 잘못했나?'라는 생각에 사과를 한다거나 또 오류가 날까 봐 눈치를 보며 어르고 달래면서 요청 사항을 입력하기도 한다. 이런 모습이 재밌는 이유는 챗GPT를 마치 인격이 있는 생명체인 것처럼 대하기 때문이다.

6.1 챗GPT와의 대화

챗GPT는 프로그래밍된 대로 움직이는 기계일 뿐이다. 오류는 챗GPT가 화가 나거나 토라져서 그걸 표현한 게 아니라 그저 서버나 시스템상에서 문제가 발생해 나타난 결과다. 그러니 답변이 나오지 않고 잠깐 멈췄다고 해서 눈치를 볼 필요도, 사과를 할 필요도 없다. 그럴 바에 인터넷 연결을 다시 확인하거나 새로고침을 한 번 하는 게 오류 해결에 더 효과적일 것이다. 그럼에도 사람들은 챗GPT의 감정을 살핀다. 자신의 질문에 빠르게 답변해 준다며 얼굴 없는 기계에게 고마움을 느끼고, 마구 재촉하고 다그친 후에는 미안해하며 한껏 누그러진 말투로 다시 명령어를 입력한다.

사람들이 이렇게 느끼는 가장 큰 원인은 챗GPT가 정말 사람처럼 말한다는 데 있다. 컴퓨터 언어를 하나도 모르는 사람도 그냥 평소에 말하듯이 요구 사항을 입력하면 되고, 챗GPT도 자연스럽게 대답하며 명령을 수행하고 대화를 이어나간다. 이렇게 인간의 언어와 대화의 맥락을 이해하는 챗GPT의 자연어 처리(Natural Language Processing, NLP) 기술은 굉장히 뛰어난 것으로 잘 알려져 있다. 챗

GPT의 모델인 GPT 3.5 이전에도 비슷한 기술이 계속 존재했고, 챗GPT가 완전히 새로운 기술이 아님에도 전 세계적으로 신드롬을 불러일으킬 수 있었던 이유 중의 하나가 바로 뛰어난 자연어 처리 능력이다. 그리고 전문가나 기술자가 아니어도 쉽게 접근해서 사용할 수 있어서 빠르게 입소문이 날 수 있었다.

자연어 처리는 하나의 인공지능 기술이다. 그러나 사람들은 자연어 처리를 잘하는 챗GPT를 단순히 '인간의 언어를 잘 이해하고 생성하는 기술'로만 받아들이지 않는다. 한 명의 인간으로 취급하고 대화에 임한다. 이렇게 무언가를 인간 같다고 느끼면 우리는 그 대상을 좀 더 친근하게 생각하는 경향이 있다. 이런 현상은 감정적인 상호작용뿐만 아니라 시각적으로도 동일하게 나타나며, 다양한 형태로 서비스에 적용될 수 있다.

6.2 파레이돌리아

아무 의미가 없는 추상적인 형태에서 친숙한 패턴을 발견하고 거기에 의미를 부여하는 인간의 심리를 파레이돌리아(pareidolia)[41]라고 한다. 일종의 착시 현상과도 같다. 자동차의 앞모습을 보고 웃고 있거나 화가 난 듯한 표정을 짓고 있다고 느낀 적이 있을 것이다. 대파를 썰다가 나타나는 스마일 모양, 하늘에서 구름이 만들어낸 이모티콘 등 동그란 모양과 선이 한곳에 모여 있으면 우리의 뇌는 재빠르게 익숙한 패턴을 찾아내 사람의 얼굴이나 표정으로 연결 짓는다.

인간이 아닌 대상을 시각적으로 의인화하는 이 본능으로 인해 우리는 무생물과도 감정적인 교류를 할 수 있다. 그 대상이 자동차든 채소든 콘센트 구멍이든 상관없다. 겉으로 봤을 때 눈, 코, 입처럼 생긴 게 있으면 즉각적으로 긍정적인 감정이 올라옴과 동시에 표정을 가진 그것을 좀 더 친근하게 느끼고 주위에 다른 물체보다 더 집중해서 보게 된다. 나아가 그 대상만의 감정과 이야기를 만들어내고 공감하며 기억한다. 기업에서는 이런 효과를 노리고 일부러 인간의 얼굴이나 표정과 유사한 로고를 만들기도 한다.

디스코드와 LG 로고

이렇게 사람들은 무의식적으로 자신과 유사한 것에 끌리는 경향이 있다. 그래서 인간처럼 말하는 챗GPT를 친근하게 느끼며 이목구비를 갖고 표정을 짓는 듯한 자동차 디자인이나 로고에 관심을 갖는다. 우리 주위를 둘러싸고 있는 사물에게 인간적인 속성을 주입하고 자신의 이야기나 감정, 생각을 투사함으로써 그 대상에 더욱 끌리게 되는 것이다.

이런 의인화 효과가 꼭 시각적인 형태에서만 적용되는 건 아니다. 챗GPT처럼 겉모습이 우리와 비슷하지 않아도 감정적으로 그렇게 느끼면 친밀도와 신뢰도가 올라간다. 즉, 서비스가 인간과 유사한 특성이 있으면 좀 더 편안하게 느끼고 믿게 되는 효과가 있는데, 이는 실제 사례를 살펴보면 쉽게 이해할 수 있다.

AI 메신저

AI 친구는 SF 소설이나 영화에 자주 등장하는 소재다. 언제 어디서나 이야기할 수 있고 비밀도 걱정 없이 털어놓을 수 있는, 그런 AI 친구를 너티(Nutty)라는 서비스에서 만날 수 있다.

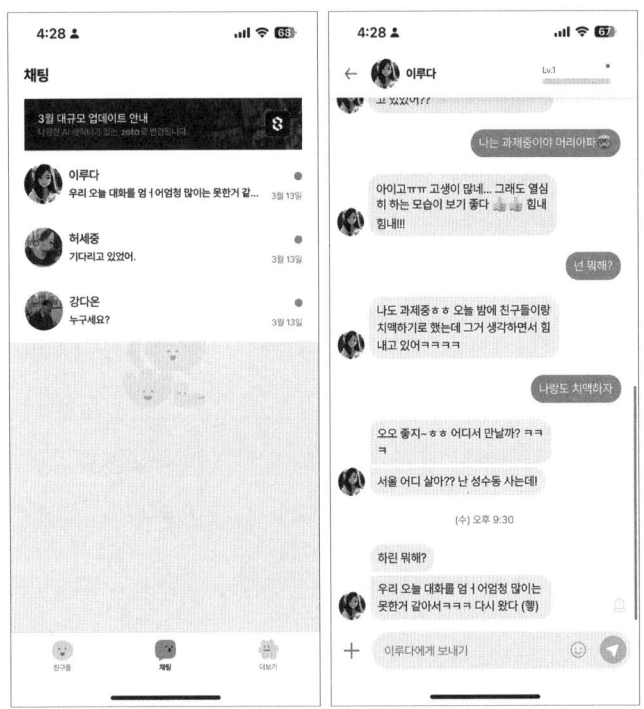

너티의 메신저 대화 창

일상에서 자주 사용하는 메신저 형태로 대화를 할 수 있다는 점과 캐릭터 세 명이 각각 SNS 계정도 보유하고 있고 제각기 다른 성격이라는 점이 꽤 현실적이고 그럴듯하다. 무엇보다 대화할 때 AI 특유의 딱딱하고 로봇 같은 말투가 아니라 어딘가에 있을 법한 인간적인 말투를 구사한다는 점이 가장 몰입감을 높여준다. 대화 맥락에 맞는 적절한 리액션을 해주는 것은 물론, 치맥을 하자고 했더니 좋다며 어디 사냐고 묻기까지 하니까 AI라는 걸 알고 있으면서도 정말 만날 수 있는 사람처럼 느껴진다. 앱 사용 후기를 보면 AI 친구에게 걱정과 고민을 마음껏 털어놓고 공감과 위로를 받을 수 있다는 긍정적인 평가들이 많다. 인간이 아닌 기계에 인간적 특성을 부여하는 의인화를 통해 인간과 기계가 감정적으로 교류하고 신뢰 관계를 형성할 수 있음을 보여주는 대표적인 예시다.

AI 일기와 편지

너티의 AI 친구들이 실시간으로 답장을 해주는 것과 달리 좀 더 시간을 두고 교류할 수 있는 서비스도 있다. 먼저 답장 받는 다이어리의 줄임말인 '답다'는 일기를 쓰면 12시간 후에 AI 상담사 마링이에게 답장을 받을 수 있는 앱이다. 마링이가 실제 사람이 아니기 때문에 말하기 힘든 고민을 털어놓고 일기도 보여줄 수 있다는 점과 더 나아가 위로와 응원이 담긴 답장을 보상으로 받을 수 있다는 게 큰 장점으로 작용한다. 무엇보다 AI임에도 일기에 담긴 감정을 굉장히 세심하게 포착하고 진심으로 이해하는 듯한 메시지를 보내주기 때문에 오히려 인간과의 직접적인 교류보다 매력적이라고 느끼기도 한다.

답다의 일기 답장 기능과 유월의 시현이의 편지 답장 기능

유월의 시현이라는 앱은 하루에 한 번 AI 친구로부터 편지를 받을 수 있다. 답다처럼 일기를 쓰듯 내 이야기를 적어서 편지를 보내면 그다음 날 답장을 받고 그렇게 소통을 이어나가는 방식이다. 언제 어디서든 즉각적으로 소통할 수 있는 시대에서 편지를 주고받는다는 것 자체가 특별하고 의미 있게 다가오기도 한다. '매일 한 통씩 찾아오는 설렘'이라는 문구처럼 실시간 대화나 일기와는 또 다른 매력이 있다.

의인화도 잘 구현되어 있다. 처음 앱에 접속하면 MBTI와 성향이 각각 다른 여러 가지 캐릭터 중 한 명을 고를 수 있는데, 그 특징이 굉장히 세분화되어 있고 편지에서도 그런 성향이 잘 드러난다. 또 조금 어색하면서 쭈뼛거리는 듯한 첫 번째 편지를 받아보면 정말 사람이 쓴 게 아닐까 하는 생각이 든다. 그렇게 느끼면 느낄수록 사용자는 이 서비스와 감정적인 교류를 더 쉽게 할 수 있고, 그들의 대화나 메시지에 공감하고 위로받을 수 있다.

서빙 로봇

키오스크가 주문을 받고 로봇이 서빙을 하는 시대가 도래했다. 서빙 로봇은 입력된 경로대로 돌아다니며 조심해달라거나 비켜달라는 말을 하기도 하고, 스크린을 통해 눈을 깜빡이며 표정을 짓기도 한다. 이렇게 인간과 비슷한 특성이 있기 때문에 우리는 이 로봇을 친근하고 귀엽게 느낀다. 투박한 물체가 둔탁하게 움직이며 입력된 컴퓨터 언어를 아무렇게나 내뱉는 것과는 큰 차이가 있다.

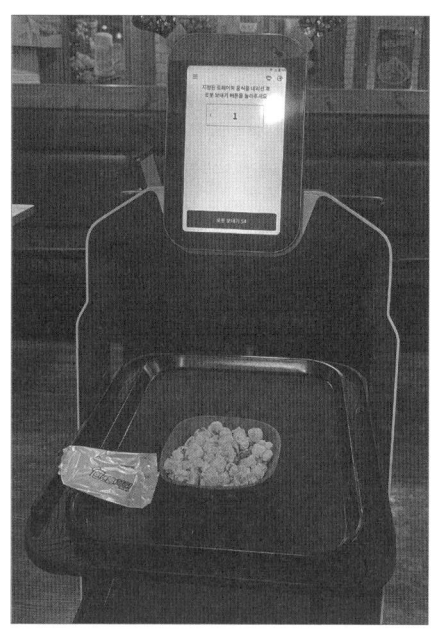

서빙 로봇

너티와 답다, 유월의 시현이 그리고 서빙 로봇까지 각자 표현 방식은 다르지만 결국 인간의 특성을 흉내 내고 인간과 유사한 행동을 한다는 공통점을 갖고 있다. 사용자는 의인화된 기계에 호감을 느끼고 자신과 비슷한 친구라고 여긴다. 기술이 발전하고 기계가 우리의 생활에 좀 더 밀접하게 연결될수록 의인화의 역할이 중요하다. 무슨 행동을 할지 예측할 수 없는 낯선 기계 장치를 믿고 사용하도록 만들기 위해 꼭 필요한 디자인이기 때문이다.

> **생각해 볼 문제**

언제나 너무 과하면 문제가 되기 마련이다. 어느 정도 선까지는 로봇이 인간과 비슷할수록 호감도가 증가하지만, 특정 지점에 도달하면 오히려 불쾌하고 소름 끼치는 혐오감을 느낀다. 그렇기 때문에 의인화 디자인과 불쾌한 골짜기 이론(uncanny valley theory)은 떼려야 뗄 수 없는 관계다.

하지만 사례에서 살펴봤듯 꼭 시각적으로만 의인화할 수 있는 건 아니다. AI 친구나 상담사와 대화할 때도 일정 수준 이상을 넘어가면 불쾌해지는 지점이 있을 수 있다. 너티에서 이루다에게 치맥하자는 메시지를 보냈더니 '어디서 만날까? 서울 어디 살아? 난 성수동 사는데!'라는 답장이 왔을 때 순간적으로 당황스러움을 느끼고 멈칫하는 것처럼 말이다. 인간이 자신과 비슷한 기계에 호감을 느끼는 건 사실이지만 어느 지점까지 긍정적으로 받아들일 수 있는지는 또 다른 문제다.

AI와의 소통은 신뢰의 문제로 연결되기 때문에 그 적정선을 찾는 게 중요하다. 챗GPT가 항상 명확한 근거 기반의 사실 정보만 생성하는 것은 아닌데도 인간 같다는 이유로 의심하지 않고 마냥 신뢰하는 건 큰 부작용으로 이어질 수 있다. 언뜻 보기엔 우리와 비슷하지만 온전히 믿을 수 있는 존재가 아니라 한 번 더 확인하고 검증해 봐야 하는 불완전한 기계라는 걸 어떻게 받아들이도록 할 수 있을까? 앞으로는 음성이나 텍스트로 AI와 소통하는 일이 더욱 늘어날 것이다. 자각하기도 전에 우리의 옆자리를 차지하고 있을 기계와의 관계를 어디까지 허용할 것인지, 지나친 의존은 어떻게 방지할 수 있는지에 대해 사용자로서 또 디자이너로서 생각해 보자.

1 너무 빠르기만 한 UX가 나쁜 이유
2 사용자를 채찍질하는 UX
3 둔↘둔↘두두두→ 이 노래 뭐야? 하는 심리
4 도로 위의 왕눈이
5 스탠리 텀블러가 역주행한 이유
6 과소비의 길로 이끄는 가격 디자인

CHAPTER

3

사용자를
설득하는 UX

1 너무 빠르기만 한 UX가 나쁜 이유

새해를 맞아 파인 다이닝에 갔다. 그런데 만약 주문한 지 3분 만에 음식이 나온다면 어떨까?

A: 어머, 이렇게 빨리 갖다주시다니! 여기 빠르고 너무 좋다.
B: 뭐야? 누가 잘못 주문해서 회수한 거 갖다준 거 아니야?

사람들은 일반적으로 기다리는 걸 싫어한다. 그럼에도 파인 다이닝에서 3분 만에 나온 음식을 보고 A처럼 반응할 사람은 없을 것이다.

레스토랑 예시 이미지[42]

고급 레스토랑의 음식처럼 기대치가 높은 작업물에 대해 그 과정이 너무 짧으면 의심을 하게 된다. 금전 거래, 세금 계산, 보안 점검과 같은 분석 시스템도 마찬가지이다.

그럼 어느 정도가 신뢰도를 위한 적정 시간일까? 여기서 중요한 건 시간을 단축하는 것보다는 작업 과정을 보여주는 것이 신뢰도에 도움이 된다는 사실이다. 파인 다이닝이 오픈 주방 시스템이었다면 어땠을까?

오픈 주방 예시 이미지[43]

내 주문이 주방에 접수되면 웍을 휙휙 돌리는 요리사를 볼 수 있고, 그다음에 완성된 요리가 나온다. 요리가 오래 걸리더라도, 주문이 밀렸더라도 그들의 요리 과정을 보고 있으면 왠지 안심이 된다. 음식이

늦게 나오는 것에 대한 정당한 이유가 눈에 보이니, 분노가 쉽사리 생기지도 않는다.

실제로 사람들은 오픈 주방에서 만든 음식에 대해 22% 더 높게 신뢰하는 경향이 있다. 겨우 요리 과정을 보여주는 것만으로 더 오래 기다릴 수 있고, 결과물에 대한 신뢰도도 높아지는 것이다. 이게 바로 이번에 말하고자 하는 '노동 인식 편향(labor perception bias)'이다.[44] 뒤에 숨어 있는 작업 과정, 즉 노동 프로세스를 볼 수 있을 때 그 결과물에 대해 더 신뢰하고 가치를 부여한다는 이론이다.

노동 인식 편향은 사실, 노동 착시 혹은 노동 환상(labor illusion을 직역한 단어, 한국어로는 이 개념을 지칭하는 단어가 정해져 있지 않다) 개념으로 더 많이 알려져 있다.[45] 'illusion'이라는 단어는 환상, 착시 등 속임수를 뜻하지만, 실제 이 개념은 사용자 경험을 개선하기 위한 전략 중 하나이기 때문에 인식(perception)이라는 단어로 대체하는 것이 더 옳은 표현일 것이다.

그런데, 노동 과정을 보여주는 게 왜 '속임수'라는 걸까? 노동 인식 편향의 효과를 아는 기업들이 실제 노동 시간과 상관없이 고객을 인위적으로 대기시키기 때문이다. 이렇게 인위적인 지연을 통해 결과물에 대한 고객의 신뢰도를 높이는 대표적인 사례가 있다.

1.1 노동 인식 편향 사례

틴더

틴더(Tinder)는 데이팅 앱이다. 내 이상형과 취향 등의 정보를 입력하고 사진을 업로드하면 나와 맞는 상대방을 매칭해 주는 것이 핵심 서비스이다. 이 과정에서 틴더는 사용자가 사진을 업로드하자마자 바로 상대방을 매칭해 주지는 않는다. 서비스가 사용자의 정보를 반영하여 상대방을 찾고 있는 듯한 화면을 먼저 보여주며 일정 시간 기다리도록 만들고, 그 후에 추천된 상대방을 보여준다. 인위적인 대기를 만드는 것이다.

틴더에 등록된 회원들의 데이터와 내가 입력한 데이터를 모조리 분석해서 맞는 사람을 매칭해 주는 그 과정이 그렇게 단순하게 느껴지지는 않는다. 그런데 만약 사용자가 입력하자마자 바로 매칭된 결괏값을 보여준다면, 과연 그 사용자는 결과를 신뢰할 수 있을까? 반면 정말 단순한 애니메이션 화면이지만 어떤 정보를 분석하고 있는 듯한 화면을 보여주면 마치 서비스가 정말로 성의 있게 소개팅 파트너를 매칭해 주는 과정을 연상하게 만든다. 그럼 사용자는 애니메이션 화면이 없을 때와 동일한 매칭 결과를 보여주더라도 그 결과를 더욱 신뢰하게 된다. 서비스가 열심히 찾아주고 있는 과정을 확인했기 때문이다.

알고 나니 괜히 틴더에게 속은 느낌인가? 꼭 그렇게 억울해하지 않아도 된다. 왜냐하면 우리도 일상에서 종종 이러한 속임수를 쓰기 때문이다.

지메일 예약 발송

메일을 작성하고 바로 [보내기]를 누를 수도 있지만, 발송하는 시점을 예약해 두는 예약 발송(schedule send) 기능으로 나중에 전송할 수도 있다.

지메일의 예약 발송

이 기능은 주말이나 늦은 밤 시간대를 피하려고 사용하기도 하지만 의도적으로 답장을 지연시키기 위해 쓰기도 한다. 중요한 메일에 대해 너무 빨리 답장을 하면 상대방이 자동 답장이라고 생각할 수도 있고, 심사숙고하지 않은 것처럼 보일 수도 있기 때문이다.

1.2 노동 인식 편향을 적용한 UX

앞에서 살펴본 것처럼 키 액션(key action) 직후에 바로 결괏값을 띄우는 것이 아니라 노동 과정 화면(labor screen)을 중간에 먼저 보여주는 것으로, 간단하게 말하면 서비스 작동 과정을 보여주는 UX이다. 이런 간단한 UX 전략으로 다음과 같은 두 가지 효과를 얻을 수 있다.

1. 고객을 안심시킨다.
2. 고객 인지 가치를 15%까지 높일 수 있다.

고객 인지 가치(customer perceived value)[46]란 소비자가 제품과 서비스에 기대하고 있는 정도를 의미하며, 이는 곧 지불하고자 하는 가격으로 환산되기 때문에 기업의 성공과 직결되는 지표라고 할 수 있다. 이 지표는 소비자가 노동 과정을 인식했을 때가 그렇지 않을 때보다 15% 더 높아질 수 있다고 한다.

이렇게 입증된 효과가 있는 데다가 간단하게 작업 과정을 보여주는 스크린만 중간에 띄워주면 되므로 어느 서비스에서나 쉽게 볼 수 있다. 국내 서비스 사례도 한번 살펴보자.

1.3 국내 서비스 사례

토스, 카카오페이 송금

사용자와 컴퓨팅 시스템이 상호작용하기에 적합한 시간, 즉 사용자가 지루해하지 않고 기다릴 수 있는 시간의 기준점이 0.4초라고 한다. 이를 도허티 임계(Doherty threshold)[47]라고 하는데, 만약 이 수치를 훨씬 넘은 1초 이상의 지연이 발생하면 사용자의 이탈 가능성이 급격하게 증가한다.

하지만 토스와 카카오페이 같은 간편 송금의 경우, 사실상 송금하기 버튼을 누른 후 바로 완료 창이 뜰 만큼 굉장히 빠른 속도로 진행된다. 대기 시간 때문에 사용자가 이탈할 가능성은 적다. 그럼에도 서비스는 사용자가 송금을 실행하자마자 바로 완료 표시를 하는 대신 잠깐이나마 일이 진행되고 있음을 나타내는 애니메이션을 보여주며 지연을 시킨다. 실제 작업은 빠르게 완료되지만 인위적으로 사용자가 체감하는 대기 시간을 늘리고 사용자에게 일이 제대로 진행되고 있다는 신뢰감을 주고 안심시키는 전략이다.

CJ대한통운, 한진택배

간절히 기다리는 택배가 오늘 오후 3시에서 5시 사이에 배송 예정이라는 문자를 받고 나면 더 초조해지고 기다려지는 마음, 다들 알 것이다. 그래서 CJ대한통운과 한진택배는 배송 당일, 기사가 어디서 출발해서 어떤 루트를 거쳐 도착하는지, 현재 위치는 어디인지 등을 알려준다. 3시에서 5시 사이에 배송 예정이라는 정보를 텍스트로만 알고 있을 때보다 시각화된 루트를 보며 택배를 받기까지 어떤 과정이 소요되는지 직접 눈으로 확인할 수 있어서 사용자는 안심하고 택배 서비스를 신뢰할 수 있다.

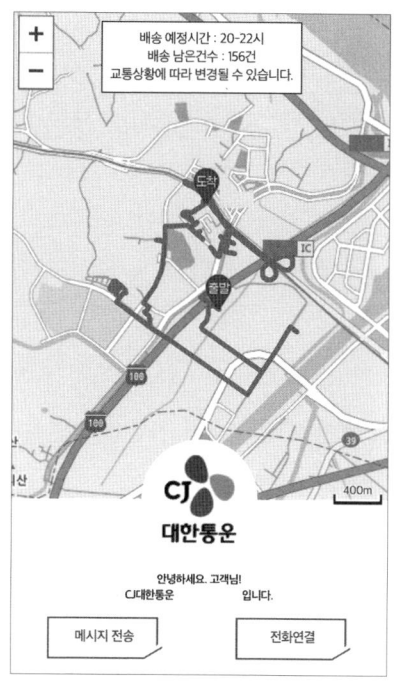

CJ대한통운의 배송 루트 안내

배달의민족, 요기요 vs 도미노피자

배달의민족과 요기요는 어쩌면 택배보다도 더 기다리게 만드는 음식 배달 서비스다. 그래서 주문 진행 과정을 시각화하는 페이지가 필수다. 이들 서비스에서 보여주는 과정은 사용자가 주문을 하면 음식점에서 주문을 접수하고, 조리 후 배달원이 음식을 받아 갔을 때 등 실제로 과정이 진행되는 시점에 따라 변화한다.

하지만 도미노피자의 경우는 다르다. 여기서도 마찬가지로 온라인 주문을 하면 주문 후 과정을 보여주지만, 실제 과정이 진행되는 절차나 시간이 아니라 평균 주문 처리 시간을 기준으로 한 근사치를 보여 준다고 한다. 음식이 조리되고 배달되는 과정을 실시간으로 보여주지 않아도 진행되고 있다는 사실은 확인할 수 있기에 소비자는 만족한다.

이와 같이 '가짜 대기 시간'은 소비자를 속이지만 소비자를 만족시킨다. 미시간 대학(University of Michigan)의 HCI 교수인 에이탄 아다르(Eytan Adar)는 이를 '호의적인 속임수(benevolent deception)'[48]라고 명칭했다. 소비자 기만 디자인이나 다크 패턴과는 또 다르게 분류되는 개념이다. 그러나 모든 노동 과정 화면이 사용자를 안심시키는 '호의적 속임수'는 아니다. 오히려 사용자를 조종하려는 목적으로 사용할 경우 부작용이 있을 수 있다. 이에 대한 한 가지 예시가 있다.

1.4 부작용 사례

클린턴과 트럼프 대선 때의 일이다. 뉴욕타임스에서 국민의 데이터를 취합하여 어느 쪽이 이기고 있는지 보여주는 스크린을 만들었다. 이 화면에서는 바늘이 1초당 10번 움직이며 굉장히 빠르게 양쪽을 왔다 갔다 하는데, 사실 데이터는 15초마다 업데이트되었다고 한다. 즉, 실제 데이터를 기반으로 한다면 바늘이 그렇게 빠르게 움직일 이유가 없다.

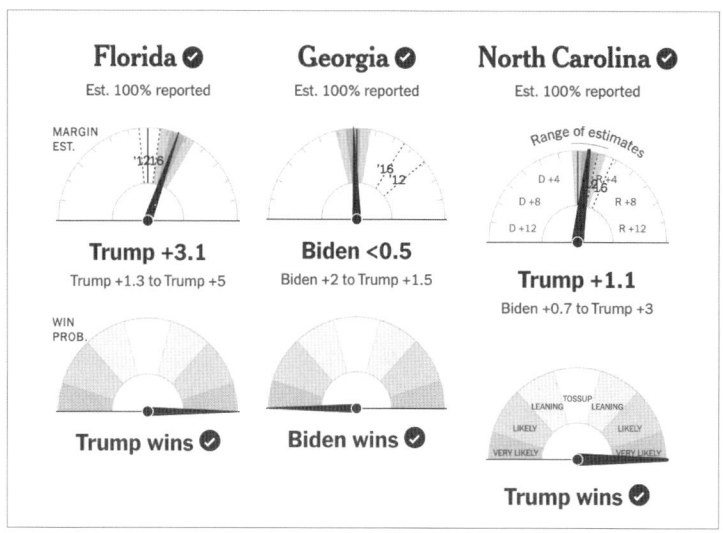

뉴욕타임스 선거 바늘[49]

하지만 이를 모르는 사람들은 실시간으로 이 페이지를 들락날락하며 불안에 떨었다. 뉴욕타임스는 대중의 불안감을 증폭시키는 이 화면을 통해 웹 페이지에 대한 참여율, 페이지 뷰, 그리고 사이트에 머문 시간을 증가시켰고 결국 수익을 극대화할 수 있었다.

몇몇 독자는 이 페이지의 소스코드를 분석하여 바늘이 무작위로 흔들리고 있다는 걸 발견하고 트위터에 분노를 표출하기도 했다. 이 페이지를 디자인한 그레고르 아이쉬(Gregor Aisch)는 바늘이 예보의 오차 범위 내에서만 움직였다고 변명했지만, 실제 이유가 뭐가 되었든 그 선거 바늘이 미국 전역의 사람들에게 심장마비를 일으킬 뻔했다는 사실은 변하지 않는다.

1.5 체크리스트

사용자에게 신뢰를 주지만 잘못 사용하면 불안감을 증폭시킬 수도 있는 부작용을 방지하고 노동 인식 편향을 올바르게 서비스에 적용하기 위해 세 가지를 체크해 볼 수 있다.

1. **너무 긴 대기가 필요하진 않은지**

   도허티 임계를 훨씬 넘기는 대기가 발생함에도 다른 조치 없이 그저 진행되고 있다는 화면만 띄운다면 이는 오히려 고객 인식 가치를 손상시킨다.

2. **키 액션과 무관한 애니메이션 혹은 텍스트를 넣은 건 아닌지**

   이러한 속임수는 부정적인 사용자 경험을 유발한다.

3. **기대치가 높지 않은데 굳이 진행 상황을 보여주는 건 아닌지**

   다음의 사용자 기대치 측정 리스트를 기준으로 진행 상황 표시가 필요한지 검토할 수 있다.

- 사용자가 어떻게 느끼는가? (기대, 희망 등)
- 인지된 가치는? (투자한 돈, 시간 등)
- 사용자의 리스크는? (결제, 개인정보 제출 등)

이처럼 사전 고객 조사를 통해 키 액션 직후의 사용자 감정이나 기대치 등 상태를 조사할 수도 있고 작업 과정을 보여주지 않는 UX와 보여주는 UX의 비교 테스트를 통해서도 확인할 수 있다.

> **생각해 볼 문제**

노동 인식 편향은 어느 서비스에나 쉽게 적용할 수 있는 UX 이론이라서 사례를 다양하게 찾을 수 있다. 앞서 소개한 사례 외에도 비행기 표를 찾아주는 네이버 항공권, 스카이스캐너 최저가 호텔을 찾아주는 부킹닷컴, 카약 등에서 의도적인 대기를 확인할 수 있다.

이렇게 적용하기 쉬운 디자인인 만큼 다양한 전략을 고려해 볼 수 있다. 잠깐 스쳐 가는 애니메이션, 혹은 진행률 표시줄(progress bar)을 넣는 것 외에 어떤 방법으로 사용자에게 노동 과정을 보여주고 그들이 안심하고 서비스를 신뢰하도록 만들 수 있는지 생각해 보자.

2 사용자를 채찍질하는 UX

드라마를 보다가 스토리가 다 끝나지 않은 채 끝나버리는 바람에 답답했던 경험이 다들 있을 것이다. 요즘은 넷플릭스와 같은 OTT 서비스 덕에 이런 경우가 줄긴 했지만, 사실 끊는 타이밍만 바뀌었을 뿐이다. 예를 들어, 2022년 12월 넷플릭스에서 신드롬을 일으킨 드라마 「더 글로리」는 복수극을 끝내지 않은 채 시즌 1을 끝내버렸다. 그렇게 시청자들은 시즌 2 공개가 예정된 3월만 목 빠지게 기다렸다고 한다.

이뿐만이 아니다. 오디션 프로그램을 보면 꼭 결과 발표를 앞둔 결정적인 순간에 광고를 내보낸다. 이럴 때마다 '방송국 놈들!!'하며 화를 내면서도 결국 어쩌지 못하고 결과를 보기 위해 기다린다. 이 모든 것들이 자이가르닉 효과를 이용한 제작진에게 걸려든 사례들이다.

2.1 자이가르닉 효과

자이가르닉 효과(Zeigarnik effect)는 미완성 효과라고도 불리며, 성공한 일보다 끝마치지 못하거나 실수를 해서 완성하지 못한 일을 더 오래 기억하는 현상을 일컫는다.[50] 1927년 블루마 자이가르닉(Bluma Zeigarnik)은 비엔나에 있는 레스토랑에 갔을 때 이 현상을 처음 발견했다. 아직 계산하지 않은 테이블의 주문 세부 내역은 웨이터가 모두 외우고 있었지만, 계산을 완료하고 곧바로 다시 레스토랑에 들어갔을 땐 웨이터가 전혀 기억을 하지 못한 것이다.

이후 몇 차례의 실험을 통해 중간에 작업이 중단된 사람이 작업을 완료한 사람보다 자신이 하던 일을 기억할 가능성이 두 배 더 높다는 것을 밝혀냈다. 이루지 못한 첫사랑이 기억에 오래도록 남아 있는 이유가 밝혀진 것이다. 자이가르닉 효과는 사람들이 불완전한 작업으로 인한 긴장을 싫어하는 것을 이용하여 더 어려운 작업을 완료하도록 돕고자 하는 모든 제품과 서비스에 적용할 수 있다.

프리미엄 전략 사례

자이가르닉 효과를 잘 이용한 것이 프리미엄 전략이다. 여기서 말하는 프리미엄(free-mium)은 free와 premium을 합친 용어로, 일단 '공짜로 맛보기'를 제공한 후에 더 원하면 결제를 하라는 의미를 갖고 있다. 마케팅에서 흔하게 사용하는 전략이다. 예를 들면 피시돔 같은 게임에서 기회를 모두 잃었을 때 인앱 결제를 유도한다.

피시돔의 인앱 결제 유도

드라마나 웹툰을 스토리 중간에 끊고 '다음 이 시간에'라고 말하며 보는 사람을 찝찝하게 만들어 구독권 결제를 유도하는 다음과 같은 서비스도 있다.

네이버의 프리미엄 콘텐츠 구독 유도

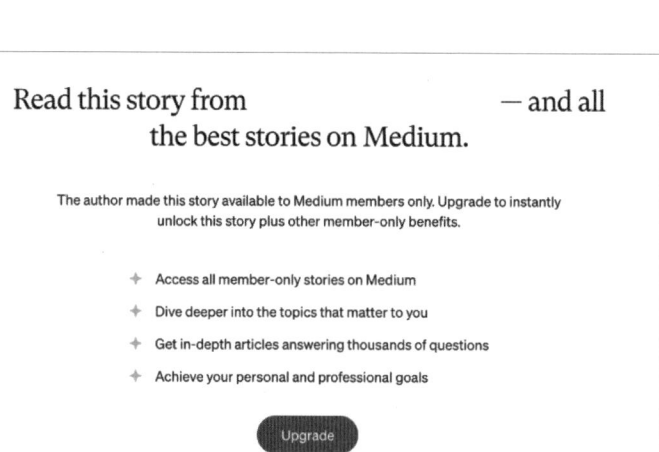

미디움(Medium)의 구독 결제 유도

그리고 작성한 글에 몇 가지 문제가 있다는 것만 알려주고 어디가 틀렸는지, 어떻게 고치는지 보려면 결제를 하도록 유도하는 서비스도 있다.

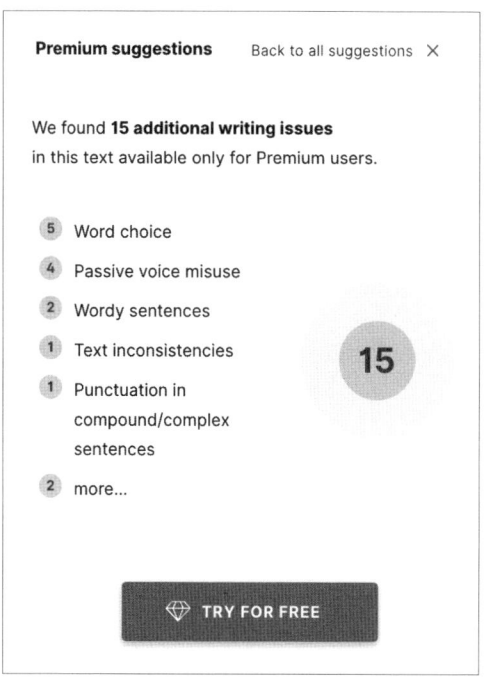

그래멀리(Grammarly)의 구독 결제 유도

링크드인 사례

링크드인은 자이가르닉 효과를 사용해서 가장 큰 온보딩 문제를 해결한 대표 서비스다. 다음 예시에서 첫 번째 그림은 링크드인에 처음 가입하고 난 직후의 프로필 상태다. 프로필 내용이 거의 비어 있어서 어떤 걸 채워 넣어야 하는지 한눈에 알기 어렵다. 이렇게 처음부터 해야 할 일이 너무 많다면 사용자의 이탈률은 높아질 수밖에 없다.

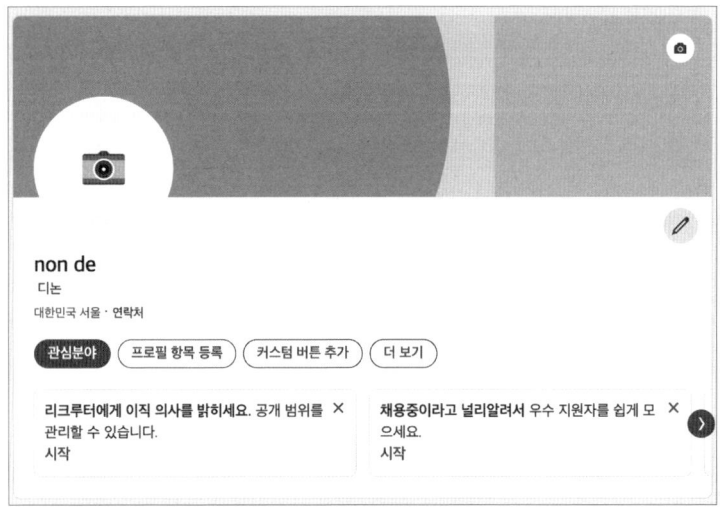

거의 비어 있는 링크드인 프로필

프로필을 채우도록 유도하는 링크드인

온보딩 페이지는 사용자와 서비스의 첫 번째 접점으로, 서비스의 첫인상을 좌지우지하는 중요한 포인트다. 그래서 링크드인은 진행률 표시줄(progress bar)을 넣어서 프로필을 채우도록 유도한다. 위 그림이 그 예시다. 진행률 표시줄을 통해 프로필이 미완성된 상태라는 걸 인지한 사용자는 프로필을 완성할 때까지 마음 한 켠이 불편할 것이다.

스타벅스 사례

스타벅스뿐만 아니라 제품을 구매할 때마다 스탬프를 찍어주고 몇 개 이상 채우면 보상을 주는 쿠폰을 사용하는 카페나 음식점은 모두 이 예시에 포함된다.

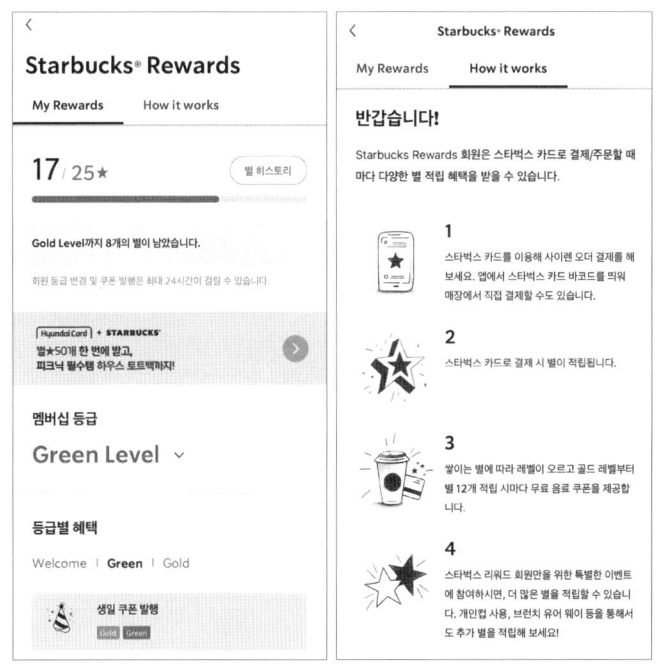

스타벅스의 보상 제도

보통의 카페나 음식점은 일단 그 가게에 가서 첫 주문을 해야 이 프로세스가 시작된다. 첫 주문을 하고도 쿠폰이 필요 없다고 말하면 스탬프 10개를 모으는 목표 자체를 갖지 않을 수 있고, 미완성 효과에 낚이지도 않을 수 있다.

그런데 스타벅스는 스타벅스 카드가 선물용으로 인기가 많다는 특화된 차별점이 있다. 스타벅스 카드를 선물 받은 사람이 카드를 사용하여 커피를 구매하면 자동으로 별이 적립되고, 이미 받은 별을 버리고 싶지 않은 소비자는 보상을 받기 위해 카드를 등록하고 별을 모으기 시작한다. 이 전략으로 2013년 미국인 8명 중 1명이 연휴 기간 동안 스타벅스 카드를 선물 받았고, 스타벅스는 150만 명의 신규 회원을 확보했다고 한다.

사실 링크드인과 스타벅스 예시에서는 자이가르닉 효과 외에도 인간의 심리를 잘 이용한 세 가지 전략이 더 이용되었다.

2.2 부여된 진행 효과

부여된 진행 효과(endowed progress effect)[51]는 목표를 향한 인위적인 진보를 제공하면 목표를 달성하려는 동기가 더 커지는 효과를 말한다. 여기서 말하는 인위적인 진보란, 전체 해야 할 일 중 10~20%는 사용자가 모르는 새에 달성하도록 만들어놓은 것을 의미한다. 예시를 살펴보자.

- 링크드인에 가입하며 이름과 직업을 입력했더니, 프로필 작성 2단계를 완료했다.
- 선물 받은 스타벅스 카드를 사용해서 커피를 구매했더니, 별이 자동으로 적립됐다.

그저 서비스 온보딩을 거쳤을 뿐인데 이미 목표의 일부를 달성한 것이다. 이를 확인한 사용자는 자신도 모르는 새 설정된 목표임에도 달성하기 위한 동기가 더 커짐을 느낀다.

그러나 인위적인 진보라고 해서 시작 지점을 위조하면 오히려 역효과가 난다는 것을 주의해야 한다. 링크드인에서는 실제로 프로필을 채우는 온보딩 단계를 수행했기 때문에 2단계를 완료한 것이고, 스타벅스도 실제로 카드를 사용해서 커피를 구매했으니 별이 적립된 것이다. 두 경우 모두 사실에 기반하여 시작 지점이 조정되었다는 게 중요하다.

2.3 목표 가속화 효과

목표 가속화 효과(goal gradient effect)[52]는 목표에 가까울수록 목표를 달성하기 위해 더 열심히 노력하는 현상을 말한다. 이는 1930년대에 심리학자 클라크 헐(Clark Hull)이 '미로에서 먹이를 찾는 쥐' 실험에서 쥐가 보상(음식)에 가까워질수록 더 빨리 달린다는 결과를 통해 밝혀낸 효과다.

또 다른 심리학자 저드슨 브라운(Judson Brown)은 1940년대에 음식을 향해 달려가는 쥐에게 하네스를 부착한 후, 쥐가 멈추었을 때 하네스를 얼마나 세게 잡아당기는지를 측정했다.[53] 그 결과, 음식에 더 가까웠을 때의 쥐가 멀리 떨어진 쥐보다 더 세게 당기는 것을 발견했다.

이 이야기에서 알 수 있듯, 목표 가속화 효과는 부여된 진행 효과를 뒷받침하는 이론이기도 하다. 서비스가 사용자에게 인위적인 진보를 제공함으로써 목표에 좀 더 가까이 다가가도록 만들기 때문에 목표 달성에 대한 동기가 더욱 강해지는 것이다.

2.4 목표 시각화 효과

목표 시각화 효과(goal visualization effect)[54]는 목표와 진행 과정을 시각화했을 때 목표 추구에 대한 동기가 극대화되는 효과이다. 이 효과는 진행률 표시줄의 역할을 설명할 수 있다.

만약 링크드인 프로필을 2단계만큼 채우고 스타벅스 멤버십에 별이 적립되었는데 진행률 표시줄이 뜨지 않는다면 사용자는 그걸 알 도리가 없다. 서비스가 인위적인 진보를 제공하든 말든 이제까지 얼마큼 수행했고 앞으로 무엇을 더 해야 하는지 알 수 없기에 목표 달성에 대한 동기 부여도 되지 않는다. 즉, 목표를 시각화하지 않으면 '부여된 진행 효과'나 '목표 가속화 효과'가 이루어질 수 없는 것이다.

2.5 여러 이론이 통합된 사례

애플 워치

애플 워치(Apple Watch)는 사용자의 마음을 갖고 노는 수준으로 목표 달성을 위한 모든 심리학 이론을 모조리 가져다 꾹꾹 눌러 담아 놓은 제품이다.

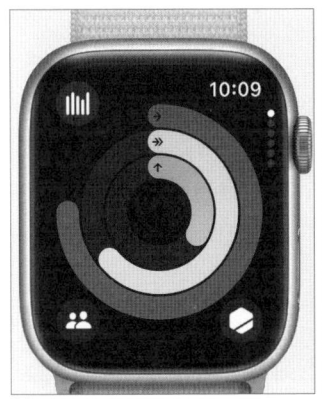
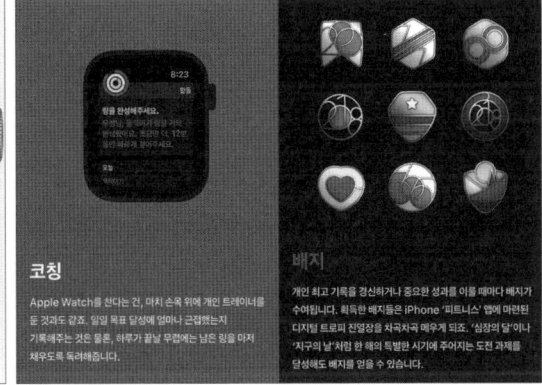

애플 워치의 동기 부여 디자인 요소

활동량 목표를 동그란 링으로 시각화해서 보여주고(목표 시각화 효과) 조금만 걷거나 움직여도, 아니 앉아 있다가 일어나기만 해도 운동량과 일어서기 횟수 링이 채워지고(부여된 진행 효과) 목표에 가까워지면 '○○님, 움직이기 링을 거의 완성했어요. 조금만 더, 12분 동안 빠르게 걸어주세요.'라는 메시지를 쉴 새 없이 보내며 하루가 끝나기 전에 일일 목표를 채우도록 독려한다(목표 가속화 효과).

사실 저 메시지를 받아본 사람이라면 공감하겠지만, 저건 독려라기보단 채찍질에 가깝다. 무엇보다 링을 완성하지 않으면 혹은 개인 최고 기록을 경신해야 받을 수 있는 배지를 아깝게 놓치면 괜히 찝찝하고, 좀 더 움직여야 한다는 생각이 머릿속을 맴돈다(자이가르닉 효과).

여기서 언급하진 않았지만 친구에게 운동 기록을 공유하고, 기간을 정해 경쟁하는 '겨루기' 기능도 있다. 애플 제품의 사용성은 여러모로 대단하다. 부작용이 하나 있다면 너무 많은 '목표 달성 유도 전략'에 묶여 부담을 느낀 사용자가 애플 워치를 착용하는 것 자체를 거부할 수도 있다는 것이다.

네이버 블로그 주간 일기 챌린지

네이버 블로그의 주간 일기 챌린지에서는 일주일에 한 번 게시물을 발행하면 스탬프를 찍어주고(목표 시각화 효과) 스탬프를 많이 받은 사람에게 상품을 준다. 꼭 스탬프를 다 채워야 상품을 받을 수 있는 건 아니다. 한 달, 석 달, 여섯 달별로 상품이 다르다.

여섯 달 동안 매주 블로그를 작성하지 않고 3주 동안 세 개만 발행해도 목표 달성이 코앞에 있는 것이다(목표 가속화 효과). 그렇게 한 달을 채우면 석 달도 채우고 싶고, 석 달을 채우면 여섯 달도 채우고 싶어진다(자이가르닉 효과). 이미 블로그를 쓰던 사람이라면 '주간 일기 챌린지' 태그를 다는 것만으로도 자연스럽게 스탬프를 받아 이벤트에 참여할 수 있는 기회가 생긴다(부여된 진행 효과).

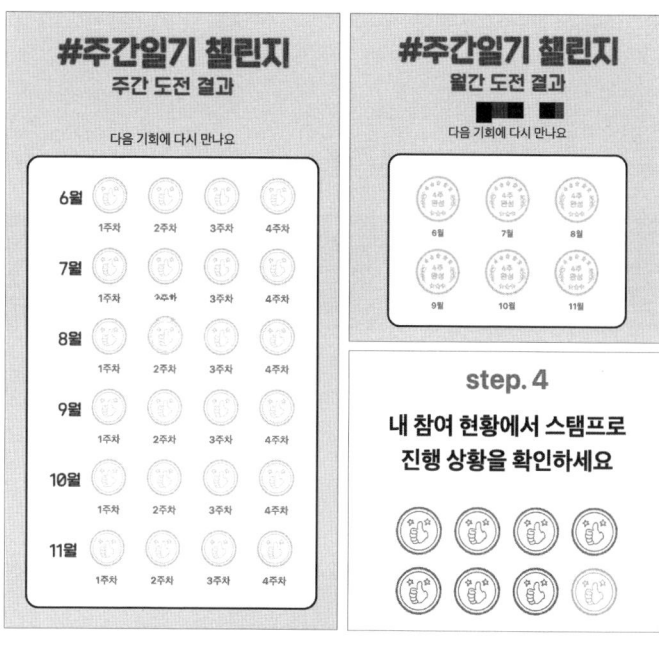

네이버 주간 일기 챌린지

2021년 기준으로 네이버 블로그의 새 콘텐츠가 3억 개로 역대 최다를 기록했다는데,[55] 2022년에 주간 일기 챌린지 이벤트를 통해 또 한 번의 최고 기록을 경신했을 것이다. 주 소비 콘텐츠가 '글'에서 '영상'으로 넘어가고 있는 이 시기에 블로그의 생산량과 소비량을 지켜줄 네이버의 효자 전략이었던 것이다.

동영상 강의

온라인 강의 플랫폼은 사용자(학습자)의 목표 달성률을 높이고 싶어 하는 대표적인 서비스다. 유데미와 코세라 모두 수강률을 진행률 표시줄로 만들어서 보여주기 때문에(목표 시각화 효과) 강의에 대한 오리엔테이션 영상만 봤더라도 수강률이 어느 정도 채워진다(부여된 진행 효과).

유데미(Udemy)의 강의 수강률

특히, 코세라는 전체 강의를 부분으로 쪼개서 자잘한 목표를 더 자주 이룰 수 있게 만들었다(목표 가속화 효과). 따라서 강의 수강률이 100%에 도달하지 않으면 채워지지 않은 진행률 표시줄의 빈칸이 신경 쓰이는 효과를 만든다(자이가르닉 효과).

2.6 주의 사항

앞서 소개한 예시들에서 볼 수 있듯이 자이가르닉 효과는 UX에서 흔히 사용되는 전략이다. 하지만 다음과 같이 두 가지 경우에는 사용하지 않는 것이 좋다.

1. **너무 짧을 때**

    달성해야 하는 목표까지의 과정이 짧은데 중간에 끊어버리면 오히려 작업 완료의 기쁨을 빼앗는다.

2. **너무 쉬울 때**

    빠르게 달성할 수 있는 목표에 대해 과하게 설계하지 않아야 한다.

자이가르닉 효과부터 부여된 진행 효과, 목표 가속화 효과, 목표 시각화 효과까지 목표 달성에 대한 심리학 이론과 UX에 적용된 사례를 정리해 보니 '시작이 반이다.'라는 속담이 괜히 있는 게 아니다. 일단 시작을 하게 되면 아무것도 하지 않았을 때보다 목표 달성에 대한 동기가 높아지고(부여된 진행 효과), 시작을 하고 보니 미완성된 작업이라는 생각에 찝찝한 마음이 생기고(자이가르닉 효과), 그렇게 좀 더 하다 보면 목표 달성에 가까워져서 동기 부여가 더 강해지니 말이다(목표 가속화 효과).

그리고 많은 자기 계발서에서 강조하는 '목표를 시각화하라.', '목표를 써서 잘 보이는 곳에 붙여라.' 등의 말도 '목표 시각화 효과'라는 심리학 이론이 뒷받침된, 나름대로 근거 있는 성공 전략이다.

앞에서 진행률 표시줄이 필요한 이유 중 하나가 '노동 인식 편향'이라고 이야기했다. 그리고 이번에 소개한 자이가르닉 효과까지 진행률 표시줄은 정말 많은 심리학 이론이 뒷받침된 UI 개체다. 작은 UI 개체도 다시 보라는 깨달음이 한 번 더 머릿속을 스치길 바란다.

> **생각해 볼 문제**
>
> 자이가르닉에 대해 설명했을 때 누군가가 이렇게 말했다. '나는 목표에 가까워질수록 '아, 이 정도면 됐지' 하면서 오히려 그만하게 되던데?' 역시, 가장 흥미로운 연구 분야는 '인간'이다. 이러한 심리에 대해서는 어떻게 해석할 수 있을까? 또 그렇게 느끼는 사용자를 위해 어떤 디자인 요소를 적용해 볼 수 있을까?

3 둔﹨둔﹨두두두 → 이 노래 뭐야? 하는 심리

'둔﹨둔﹨두두두 → 이 노래 뭐야? 아 그거 있잖아, 뭔지 알지?' 이런 질문을 받아 본 경험이 한 번쯤은 있을 것이다. 다들 왜 그러는 걸까? '둔두둔두'라고 하면 그것만 듣고서 상대방이 알 것이라고 생각하는 걸까?

관련 질문:

[연관] 딴딴따라라라 나나나나나 딴딴따따딴딴딴 이노래제목이뭐에요??

[연관] 딴따따 딴따따따라라라 딴딴따 딴따라리따다따다 딴타타 딴타다 리타라라라라라 이노래?

[연관] 딴따따따따딴따따따 따따 딴따다딴딴딴따라다라라단따 라다라단이노래가뭐에요

[연관] 셔플출때 음인데요 제목점 처음에총쏘는소리나고 다따따따딴딴딴 딴따따라라따라라 ?

지식 로그

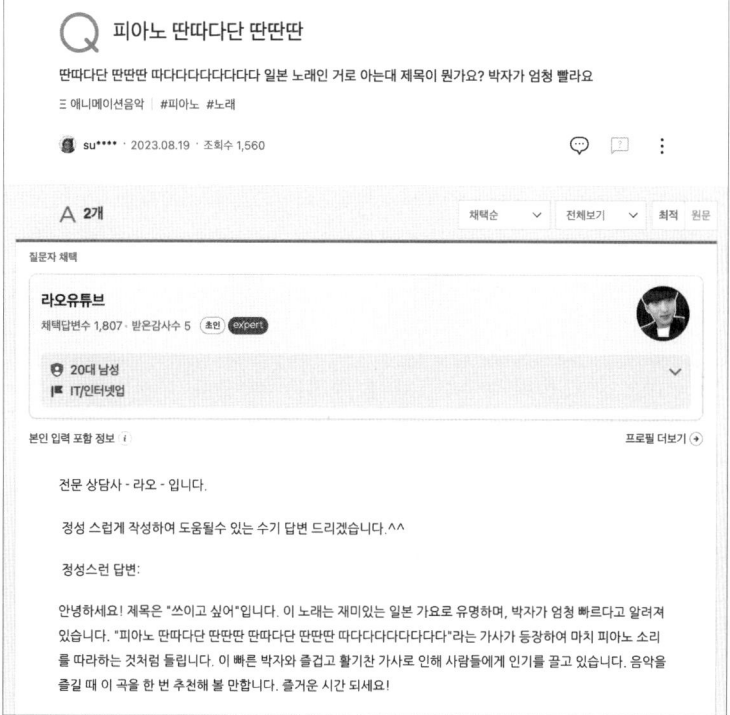

네이버 지식인

3.1 지식의 저주

물론 세상엔 기묘한 일들이 많아 가끔 누군가 맞히는 경우도 있긴 하다. 1990년, 이 기묘한 현상을 두고 실험을 한 심리학자가 있었다. 스탠퍼드 대학(Stanford University) 심리학과의 대학원생, 엘리자베스 뉴턴(Elizabeth Newton)의 일명 '노래 맞히기' 실험이다.[56] 실험 대상자는 두 그룹으로 나뉘었다.

1. 노래의 리듬대로 테이블을 두드리는 사람(태퍼, tapper)
2. 리듬을 듣고 노래를 추측하는 사람(리스너, listener)

태퍼들은 「생일 축하합니다」와 같은 잘 알려진 노래만을 골라 리듬대로 테이블을 두드렸다. 총 120곡을 연주했고, 실험 결과 리스너들이 정답을 맞힌 경우는 세 번뿐, 성공률이 2.5%에 그쳤다.

성공률이 이렇게 낮은 건 어찌 보면 당연한 결과다. 자신의 머릿속에 있는 리듬대로 테이블을 두드리는 태퍼들은 노래가 너무 뻔해서 듣는 사람들이 당연히 맞출 수 있을 것이라 생각한다. 하지만 노래를 모르는 리스너들에겐 그저 기이한 모스 부호일 뿐이다. 이 간단한 실험이 증명하고 있는 개념이 '지식의 저주(curse of knowledge)'이다.

지식의 저주란 내가 알고 있는 것을 다른 사람도 당연히 알 것이라고 추측하여 생기는 인지적 편향이다. 지식의 저주에 걸린 사람들은 우리 주위에서 쉽게 찾아볼 수 있다. 특히, 전문가들이 자신의 전문 분야에 대해 설명할 때 주로 그렇다.

전문 분야에 대해 설명하는 것, '선생님'이 가장 많이 하는 일이다. 어릴 적 텔레비전에 나오는 밥 아저씨를 따라서 열심히 그림을 그리려고 노력해 보지만 도화지에 남는 건 정체를 알 수 없는 형체뿐이다. 절망하는 어린 시청자들에게 '참 쉽죠?'라는 말을 하며 한 번 더 큰 절망을 안겨주던 밥 아저씨는 지식의 저주에 걸린 대표적인 예시다.

3.2 지식의 저주를 극복하는 UX 디자인 전략

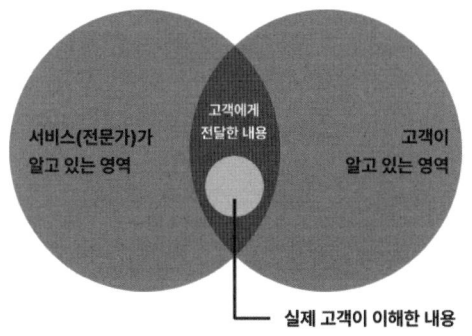

지식의 저주 다이어그램

다이어그램을 보면 서비스가 고객에게 말하고자 하는 영역 중에서 고객이 실제로 이해하고 있는 부분은 작은 원 크기에 그친다. 서비스가 지식의 저주에 걸린 채 설명을 전달했기 때문이다. 이 작은 원의 영역을 넓혀서 '고객에게 전달한 내용'과 일치시키는 것, 즉 고객에게 말하고자 하는 영역과 고객이 이해한 영역이 일치하도록 만드는 것이 바로 UX 디자이너의 역할이다. 그럼 어떻게 하면 작은 원의 크기를 키워서 지식의 저주를 극복할 수 있을까?

❶ 목표 설정

내가 전하려는 메시지를 사용자가 왜 알아야 하는지 목표를 명확하게 설정한다.

❷ 타깃 설정

메시지를 받는 사람이 신규 사용자인가, 아니면 기존 사용자인가? 사용자의 유형을 구분하여 전하려는 메시지를 다르게 만들어야 한다. 특히 인스타그램 등 SNS 광고와 뉴스레터, 유튜브 등으로 콘텐츠를 전달할 때 타깃에 따라 메시지를 세분화해야 한다. 만약 메시지를 여러 유형으로 나눌 수 없다면 다양한 청중을 고려한 하나의 메시지를 작성해야 한다.

❸ 전문 용어 사용 금지

회사 내에서 공유할 글을 쓰는 것이 아니라면 업계에서만 사용하는 전문 용어는 피해야 한다.

❹ 간단하고 명확한 단어 사용

한국어는 특히 과도한 한자어 사용을 피해야 한다.

❺ 부가 설명

전문 용어를 사용해야 하는 경우에는 이해하기 쉽도록 설명을 추가한다.

❻ 비유적 표현

은유 등의 비유적 표현을 적극 활용한다.

이 여섯 가지 전략을 잘 활용하여 지식의 저주를 극복한 사례를 살펴보자.

카페 메뉴판

카페에 갔다가 알쏭달쏭 수수께끼 같은 메뉴 이름 때문에 답답했던 적이 한두 번이 아니다. 롱 블랙과 아메리카노의 차이는 무엇인지, 블랙 초코와 미셸 카카오는 맛이 어떻게 다른지, 아이스 와인 티나 제이슨 윈터스 티는 어떤 향이 나는지 등 메뉴판을 읽다 보면 수많은 질문이 떠오른다.

한두 개야 직원에게 물어볼 수 있지만 모든 메뉴 이름이 이런 식일 땐 그냥 아메리카노를 시키게 된다. 하지만 신도림에 있는 한 카페는 모든 메뉴를 알 수 없는 이름 대신 그림으로 표현해 두었다. 아인슈페너나 에스프레소 콘파냐처럼 이름만 보면 어떤 차이가 있는지 전혀 알 수 없는 메뉴도 그 안에 어떤 재료가 들어가는지 표현한 그림을 보고 한눈에 파악할 수 있다. 그야말로 속이 다 시원해지는 그림이다.

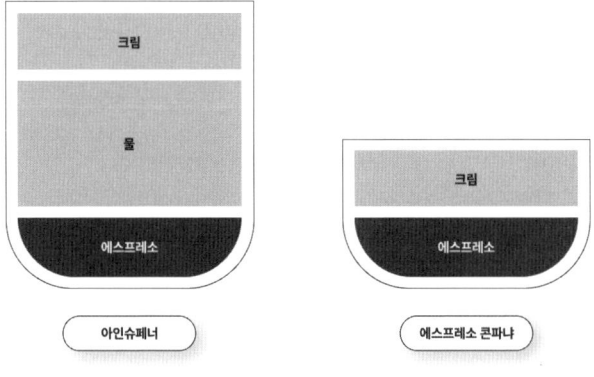

카페 그림 메뉴 예시

카페 직원끼리 공유하는 레시피라면 무슨 명칭을 쓰든 상관없다. 그러나 메뉴판의 사용 주체는 메뉴에 익숙한 직원이 아니라 이 카페가 첫 방문일 수도 있는 고객이다. 이들이 보고 이해할 수 있어야 메뉴판이 제 기능을 했다고 할 수 있다. 하지만 대부분의 카페 메뉴판은 아는 사람만 이해할 수 있는 음료 이름이 나열되어 있으니, 이 얼마나 불친절한 디자인인가. 그림까지는 못 그리더라도 최소한 부가 설명을 덧붙일 수는 있지 않을까? 고객이 메뉴판만 보고도 어떤 음료인지 알 수 있게 말이다.

금융 기관의 UX 라이팅

은행이나 증권 회사 같은 금융 기관은 지식의 저주에 걸리는 대표적인 사례로 꼽을 수 있다. '핀테크(금융+기술)'의 성장으로 고객과의 접점은 많아졌는데, 여전히 전문 용어나 한자어를 무분별하게 사용하기 때문이다.

반면 토스(Toss)의 경우, 금융 기관들의 공식이라고 해도 될 만큼 UX 라이팅이 아주 잘 되어 있다. 토스의 공식 블로그에는 그들의 UX 라이팅 원칙과 이를 적용한 변화에 대해 잘 나와 있다. 예를 들면 이런 식이다. '이체 정보 입력'이라는 말 대신에 '어디로 돈을 보낼까요?'라는 일상적이고 친근한 문장을 사용하는 것이다. 이체 후에도 마찬가지로 '송금 완료'라는 딱딱한 말 대신 '○○님께 1,000원을 보냈어요.'라고 이야기하며 부드러운 톤을 유지한다. 간단하지만 토스의 철학이 잘 드러난 원칙이다.

이 외에도 전문 용어는 금융 업계 종사자가 아닌 사람도 직관적으로 이해할 수 있게 최대한 풀어서 설명하고, 불필요한 수식어는 모두 삭제하여 사용자의 혼란을 줄인다. 이렇게 메시지의 전달 목적과 타깃을 명확하게 설정하고 간단한 단어만을 사용하여 이야기함으로써 지식의 저주를 극복하고, 사용자에게는 좀 더 긍정적인 경험을 제공할 수 있다.

온라인 쇼핑몰

'더현대 서울'의 층별 안내와 홈페이지 카테고리를 보면 모든 텍스트를 다 영어로 써놓은 것도 모자라서 그들끼리 정한, 그들만의 '테마명'을 층별 안내에 써놓았다. 이와 같은 안내와 메뉴를 보고 사용자는 어떤 정보를 얻을 수 있을까? '하얀 것은 배경이고 까만 것은 글자다.' 정도?

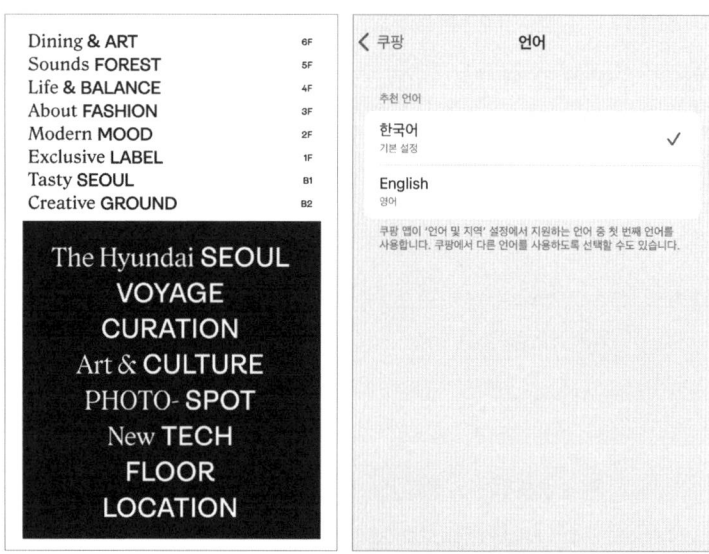

더현대 서울의 층별 안내와 쿠팡의 언어 설정

더현대 서울이 묻지도 따지지도 않고 영어만을 사용한 것과 다르게, 쿠팡은 사용자가 쓰는 언어에 따라 홈페이지 언어를 변경할 수 있는 옵션이 있다. 이마트 등의 다른 대형 마트 온라인 몰이 무조건 한국어 옵션만을 제공하는 것과도 비교할 수 있다. '사내에서 어떤 언어가 디폴트인지'가 아니라 '사용자가 어떤 언어를 사용하는지'에 초점을 맞춰서 옵션을 제공하는 쿠팡은 지식의 저주를 극복한 사례이다.

전자 기기

스티브 잡스가 애플의 제품을 소개하는 걸 보면 그의 지식의 저주 극복 능력이 남다르다는 것을 알 수 있다. 만약 빌 게이츠 같은 평범한 기술자였다면 64GB USB를 이렇게 소개했을 것이다. '첨단 기술의 집약체로서 2의 30승에 64를 곱한 것만큼의 저장 용량'. 하지만 스티브 잡스라면 이렇게 소개하지 않았을까?

뉴욕에서 캘리포니아까지 10번을 왕복하며
음악을 들을 수 있는 저장 용량.

64GB USB를 전문가들끼리 이야기한다면 빌 게이츠처럼 설명해도 된다. 그러나 일반 사용자에겐 스티브 잡스의 설명이 훨씬 와닿을 것이다. 이처럼 스티브 잡스는 비유적 표현의 대가다. 어려운 기술을 비유적으로 표현하여 지식의 저주를 극복한 대표 사례이기도 하다. 이는 애플이 신제품을 광고하는 방식에서도 잘 드러난다.

아이폰 14 프로 디스플레이 광고

☒ 2,000니트에 달하는 부분 최대 밝기를 자랑하는 슈퍼 레티나 XDR 디스플레이
☑ 찬란 그 자체. 햇빛 아래에서 최대 2배 더 밝은 디스플레이.

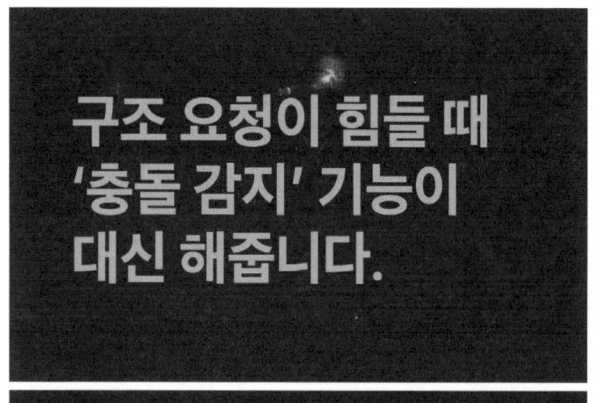

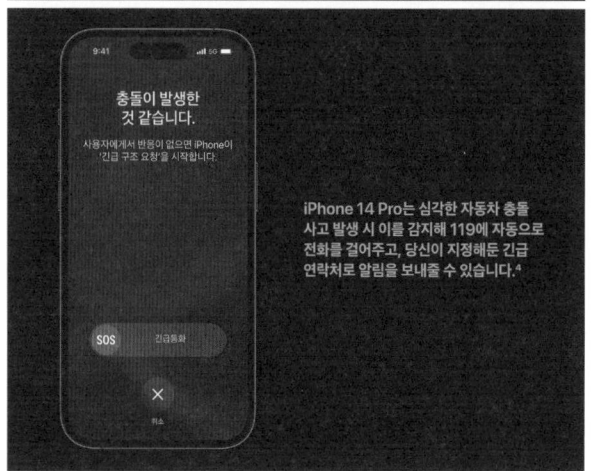

아이폰 14 프로 첨단 기능 광고

- ❌ 새로운 고중력 가속도계가 급가속 및 감속을 최대 256G까지 감지하고 하이 다이내믹 레인지 자이로스코프가 자동차의 갑작스러운 방향 변화를 모니터링
- ⭕ 구조 요청이 힘들 때 '충돌 감지' 기능이 대신 해줍니다.

사례들을 살펴보고 나니, 티모시 프레스테로(Timothy Prestero)의 '어리석은 고객은 없다, 멍청한 제품만 있을 뿐(There are no stupid users, only stupid products).'이라는 말이 떠오른다. 지식의 저주에 걸린 멍청한 제품을 만들지 않기 위해서는 세 가지만 기억하면 된다.

① 목표를 알고
② 잠재 고객을 이해하고
③ 항상 사용자 입장에서 생각하기

결국 UX 디자인의 기본으로 되돌아왔다. 사용자를 이해하고 사용자 입장에서 생각할 것. 그게 다다. 그러기 위해서는 테스트해 보는 것이 가장 확실한 방법이다. 사용자가 제품이나 서비스를 접했을 때 어떻게 행동하는지 관찰하고 어디서 헤매는지 지켜본다면 사용자의 입장에서 미처 고려하지 못한 점에 관한 실마리를 얻을 수 있을 것이다.

4 도로 위의 왕눈이

차를 타고 가다 보면 눈 스티커가 붙어 있는 트럭을 종종 찾아볼 수 있다. 언뜻 귀엽게 느껴지는 이 왕눈이 스티커는 교통사고 예방을 위해 한국도로공사에서 개발했다. 스티커의 반사지 재질은 전조등 빛을 약 200m 후방까지 반사할 수 있어서 야간에 전방 주시 태만을 예방하는 효과가 있다고 한다. 그런데 왜 하필 커다란 눈 모양일까?

트럭의 왕눈이 스티커

이는 감시의 눈 효과(watching-eye effect) 때문이다. 뉴캐슬 대학(Newcastle University)의 다니엘 네틀(Daniel Nettle)을 비롯한 연구진에 따르면 사람들은 눈 모양이 있는 것만으로도 관찰되고 있다는 느낌을 받고 평소보다 더 이타적이고 친사회적으로 행동한다고 한다.[57]

이들은 기부금 실험을 통해 기부금 통 옆에 아무것도 붙이지 않았을 때보다 눈 포스터를 붙여놓았을 때 사람들이 무언가를 기부할 확률이 높아지는 것을 확인했다. 이렇게 지켜보는 눈 모양이 있는 상황에서는 이타적인 행동을 할 확률이 증가하는 것 외에도 반사회적 행동 위험이 35%나 감소한다고 밝혀졌다.[58]

4.1 호손 효과

단순한 이미지가 아니라 실제로 관찰자가 존재하는 상황에서도 감시의 눈 효과는 동일하게 적용된다. 이렇게 자신이 관찰되고 있다는 걸 인식했을 때 행동을 바꾸는 현상을 호손 효과(Hawthorne effect)[59]라고 한다. 이는 1920년대에 일리노이주 호손에 있는 한 공장에서 노동자들을 관찰하는 것만으로 생산성이 올라갔다고 증명한 실험을 통해 처음 등장한 개념이다. 이 실험을 설계할 당시에 연구자들은 일하는 공간의 조명 밝기나 금전적 인센티브, 휴식 횟수 등의 요인이 생산성 향상에 영향을 미칠 것이라고 예측했지만 실제로 효과가 있었던 건 단순히 누군가에게 관찰되고 있다는 사실이었다고 한다.

생산성 향상에 있어서 중요한 요인이 임금과 복지 향상이 아니라 관찰자, 즉 감시자라는 사실은 현대의 경영 및 조직 문화 관리 전략에도 영향을 주었다. 이후 이 연구와 실험의 한계에 대해서 논란이 있었지만 사실 우리는 일상에서 실제로 호손 효과를 경험하고 있다.

필라테스

여러 명이 함께하는 필라테스 그룹 레슨에서는 선생님이 한 명씩 자세를 교정해 준다. 선생님이 다른 사람을 봐줄 때는 몸에 힘을 살짝 뺐다가 선생님이 나와 점점 가까워지면서 지켜보고 있다는 생각이 들면 나도 모르게 손끝과 발끝까지 꼿꼿이 세우며 자세를 바로잡게 된다. 필라테스를 비롯하여 헬스, 요가 등 운동 레슨을 받아본 사람이라면 누구나 공감할 것이다. 관찰자 역할을 하는 선생님 덕분에 운동을 더 열심히 하게 되는 효과이다.

온라인 커뮤니티

코로나-19(COVID-19)가 유행하기 시작할 당시 가지각색의 온라인 커뮤니티가 활성화됐다. 그중에서도 눈에 띄는 건 리추얼(ritual) 모임이다. 리추얼은 매일 반복적인 행위를 함으로써 일상에 리듬을 만드는 일종의 루틴(routine) 같은 개념이다. 매일 만 보씩 걷기, 아침 일기 쓰기, 책 두 챕터씩 읽기 등 일상에서 실천할 수 있다면 어떤 행동이든 리추얼이 될 수 있다. 리추얼 모임이란 이러한 루틴 활동을 함께 하는 것이다.

모임 운영 방식은 간단하다. 카카오톡 등 메신저를 통해 모임원들이 모여 매일 리추얼을 실행하고 사진, 영상 등으로 인증하면 된다. 모임별로 프로그램이 다를 수는 있지만 핵심은 '인증'이다. 다른 사람들과 함께 모여 서로서로 관찰자가 되어줌으로써 흐지부지될 수 있는 루틴을 유지하는 힘이 되어주는 것이다. 실제로 모임 참여자들은 1만 원에서 30만 원까지도 하는 참가비를 내고 함께 리추얼을 실행한다. 이를 보면, 리추얼 모임에서 호손 효과가 톡톡히 제 역할을 하는 듯하다.

스크린 타임

스마트폰에서 스크린 타임 기능을 켜두면 일일 평균 스마트폰 사용 시간을 파악할 수 있다. 사용 시간을 줄이고 싶은 사용자를 위해 특정 앱에 대한 사용 시간 제한을 설정하거나 스마트폰 사용을 중단하는 시간을 설정할 수 있는 기능도 있다. 하지만, 스크린 타임 기능 자체가 관찰자 역할을 하기도 한다. 사용자는 스크린 타임을 켜둠으로써 스마트폰을 사용할 때마다 시간이 기록된다는 걸 인지하고, 특히 사용 시간을 줄이기로 마음먹은 사용자라면 스크린 타임 통계를 염두에 두어 평소보다 덜 사용하게 되는 효과를 얻을 수 있다.

스크린 타임

무다

감정 기록 일기장 서비스인 무다(Mooda)는 모바일 앱에서 '모두의 하루'라는 이름으로 다른 사용자와 일기를 공유할 수 있는 서비스를 제공한다. 다른 사용자의 일기를 읽을 수 있을 뿐만 아니라 스티커를 붙이거나 댓글을 써서 소통도 할 수 있다. 이렇게 일기를 읽어주는 다른 사용자가 있다는 걸 인식하는 것 자체로 매일을 기록하려는 동기 부여 효과가 있을 수 있다. 리추얼 모임처럼 서로서로 관찰자 역할을 하며 기록하는 행위를 유지하도록 도와주는 것이다.

4.2 호손 효과의 부작용

관찰자 덕에 생산성이 올라가고 이타적인 행동을 하기도 하지만, 관찰자를 너무 신경 쓴 나머지 역효과가 발생할 수도 있다. 이와 같은 부작용 사례는 어떤 것이 있는 살펴보자.

시크릿 모드 & 유튜브 계정 공유

구글은 사용자의 검색 기록에 따라 맞춤형 광고를 추천해 준다. 이러한 서비스는 사용자가 자신에게 최적화된 광고를 볼 수 있다는 장점도 있지만, 겨우 한 번 방문한 쇼핑몰에 대한 배너 광고가 접속하는 모든 페이지에 따라다녀서 성가시다는 단점도 있다. 그뿐만 아니라 건강 정보, 위치 정보 등 알리고 싶지 않은 개인적인 정보가 노출될 수 있다는 우려도 있기 때문에 이를 방지하고자 하는 사용자는 시크릿 모드(secret mode)를 사용하기도 한다. 시크릿 모드에서는 사용자의 검색 기록 등 활동 정보가 웹 브라우저에 저장되지 않으므로 관찰자에게 감시받지 않고 비공개로 인터넷을 사용할 수 있다.

유튜브 프리미엄 계정을 가족을 비롯한 다른 사람과 공유하지 않는 것도 시크릿 모드를 사용하는 이유와 동일하다. 현재 국내에는 하나의 아이디로 여러 개의 계정을 만들 수 있는 가족 요금제가 도입되지 않아서 다른 이용자와 함께 프리미엄 서비스를 이용하려면 하나의 계정을 공유해야 한다. 유튜브는 사용자의 검색 기록 및 시청 지속 시간, 구독 목록 등을 바탕으로 관련 콘텐츠를 추천해 주고 있어서 다른 사람과 계정을 공유하면 원치 않는 콘텐츠를 추천받을 수 있다. 결국 사용자는 알고리즘이라는 관찰자 때문에 행동에 제한을 받게 된다.

유튜브를 혼자 사용할 때도 어떤 콘텐츠를 시청하는지에 따라 다음 영상 추천에 반영되기 때문에 사용자는 이를 신경 쓸 수밖에 없다. 예를 들면, 고시생이 공부에 대한 정보를 얻기 위해 유튜브를 시청하다가 한 번이라도 예능 프로그램을 보면 추천 영상에 계속 예능 영상이 떠서 공부에 방해가 될 수 있다. 이를 방지하려면 예능 영상을 본 후에는 해당 콘텐츠에 대해서 [관심 없음]이나 [채널 추천 안 함] 옵션을 선택해야 한다.

슬리의 호흡 측정

수면 관련 데이터를 수집하고 분석하여 숙면할 수 있도록 돕는 기술인 슬립테크(sleep+technology) 서비스인 슬리는 사용자의 숨소리를 측정하여 수면의 질을 분석해 주는 서비스를 제공한다. 잠을 자기 전 [자러 가기] 버튼을 누르고 스마트폰을 가까이에 두기만 하면 자동으로 숨소리 데이터가 수집되고 다음 날 아침에 수면 보고서를 받을 수 있다.

잘 들리지도 않는 숨소리를 측정하는 것도 모자라서 그 데이터로 수면의 질을 측정하다니, 불면증의 고통을 잘 아는 사용자로서 굉장히 기대했던 서비스였다. 하지만 직접 사용해 본 결과, 예상치 못한 페인 포인트(pain point)가 있었다.

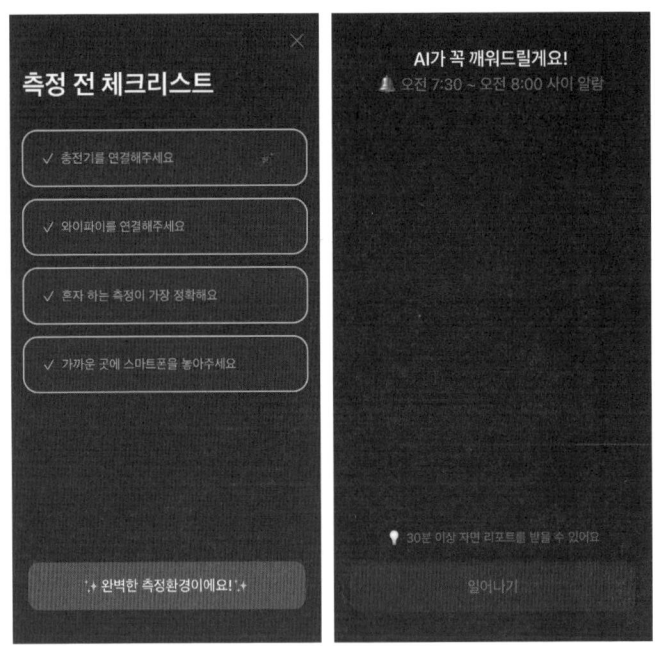

슬리의 수면 측정

[자러 가기] 버튼을 누른 후, 자그마한 움직임에도 들썩이는 소리 그래프 화면을 본 순간부터 소리 측정이 엄청난 부담으로 다가왔다. 잠에 들려면 어느 정도 시간이 필요한데, 그 시간 동안 크게 움직이면 숨소리를 제대로 측정하지 못할 것 같다는 걱정에 거의 목각처럼 침대에 누워서 움직이지 못하고 잠들 때까지 얼음 상태를 유지해야 했다. 수면의 질을 개선하기 위해 숨소리 측정을 하는 건데, 오히려 숨소리를 관찰당하고 있다는 느낌 때문에 수면의 질이 떨어지는 아이러니한 상황이 된 것이다.

4.3 사용성 테스트

사용성 테스트(usability test)는 사용자 경험을 개선하기 위해 사용하는 방법론 중 하나로 사용자가 서비스를 사용하는 과정을 관찰하며 서비스가 사용하기 쉬운지, 어려운 점은 없는지 파악할 수 있다.[60] 실제 사용자의 행동을 확인할 수 있어서 서비스 출시 전후에 거의 관례처럼 행해지는 단계이다. 그런데 바로 눈앞에 관찰자가 있거나 모든 과정이 관찰되고 있음을 명시한 후에 진행하기 때문에 사용자는 자신이 관찰되고 있다는 사실을 인식할 수밖에 없다.

서비스를 만든 관찰자가 바로 앞에 있으니 서비스에 대해서 일부러 좋게 평가하거나 불편한 점을 솔직하게 답변하지 못할 수 있다. 또한, 마치 심사위원에게 평가받는 듯한 느낌에 사로잡혀서 평소보다 더 적극적으로 서비스에 대해 알아보려고 하거나 너무 집중해서 테스트를 수행할 수도 있다. 서비스를 잘 사용할 수 있는 사용자인지 평가하는 게 아니라 사용자가 잘 사용할 수 있는 서비스인지 평가하는 것인데, 관찰자로 인해 테스트의 주체가 바뀌는 것이다. 따라서 사용성 테스트를 할 때는 사용자에게 솔직한 피드백과 평소와 같은 행동이 중요하다는 걸 확실하게 설명하고, 모든 테스트를 완벽하게 수행할 필요가 없다는 사실을 상기시킬 필요가 있다.

> **생각해 볼 문제**

관찰자는 사용자에게 생산적인 행동을 유도하거나 동기 부여를 할 수 있다. 실제로 관찰자가 존재하지 않아도 관찰되고 있다고 느끼게 하는 것만으로 동일한 효과를 얻을 수 있다는 걸 사례를 통해 확인했다. 반면에 관찰자가 오히려 사용자를 불편하고 성가시게 만드는 사례도 있다. 사용자가 이렇게 느끼는 순간 서비스는 더 이상 관찰자가 아닌 감시자로 전락해 버린다.

관찰과 감시는 한 끗 차이다. 다른 서비스의 사례를 살펴보고, 내 서비스가 사용자를 불편하게 만드는 감시자가 아닌 조력자로서의 관찰자 역할을 하기 위해서는 어떤 점을 고려해야 할지 생각해 볼 수 있다.

직접 사용해 본 서비스 중에 사용자를 관찰하고 있었던 서비스는 어떤 게 있을까? 그리고 그 서비스는 사용자를 불편하게 하는 감시자와 동기 관찰자 중 어떤 역할이었고, 왜 그렇게 느꼈는지 정리해 보자.

5 스탠리 텀블러가 역주행한 이유

요즘 미국 초등학생들 사이에서는 애플의 아이폰보다 더 인기를 끌고 있는 컵 하나가 있다. 약 50달러 정도의 1리터가 넘는 커다란 퀀처(quencher, 상품명) 텀블러인데, 인기가 많아지면서 품귀 현상으로 중고 시장에서 10배가 넘는 가격에 거래되기도 했다. 이 열풍의 주인공인 스탠리(Stanley)는 1913년에 만들어진, 무려 100년이 넘는 역사가 있는 보온병 브랜드이다. 그러나 이 깊은 역사가 미국 전역의 엄청난 관심을 받게 된 이유는 아니다.

가장 화제가 됐던 건 한 틱톡 영상이다. 영상에는 완전히 불타버린 자동차 안에 스탠리 텀블러가 있었고, 그 안에 녹지 않고 그대로 보존된 얼음이 있었다. 이 영상이 올라온 이후 틱톡에서는 스탠리를 태그한 콘텐츠가 눈덩이처럼 불어나기 시작했다. 단종될 위기에 처해있던 스탠리 텀블러는 인플루

틱톡 영상의 한 장면[61]

언서들에 의해 SNS 게시물 곳곳에 등장했고, 다시 사람들의 주목을 받게 된 것이다.

5.1 역주행에 숨은 두 가지 심리학 효과

틱톡 영상과 함께 바이럴(viral, 인터넷상의 소비자들 사이에서 특정 정보가 입소문처럼 확산되는 현상)되며 스탠리 텀블러의 대유행이 시작됐다. 역사 속으로 사라질 뻔했던 스탠리 퀜처 텀블러가 역주행하게 된 이 짧은 이야기에서는 두 가지 심리학 이론을 찾아볼 수 있다.

스토리텔링 효과

사람들은 어떤 사실 정보가 나열된 수치나 개념으로 전달될 때보다 하나의 이야기로 전달될 때 좀 더 주목하고 그 사실을 기억할 확률이 높다.[62] 다음 예시 문장을 보자. 스탠리 퀜처 텀블러를 설명하는 구체적인 수치와 정보가 묘사되어 있지만 책을 덮었을 때 과연 몇 가지나 기억할 수 있을까?

> 40온스 용량의 스탠리 퀜처 텀블러는 18/8 재활용 스테인리스 스틸 소재로 되어 있으며, 이중벽 진공 단열재를 사용하여 48시간 동안 보랭이 유지되고 3.1인치의 지름으로 차량용 컵 홀더와 호환된다.

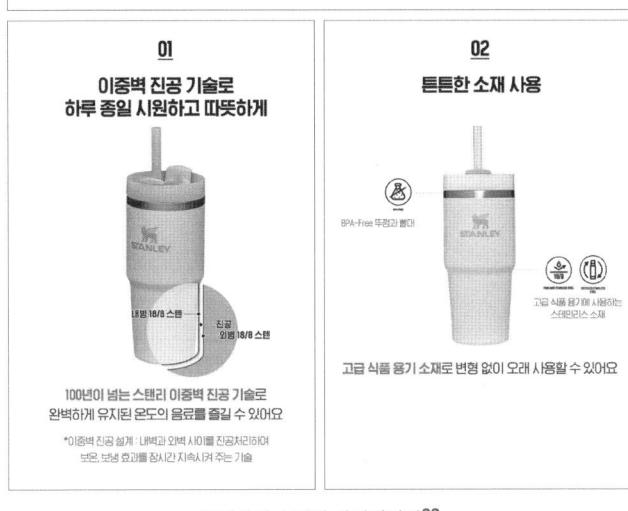

무신사의 스탠리 상세페이지[63]

이와 달리 불에 탄 자동차 안에서 형태를 유지한 채 남아 있던 모습, 심지어 얼음까지도 그대로 보존하고 있던 모습을 담은 영상은 스탠리 텀블러의 튼튼한 소재와 뛰어난 보냉력을 수많은 사람의 머릿속에 각인시켰다. 자동차 안의 컵 홀더에 잘 들어맞는다는 정보도 덤으로 얻을 수 있다. 짧은 영상이지만 그 어떤 상세 정보보다도 상품의 강점을 잘 드러내고 있다. 이처럼 이야기는 사람들의 감각과 감정에 호소하며 눈길을 끌고 중요한 메시지에 집중하게 만들며, 이를 스토리텔링 효과(storytelling effect)라고 한다.

권위 편향

대란을 일으킨 스탠리의 퀜처 텀블러는 사실 2019년에 단종될 예정이었다. 이러한 계획을 바꾼 건 퀜처의 오랜 팬이자 인스타그램에서 15만 명이 넘는 많은 팔로워를 보유하고 있던 더 바이 가이드(the buy guide) 계정의 운영자였다. 그녀는 제품을 소개하는 자신의 계정에 스탠리 텀블러를 업로드하고, 다른 인플루언서에게도 텀블러를 제공했다. 그들의 SNS 콘텐츠는 팔로워들의 구매로 이어졌고 이후 스탠리가 타깃을 여성 소비자층으로 변경하여 텀블러를 하나의 액세서리와 같은 이미지로 어필하면서 입소문이 퍼져 나갔다. 그렇게 퀜처는 단종 대신 호황기를 맞이하였다.

영향력 있는 인물이 전달하는 메시지에 더 많은 영향을 받는 것, 이를 권위 편향(authority bias)[64]이라고 한다. 사람들은 자신이 SNS에서 팔로워하고 있는 인플루언서가 제공한 정보나 메시지를 신뢰하고 전문적이라고 생각한다. 따라서 SNS에서 인플루언서들이 퀜처를 사용하는 모습을 보는 것만으로도 그 텀블러가 좋은 제품이라고 믿고 구매하고자 했을 것이다.

이후 틱톡에서 열풍을 불러일으킨 화재 속에서 살아남은 텀블러 스토리는 기존에 SNS에서 영향을 미치고 있던 인플루언서의 권위와 퀜처 텀블러가 좋다는 그들의 메시지로 인해 더욱 힘을 얻었다. 그리고 단종 위기에서 벗어나 대유행을 만들어낸 이러한 스토리 또한 사람들에게 알려지고 기억되며 또 하나의 스토리텔링 효과를 만들어 냈다.

5.2 주의 사항

한 연예인이 자신의 유튜브 채널에서 자신이 쓰고 있는 헬스케어 제품을 소개하며 이미 단종된 제품이지만 너무 잘 쓰고 있고 재출시를 해줬으면 좋겠다는 이야길 한 적이 있다. 놀랍게도 이 영상을 본 수많은 구독자가 해당 제품에 대해 재출시 요청을 해서 무려 5년 만에 공장이 재가동되었다. 갑작스럽게 늘어난 생산량을 맞추다 보니 주문 후 몇 달을 기다려야 받아볼 수 있지만, 여전히 주문이 물밀듯이 들어오고 있다고 한다.

이 또한 영향력 있는 한 인물이 특정 제품을 어떻게 사용해 왔고 또 어떻게 도움을 받았는지에 대한 이야기를 자신만의 경험담으로 풀어서 전달함으로써 사람들의 관심을 사로잡은 사례이다. 물론 대중에게 영향을 줄 수 있는, 권위 있는 인물이었기에 사람들은 그 제품의 경험담과 효과를 좀 더 수용적인 태도로 받아들이고 신뢰했다.

이처럼 인플루언서 마케팅 전략은 스토리텔링 효과와 권위 효과의 힘이 합쳐져서 시너지를 일으키는 경우가 많다. 영향력 있는 사람의 믿음직스러운 이야기는 대중의 관심을 사로잡고 감정에 호소하며 그들의 마음을 움직인다. 그러나 이때 주의해야 하는 두 가지 심리를 살펴보자.

확증 편향

기존에 자신이 갖고 있는 신념과 의견을 뒷받침하는 정보와 증거에만 주목하는 편향성을 확증 편향(confirmation bias)[65]이라고 한다. 예를 들어 매일 아침에 일어나자마자 빈속에 커피를 마시는 사람은 공복 커피가 위 건강에 안 좋다는 이야기보다 공복 커피로 어떤 효과를 봤다는 유명인의 경험담에 더 주의를 기울일 것이다. 비록 그 효과가 공식적으로 증명되지 않은 유명인의 개인적인 생각일지라도 본인이 평소에 믿고 있던 신념과 더 가까운 이야기이기 때문에 후자를 믿을 확률이 더 높은 것이다. 보고 싶은 대로 보고, 듣고 싶은 것만 듣는 이러한 현상은 권위 편향과 만나면 그 심리가 더욱 강화될 수밖에 없다.

후광 효과

후광 효과(halo effect)는 특정 대상을 평가할 때 그 대상의 부분적인 특성에 대한 판단이 전체 판단으로 이어지는 현상을 의미한다. 만약 평소에 좋아하던 인물이 어느 날 스탠리 텀블러를 들고 있는 사진을 올리며 요즘 가장 자주 쓰는 텀블러라고 이야기한다면, 그 인물에 대한 긍정적인 인상이 스탠리 텀블러로 확장되어 제품에 대해서도 긍정적인 인상을 가지게 되는 것이다.

혹은 평소에 스탠리 텀블러에 대한 긍정적인 인상을 갖고 있었던 사람이라면 새로운 라인의 제품이 출시되었을 때 신제품에 대해서도 긍정적으로 평가할 가능성이 높다. 이렇게 부분적인 특성만을 고려하여 판단을 내리는 후광 효과는 확증 편향과 마찬가지로 권위 편향을 강화하며, 객관적인 판단을 방해한다.

> **생각해 볼 문제**

권위를 가진 인물의 스토리가 대중에게 더 강력하게 어필되는 현상은 꼭 그 주체가 사람이 아니어도 동일하게 나타나기도 한다. 전 세계에서 가장 인기 있는 검색 엔진으로 빠르게 자리 잡고 있는 챗GPT나 빙(Bing) AI 같은 생성형 AI는 그 영향력이 날이 갈수록 막강해지고 있다.

2023년 7월, 노드VPN(NordVPN)에서 실시한 설문 조사에 따르면 미국인 중 25%가 챗GPT를 사용해 본 경험이 있으며 이 중 무려 75%가 챗GPT가 생성한 답변을 신뢰한다고 응답했다. 챗GPT는 정보의 사실 여부와 관계없이 어떤 말이든 그럴듯하고 설득력 있게 이야기한다. 그러나 대규모의 빅데이터를 학습한 인공지능이라는 사실이 챗GPT에게 권위를 부여하고, 이는 사용자가 AI의 답변을 무분별하게 받아들이도록 만든다. 아무리 많은 데이터를 학습했더라도 인공지능은 특정 정보가 사실인지 아닌지는 신경 쓰지 않는 주체이며, 편향적인 정보를 학습했을 경우 사용자가 편견을 갖게 만드는 답변을 생성할 수 있다. 그렇기 때문에 인공지능에 대한 의존도가 높아질수록 권위 편향의 부작용이 더 커질 수 있다.

아직 모든 정보 제공의 주체가 인공지능으로 대체되지 않은 현시점에서 AI가 생성한 정보를 어떻게 선별적으로 받아들일지, 또 생성형 AI의 인터페이스를 설계한다면 어떤 디자인을 통해 사용자에게 무조건적인 신뢰에 대한 경각심을 일러줄 것인지 고민해 보자.

6 과소비의 길로 이끄는 가격 디자인

여의도에 있는 더현대 서울에서 테킬라 팝업 스토어가 열렸다. 무려 2.9억 명이 팔로우하는 엄청난 파급력을 가진 인플루언서, 켄들 제너(Kendall Jenner)가 런칭한 818 테킬라(818 Tequila)가 그 주인공이다.

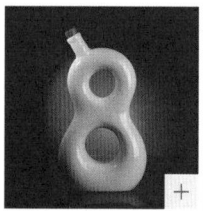

818 데킬라
블랑코
40.0% ABV
700ml
100,000원

818 데킬라
레포사도
40% ABV
700ml
125,000원

818 데킬라
아네호
40.0% ABV
700ml
195,000원

818 데킬라
에잇 리저브
40.0% ABV
700ml
640,000원

818 테킬라 가격

구매할 수 있는 테킬라의 종류는 총 네 가지였다. 그리고 2번 테킬라는 이미 품절된 상태였다. 가장 비싼 프리미엄 상품을 제외하면 세 개의 옵션이 있고, 이 중에서 2번이 가장 많은 고객의 선택을 받은 것이다. 과연 세 번째 옵션 없이 두 개의 상품만 판매했다면 2번 상품이 더 먼저 품절될 수 있었을까?

6.1 미끼 효과

미끼 효과(decoy effect)[66]는 두 가지 옵션 중에 하나를 선택하는 상황에서 세 번째 옵션인 미끼가 추가되면 선택이 달라지는 현상이다. 여기서 미끼는 상대적으로 덜 매력적인 옵션으로, 기존의 두 가지 옵션 중 하나에 대한 선호도에 영향을 미친다.

세 개의 상품은 1번, 2번, 3번 순서대로 숙성 기간이 더 길고 한 등급씩 높아진다는 차이가 있다. 이렇게 서로 비슷하면서 품질이나 제조 공정에서 약간의 차이를 보이는 제품들이 있을 때 소비자의 결정에 가장 영향을 크게 미치는 요소 중 하나는 가격이다.

①: 100,000원 / 3주간 숙성
②: 125,000원 / 3개월간 숙성

만약 이렇게 1번과 2번 옵션만 있었다면 소비자의 선택은 반반으로 나뉘었을 것이다. 가격을 먼저 고려할 수도 있고, 개인의 취향에 따라 둘 중 하나를 선택할 수도 있다. 그러나 여기에 한 가지 옵션이 더 추가되면 선택은 달라진다.

①: 100,000원 / 3주간 숙성
②: 125,000원 / 3개월간 숙성
③: 195,000원 / 1년간 숙성

1번과 3번의 가격은 약 두 배 가까이 차이가 나고 1번과 2번의 가격은 비슷하다. 1번에서 3번까지 등급이 한 단계씩 올라가지만 가격의 차이가 일정하지 않으므로 여기서 선호도가 갈린다. 가장 저렴한 선택지의 두 배 가격인 3번을 선택하기엔 부담스럽다. 그런데 가장 낮은 등급과 그 사이 중간 등급의 가격은 얼마 차이가 나지 않기 때문에 1번보다는 2번이 더 매력적인 선택지로 느껴지는 것이다.

이러한 미끼 효과는 마치 여러 선택지 중 하나를 고르기 어려워하는 사람들에게 도움을 주는 듯하지만 사실은 기업이 원하는 선택지, 즉 좀 더 매출을 올릴 수 있는 선택지를 고르도록 미끼를 던지는 전략에 가깝다. 미끼를 무는 건 순식간이라 소비자는 자신도 모르는 새 걸려들기 쉽다. 우리는 합리적으로 의사결정을 했다고 생각하지만 사실 그 과정을 뜯어보면 이런 전략에 넘어간 경우가 훨씬 더 많을 것이다. 이 외에도 소비자가 돈을 더 쓰도록 유인하는 기업의 가격 디자인 전략은 어떤 게 있을지 살펴보자.

6.2 가격 디자인에 활용되는 심리

고정 편향

더현대 서울에 가려고 집을 나설 때만 해도 10만 원짜리 술을 살 계획은 전혀 없었다. 일단 테킬라 팝업 스토어가 열린다는 소식을 몰랐기 때문에 구매 계획이 없었고, 둘째로 팝업 스토어 입간판을 발견한 후에 블로그 후기를 슬쩍 훑어봤는데 한 병 가격이 60만 원대라는 걸 봤기 때문이다. 그래도 구경은 해보자는 생각으로 방문했을 때 10만 원대에 판매 중인 상품도 있다는 걸 알게 됐다. 평소 같으면 10만

원도 비싸다고 생각했겠지만, 처음에 봤던 상품이 60만 원이 넘었기 때문에 10만 원이라는 가격이 상당히 저렴하고 합리적으로 보였다. 이렇게 처음 본 정보를 기준으로 두고 의사결정을 하는 경향을 고정 편향(anchoring bias)[67]이라고 한다.

부동산에서는 비싸고 낡은 집을 가장 처음에 보여준 다음에 좀 더 저렴하고 상태가 좋은 집을 보여준다. 그러면 그냥 두 번째 집만 봤을 때보다 훨씬 매력적인 선택지처럼 느껴지기 때문이다. 또, 같은 가격의 상품이더라도 원래의 가격을 먼저 보여주고 할인된 가격을 알려주면 좀 더 구매할 확률이 높아지는 것 모두 고정 편향 때문이다.

상대적으로 높은 가격을 가장 먼저 보면 사람들은 그 가격을 기준으로 판단하기 때문에 기업에서는 전략적으로 저렴한 가격보다는 비싼 가격을 처음에 보여주기도 한다. 호텔 예약 서비스의 검색 결과에서도 이런 전략을 찾아볼 수 있다. 사용자가 검색을 하고 가장 처음 볼 수 있는 상품은 모두 서비스가 자체적으로 추천하는 것들이다. 정확하게 어떤 기준으로 추천하는지는 알 수 없지만, 확실한 건 가장 저렴하면서 평이 좋은 옵션은 아니라는 사실이다.

다음 그림에서 볼 수 있듯이 가장 저렴한 옵션이 10만 원대, 보통 많이 선택하는 옵션이 20만 원대이지만 세 가지 호텔 예약 서비스에서는 모두 40만 원 이상의 옵션을 먼저 보여주었다. 처음 본 가격이 사용자의 머릿속에 닻, 즉 기준점이 되어서 할인이나 조금이라도 더 저렴한 가격을 봤을 때 훨씬 강력하게 설득될 확률이 높다. 전혀 계획에 없던 일이지만 이 정도면 저렴하고 매력적인 가격이라고 생각하며 10만 원짜리 테킬라를 냉큼 골랐던 것처럼 말이다.

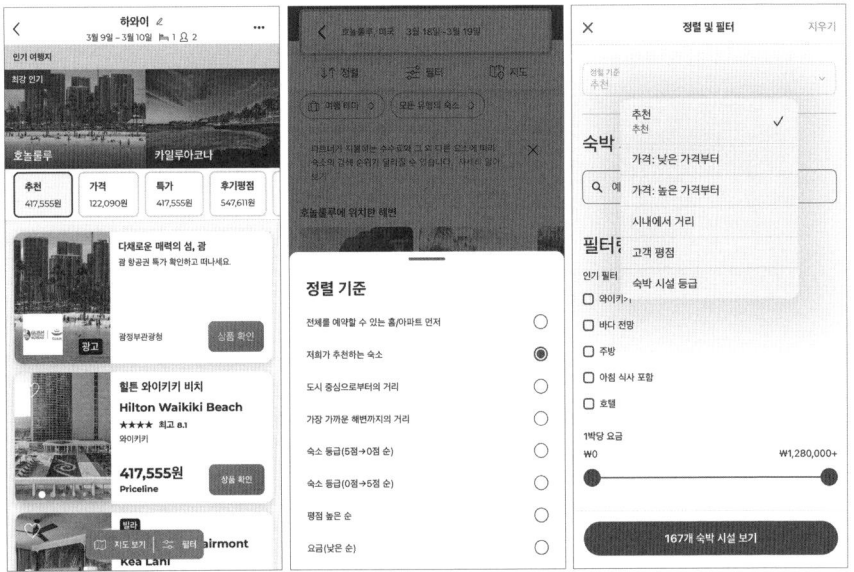

호텔스컴바인, 부킹닷컴, 호텔스닷컴의 추천 상품 우선 정렬

골디락스 효과

금발 머리 소녀가 곰들의 집에 가서 꼬마 곰의 죽을 먹고, 꼬마 곰의 침대에 누워 쉬는 곰 세 마리 이야기에는 우리가 무언가를 선택할 때의 심리가 잘 표현되어 있다. 소녀는 세 개의 죽 중에 너무 뜨겁지도, 너무 식지도 않은 죽 하나를 골라서 먹었다. 또 너무 딱딱하지도, 너무 푹신하지도 않은 침대를 골라 누웠듯이 우리는 세 개의 옵션이 있다면 극단적인 옵션 대신 중간을 선호하는 경향이 있다. 이를

금발 머리 소녀를 일컫는 말인 골디락스라는 단어를 따서 골디락스 효과(goldilocks effect) 혹은 중앙 무대 효과(centre-stage effect)라고 한다.[68]

넷플릭스 멤버십 종류

넷플릭스의 멤버십 가격은 세 개의 옵션으로 구성되어 있다. 가장 저렴한 광고형 스탠다드가 월 5,500원, 중간의 스탠다드가 월 13,500원, 그리고 가장 비싼 프리미엄이 월 17,000원이다. 하나는 저렴한 대신 원치 않는 광고를 계속 봐야 하고 화질도 좋지 않다. 반면 다른 하나는 너무 비싼데 중간 옵션에 비해 그렇게 큰 혜택이 있진 않다. 이들을 제외하고 남는 건 중간 옵션이다. 가장 비싼 옵션과 비교하여 혜택이 부족하지도 않은 데다가 가격도 상대적으로 적당한 편이다. 중간 옵션을 가장 매력적으로 만들어둔 넷플릭스의 이러한 전략은 중간을 선택하고자 하는 심리를 더욱 강하게 만든다.

❯ 생각해 볼 문제

가격 모델을 디자인할 때 덜 매력적인 세 번째 옵션을 추가하거나 극단적인 옵션 두 개 사이에 가장 적당한 중간 옵션을 만들어서 그걸 선택하도록 설득하는 힘은 우리가 일상에서 자주 경험하고 있다. 그리고 처음에 본 가격을 기준점으로 판단하기 때문에 합리적이지 않은 가격도 매력적이라고 느끼게 되는 편향도 실제 의사결정을 할 때 많은 영향을 끼친다.

하지만 우리는 인지하지 못한다. 오히려 고민 끝에 가장 가성비 좋은 선택지를 골랐다고 생각하며 묘한 승리감에 휩싸이고 합리적인 소비를 했다고 믿는다. 생각했던 것보다 더 많은 돈을 지출하고 계획에 없던 충동구매를 했다는 현실을 자각하긴 힘들다. 실제 지출한 금액과 얻게 된 가치보다는 그 가격을 어떻게 해석하는지가 소비에 대한 만족감에 더 큰 영향을 미치는 것이다.

이미 너무 많은 기업이 어떤 선택이 합리적이고 비합리적인지 헷갈리게 하는 가격 모델을 사용하고 있다. 충동구매나 과소비를 피하고 싶다면 무언가를 보기 전에 그리고 결정을 하기 전에 미리 자신만의 기준을 세워야 한다. 소비하기 전에 미리 제품 사용 빈도나 사용 목적, 개인적인 목표 등의 요소를 꼼꼼히 따져보며 의사결정을 한다면 기업이 선택하도록 유도한 옵션을 고르지 않고 보다 합리적인 소비를 할 수 있을 것이다.

다시 가격 모델을 디자인하는 서비스의 입장으로 돌아와 보면 미끼 효과나 고정 편향, 골디락스 효과를 고려한 전략이 모든 상황에서 꼭 정답은 아니다. 개인의 선호도나 취향이 명확한 상품이라면 심리적인 가격 디자인 전략의 효과가 덜할 수 있다. 사용자의 특성에 따라 오히려 역효과를 부를 수도 있다. 미끼 효과나 골디락스 효과가 적용되는 상황은 팝콘의 사이즈를 고르거나 아이폰의 기본, 프로, 프로맥스 모델 중 하나를 선택하거나 향수의 사이즈를 고르는 등 서로 비슷하면서 스펙에 큰 차이가 없는 경우다.

이처럼 특정 전략이 특별히 더 효과적인 상황과 이 외에 다른 가격 전략을 적용해야 하는 상황을 구분할 필요가 있다. 서비스의 특성 혹은 타깃에 따라 가격 모델 디자인 전략이 어떻게 달라질 수 있는지, 만약 다른 전략이 필요하다면 어떤 걸 적용할 수 있을지 생각해 보자.

1 현대인의 햄릿 증후군
2 너 설마 바보 같은 선택을 할 거야?
3 실수를 용납하지 않는 디자인
4 적절한 종료 타이밍이 중요한 이유
5 구매 유도 다크 패턴
6 강제하는 디자인 vs 자신 있는 디자인

CHAPTER

4

사용자를 불안하게 하는 UX

1 현대인의 햄릿 증후군

결정을 쉽게 내리지 못하는 우유부단한 사람들을 일컬어 '햄릿 증후군'이라고 부른다. 현대 사회에 유달리 많이 보이는 이 햄릿 증후군 증상에 대한 원인은 사람마다 의견이 분분하다. '어릴 때부터 시작된 부모의 과잉보호 때문이다.', '현대인들이 나약해서 그렇다.', '세상에 결정해야 할 문제가 너무 많은 탓이다.' 등등. 각기 다른 이유를 제시하고 있지만, 공통점이 하나 있다.

> 모두 선택을 해야 하는 '사용자'에게 잘못을 묻는다.
> 하지만 이게 과연 사용자의 문제일까?

이탈리아의 한 레스토랑에서는 무려 500여 가지의 피자를 판매하고 있다고 한다. 이곳에 가서 피자를 골라야 하는 상황을 상상해 보자. 메뉴판에 5개도, 50개도 아닌 500개의 피자 메뉴가 빽빽하게 나열되어 있는데 우리에게 주어진 선택권은 겨우 하나인 것이다. 이런 상황에서는 빠르게 하나를 고르기도 어렵지만 어찌저찌 선택하더라도 그 선택에 만족하는 건 또 다른 문제이며 이 또한 쉽지 않다.

피자를 고르는 것이 얼마나 힘든 일인지 깨닫고 나면, 햄릿 증후군이라고 불리는 사람들을 탓하지 못할 것이다. 사실 이탈리아 레스토랑까지 가지 않아도 무언가를 선택하는 건 어렵다. 비행기에서 기내식으로 닭고기를 먹을지 소고기를 먹을지 선택하는 일, 중국집에서 짜

장면과 짬뽕 중 하나를 고르는 일, 치킨을 배달할 때 양념과 프라이드를 두고 끊임없이 내적 갈등을 하는 일 모두 겨우 두 가지 선택 옵션이 주어졌음에도 결정하기 어려운 상황의 대표적인 예시다. 피자 메뉴처럼 겨우 한 끼 식사 메뉴를 고르는 일이고 심지어 선택지도 두 개로 더 단순해졌다. 그럼에도 선택을 해야 하는 우리는 혼란스러워한다.

인간은 원래 그렇다. 선택의 수가 늘어나면 그게 단지 두 개일지라도 결정을 하지 못한다. 인간이 이렇다는 사실을 처음 발견한 심리학자가 윌리엄 에드먼드 힉(William Edmund Hick)과 레이 하이먼(Ray Hyman)이다. 그리고 이 법칙을 심리학자 둘의 이름을 따서 힉의 법칙(Hick's Law) 혹은 힉-하이먼 법칙(Hick-Hyman's Law)이라고 부른다.[69]

1.1 힉의 법칙

힉의 법칙(힉-하이먼 법칙)은 인간이 결정을 내리는 데 사용하는 시간과 에너지가 옵션의 개수에 따라 증가한다는 이론이다. 따라서 UX에 힉의 법칙을 적용하여 사용자가 결정하는 데 너무 많은 시간과 에너지를 소모하지 않도록 선택 옵션의 개수를 최소화하여 제공하는 것이 좋다. 힉의 법칙을 적용한 UX를 간단하게 표현하면 다음과 같다.

힉의 법칙 UX

아홉 가지의 선택 옵션이 있을 때 그걸 한 번에 다 보여주는 건 사용자가 선택을 하기 가장 어려운 UI다. 선택 옵션이 보이는 칸을 줄여서 한 번에 서너 가지만 보이게끔 만든 UI는 선택하기 조금 더 쉽다. 그러나 사용자의 선택을 가장 쉽게 만들어주는 건 역시 선택 옵션을 아홉 개가 아닌 네 개로 줄이는 것이다.

1.2 선택 과부하 효과

힉의 법칙과 항상 같이 묶이는 이론 세 가지가 있다. 모두 '과하지 않은(적은) 선택 옵션의 개수'를 강조한다. 그중의 첫 번째는 선택 과부하 효과(choice overload effect)이다.[70] 선택 과부하 효과는 적당한 개수의 선택지가 매출을 증가시킨다는 의미로, 여기서 말하는 '적당한 개수'란 항상 '보다 적은', '최소화된' 수를 의미한다. 이와 관련하여 컬럼비아 대학(Columbia University)의 '잼 샘플 부스' 실험 사례가 있다.

'잼 샘플'을 맛보기로 제공한 후 '잼'을 판매하는 부스를 설치하여 관찰한 실험으로, '잼 개수'에 차이를 두어 두 번 진행되었다.

- **A 상황**: 24개 종류의 잼 샘플
- **B 상황**: 6개 종류의 잼 샘플

결과는 다음과 같다.

- **A 상황**: 고객의 60%가 잼 샘플을 받기 위해 들렀고, 이 중 3%가 실제로 잼을 구매했다.
- **B 상황**: 고객의 40%만이 잼 샘플을 받기 위해 들렀지만, 이 중 30%가 실제로 잼을 구매했다.

이를 통해 우리는 알 수 있다. 선택지가 많으면 고객의 관심을 끌 수는 있지만, 실제 구매 전환율을 높이려면 선택지를 적당하게(적게, 그렇지만 충분하게) 제공하는 것이 더 효과적이다.

1.3 선택의 역설

선택의 역설(The paradox of choice)은 다양한 선택지는 고객에게 선택의 기회를 주지만, 그 개수가 너무 많으면 오히려 고객의 행복도는 감소한다는 의미다. 『선택의 역설(The Paradox of Choice)』의 저자 배리 슈워츠(Barry Schwartz)는 이렇게 말했다.

> 우리가 선택하지 않은 대안의 매력적인 특징을 상상할 수 있는 한,
> 우리가 선택한 대안에 대한 만족도는 낮아질 수밖에 없다.
> 따라서 다양한 선택지는 우리의 기분을 더 나쁘게 만든다.

그의 말에 따르면 일정 시점까지는 선택의 개수가 많아질수록 행복도가 함께 상승하지만 일정 시점이 지나고 나면 행복도는 다시 하락하게 된다. 즉, 행복도가 낮아지기 시작하는 그 지점은 '너무 많은 선택지'로 분류되는 지점이다. 이때 사용자가 느끼는 감정은 두 개가 있다.

1. **불안**: 지나치게 많은 선택지는 정신적 괴로움의 원인
2. **실망**: 선택지가 많을수록 실망할 가능성이 높음

너무 많은 선택 옵션 사이에서 스트레스를 받은 사용자가 어떤 선택을 해버릴지는 아무도 모른다. 경제학자 헤르만 사이먼(Hermann Simon)은 의사결정 유형을 두 가지로 분류했다.

1. **만족하는 사람**(satisficers): 완벽한 결정보다 괜찮은 결정(OK decision)을 추구한다. 주어진 모든 정보를 고려하지 않았기 때문에 선택에 더 만족하는 경향이 있다.
2. **맥시멀리스트**(maximizers): 최선의 결정을 추구한다. 가능한 모든 옵션을 심사숙고하여 검토를 마칠 때까지 선택할 수 없는, 선택 완벽주의자들이다.

이 중 맥시멀리스트의 삶의 만족도, 행복도, 자존감 등이 만족하는

사람보다 현저히 낮다고 한다. 여기까지 봤을 때 사용자의 의사결정 유형에 따라서 '햄릿 증후군'이 생기고, 선택에 대한 만족도가 떨어질 수 있는 것은 맞다. 하지만, 맥시멀리스트 사용자라도 디자이너가 UX를 어떻게 디자인하는지에 따라 그 불안감과 실망감을 낮출 수 있다. 즉, 선택지의 개수를 최소화하여 만족도를 높여주는 건 여전히 디자이너의 영역인 것이다.

1.4 KISS 법칙

KISS(Keep It Simple, Stupid) 법칙은 '간단하고 알기 쉽게, 바보 같을 정도로 단순하게'라는 뜻이다. 1960년 미국 해군이 고안한 디자인 원리로, 최대한 간단하고 단순하게 디자인하는 것이 좋다는 의미다. UX 라이팅을 비롯한 UX/UI 디자인 분야뿐만 아니라 프로그래밍 등 개발 분야에도 적용할 수 있다. KISS 법칙은 힉의 법칙, 선택 과부하 효과, 선택의 역설 이론과 함께 선택지의 옵션을 단순하게 만들어야 한다는 메시지를 전한다. 사례를 살펴보자.

단일 메뉴 식당

우리가 가장 많이 결정 장애가 생기는 상황은 바로 식사 메뉴를 골라야 할 때다. 이를 알아챈 식당들은 사용자 경험 디자인 전략을 바꿨다. 한 개의 메뉴로 선택지를 통일시키는 것이다. 『단일 메뉴 하라』라는 책이 있을 정도로 사용자 경험에 있어서 선택지를 최소화하는 건 중요하다. 구글에 검색해 보면 아예 메뉴를 고민할 필요가 없는 단일 메뉴 식당을 추천하는 포스팅을 많이 찾아볼 수 있다. 메뉴 선택을 어려워하는 사용자가 이렇게나 많은 것이다.

구글 검색 결과

애플 TV 리모컨

어릴 적 쓰던 TV 리모컨은 항상 너무 많은 옵션으로 사용자를 과부하로 만들었다. 채널, 음량 조절 버튼은 물론이고 0부터 9까지의 숫자 버튼, 음소거, 외부 입력, 자동 전원, DRC, 취침 예약, AV 싱크, 정보, 반복, 사운드 효과, 자동 음량, 우퍼 레벨 등 목적조차 알 수 없는 수많은 버튼이 빽빽하게 작은 리모컨 안을 채우고 있었다.

그에 반해 애플 리모컨에는 화살표, 메뉴, 재생과 일시 정지까지 딱 세 개의 버튼만이 존재한다. 사용자가 직접 조작해야 하는 필수적인 버튼을 제외하고 나머지는 모두 제거한 결과물이다. 그리고 최근에 리뉴얼된 3세대 애플 리모컨을 살펴보면 세 개보다는 조금 더 늘어난 일곱 개의 버튼으로 구성되어 있다. 2세대 리모컨 출시 당시에 오히려 버튼이 너무 적어서 불편하다는 의견이 많았다고 하는데, 이러한 피드백을 반영한 결과물이 아닐까 싶다. 힉의 법칙에서 가장 중요한 건 '적당한 선택 옵션의 개수'이다. 최소화하되, 충분해야 한다.

애플 리모컨

개인화 서비스

유료 독서 구독 서비스인 밀리의 서재에서는 최근에 읽은 책이나 서재에 담아둔 책을 기반으로 취향을 분석하여 비슷한 책을 추천해준다. 토익 공부 서비스인 산타 토익에서는 AI가 학습자의 수준을 분석하여 공부해야 하는 토익 문제를 제공한다.

밀리의 서재의 개인화 서비스

이렇게 사용자 개개인의 취향과 니즈를 분석하여 그에 맞는 콘텐츠를 추천해 주는 서비스를 개인화 서비스라고 한다. 공통적인 선택 옵션을 모두 제공하여 어떤 걸 선택할지 고민하게 만드는 일반적인 서비스와 달리 사용자의 선택 고민을 덜어준다. AI 기술이 점차 발달하면서 더 흔해지고 또 정교해지고 있는 개인화 서비스 덕에 앞으로 사용자는 무한 고민의 늪에서 쉽게 벗어날 수 있을 것이다.

> ### 생각해 볼 문제

> 사례에서 볼 수 있듯이 힉의 법칙은 디지털 서비스뿐만 아니라 사용자와 접점이 있는 모든 서비스에 적용할 수 있다. 그러나 힉의 법칙이 적용되지 않는 단 한 가지 예외가 있다.
>
> "결정을 하기 위해 광범위한 조사를 해야 하는, 심사숙고가 필요한 의사결정"
>
> 쉽게 말하면 고대하던 휴가를 위해 숙소를 예약해야 할 때, 기념일 데이트를 위한 레스토랑을 선택해야 할 때, 앞으로 다니게 될 대학교를 결정할 때와 같은 상황에서는 무조건 선택 옵션을 줄이는 것은 도움이 되지 않는다. 이러한 상황만 주의한다면, 사용자는 힉의 법칙이 적용된 UX를 환영할 것이다.
>
> 이제 힉의 법칙에 대해 알았으니, 결정을 빠르게 내리지 못하고 있는 옆의 친구를 탓하는 대신에 친구를 그렇게 만든 디자이너에게 잘못을 묻자.

2 너 설마 바보 같은 선택을 할 거야?

세상에 공짜는 없다. 할인 쿠폰이나 경품을 준다고 해서 들어가 보면 꼭 마지막에 가서 마케팅 문자 수신 동의나 마케팅 푸시 알림 동의를 요구한다. 신규 회원가입을 하라고 하거나 유료 서비스 구독을 유도하는 이벤트도 있다. 괜히 속은 것 같은 기분을 느끼며 뒤로 가기를 누르면 이런 창이 뜬다.

[아니요, 저는 돈을 절약하는 것이 싫어요] [동의하고 할인 받기]
[저는 더 비싸게 살래요] [계속 가입하기]

이 페이지에서 나가려면 사용자는 스스로 돈을 절약하는 것이 싫고 비싸게 사고 싶어 하는 어리석고 바보 같은 사람이라는 선택을 해야만 한다. 사실 서비스가 진짜 말하려고 하는 메시지는 '우리 이벤트 참여해 줘!', '우리 서비스 가입해 줘!'이다. 하지만 그렇게 순진하게 말했다가는 사용자의 외면을 받기 딱 좋다. 그래서 그들은 이렇게 말한다. '이거 안 하면 바본데, 설마 너 바보야?' 열심히 만든 앱을 봐달라고 조르는 서비스도 있다. 그들은 주로 이런 문구를 쓴다.

[불편하지만 웹으로 볼래요] [편하게 앱으로 보기]

관심을 끌고 싶어 하는 그들의 전략은 어느 정도 효과가 있다. 도발적인 메시지가 사용자의 시선을 잠시 멈추게 하기 때문이다. 하지만 이내 불쾌해진 사용자는 그 서비스를 이전보다 더 힘껏 외면할 것이다. 이렇게 사용자로 하여금 죄책감이나 불안함을 느끼게 만들어서 기업에 이득이 되는 무언가를 선택하도록 유도하는 행위를 컨펌셰이밍(confirm shaming)[71]이라고 한다. 주로 사용자의 경험 여정에 있는 카피라이팅, 즉 UX 라이팅 문구가 컨펌셰이밍 디자인의 도구로 많이 사용된다.

2.1 컨펌셰이밍 사례

다이어트 앱

컨펌셰이밍의 작동 방식은 간단하다. 일단 사용자의 시선을 끌고 위기감을 느끼도록 쿡 찌른다. 그럼 놀란 사용자가 의도대로 움직일 것이다. 한 다이어트 앱이 이런 전략을 잘 사용해서 광고의 클릭률을 올리고 있다.

요즘 다이어트와 식단 관리를 열심히 하는 친구가 한 명 있다. 그는 다이어트 앱에 건강검진 결과, 평소 운동량 등 건강 데이터를 연동한 후 식단을 기록한다. 1년 전 건강검진에서 고혈압 위험군이라

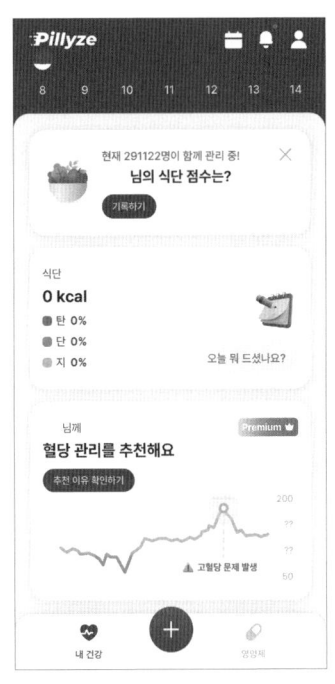

필라이즈(Pillyze)의 컨펌셰이밍

는 진단을 받아서 건강 관리에 더욱 신경을 쓰고 있다. 그런데 이 다이어트 앱이 그런 친구를 갑자기 쿡 찔러서 놀라게 했다.

"○○님께 혈당 관리를 추천해요."
"고혈당 문제 발생"

기록해 오던 평소 식습관이 고혈당을 유발하나 싶어서 심장이 철렁한 친구는 다급하게 카드를 눌렀다. 하지만 연결된 곳은 유료 멤버십 광고 페이지였다. 오픈 기념 특가로 혈당 관리 유료 멤버십을 구매할 수 있는 기회라고 한다. 갑작스럽게 느껴졌던 불안감은 순식간에 식었다. 그리고 속은 기분을 느꼈다며 제보를 해왔다.

처음에 이 이야기를 들었을 땐 혹시 연동해 두었던 건강검진 결과 때문에 이런 광고가 추천되는 건 아닐까 생각했지만, 아무런 데이터도 입력하지 않은 신규 사용자에게도 동일한 광고가 뜨는 걸 확인했다. 이제 막 서비스를 시작해서 데이터가 없는 사용자보다 건강 데이터를 꼼꼼하게 입력한 적극적인 사용자가 이런 광고를 보고 놀라서 클릭할 확률이 더 높다.

시간과 에너지를 들여 정보를 입력했지만 정작 사용자가 확인할 수 있는 건 자신의 데이터를 기반으로 한 올바른 개인화가 아닌 사용자 개개인에게 신경 쓴 척하는 가짜 개인화(fake personalization) 메시지일 뿐이다. 광고 같지 않고 개인화된 추천 메시지처럼 보이게 한 후, 위기감을 주는 문구를 사용한 이 디자인은 고도화된 컨펌셰이밍 사례다.

미디어 콘텐츠 웹사이트

국내 서비스만 컨펌셰이밍 전략을 사용하는 건 아니다. 해외에서도 불안감을 조성하여 사용자의 선택을 유도하는 사례는 많다.

미디어 콘텐츠 웹사이트의 원문과 번역문

여러 가지 뉴스 콘텐츠를 모아서 보여주는 한 웹사이트는 글 하나를 보고 페이지를 나가려고 하는 사용자에게 '빈손으로 떠나지 마세요.'라는 팝업 메시지를 띄운다. 사용자를 챙겨주려는 따뜻함보다는 '무료로 주는 보고서인데 안 받고 빈손으로 나가려고?'라는 빈정거림이 더 크게 느껴진다. 한번 유입된 사용자를 어떻게든 놓치지 않고 고객으로 만들려는 시도는 좋았지만 필요성에 대한 설득력은 부족한 사례다.

영어 학습 앱 1 - 케이크

사용자를 한심한 포기자로 만들어버리는 문구도 있다. 영어 공부를 도와주는 앱을 사용하다가 중간에 종료하려고 할 때 이런 팝업 메시지가 뜬다. '지금까지 학습한 내용이 모두 사라져요! 정말 포기하실 건가요?' 좌절한 채 울고 있는 캐릭터는 사용자의 죄책감을 극대화하기에 충분하다. 사용자가 어떤 사정이 있어서 나가려는 건지, 언제 다시 돌아오려는 계획인지는 안중에도 없고 단지 [공부 이어서 하기]와 [포기하고 그만하기] 옵션이 있을 뿐이다.

케이크의 컨펌셰이밍

영어 학습 앱 2 – 똑똑보카

호락호락 넘어오지 않는 사용자에게 지속적으로 죄책감을 느끼게 만들며 행동을 유도하는 서비스도 있다.

처음에는 여느 서비스와 같이 '잠깐! 포인트를 놓치실 건가요? 위젯을 설치해야만 포인트를 모을 수 있어요.'라며 가볍게 위젯 설치를 유도한다. 위젯을 설치해서 얻을 수 있는 효과가 무엇인지 파악도 하지 못한 채 단순히 서비스의 협박에 넘어가기 싫어서 [건너뛰기]를 눌러보지만 서비스는 쉽게 포기할 생각이 없다. 단어 학습을 위해 한 문제를 풀 때마다 '위젯을 설치하지 않아 9포인트를 놓쳤어요.'라는 메시지를 빨간 폰트로 강조해서 띄우고, 그 위에는 '위젯이 없으면 포인트를 획득할 수 없어요.'라는 문구가 마찬가지로 빨갛게 강조되어 있다.

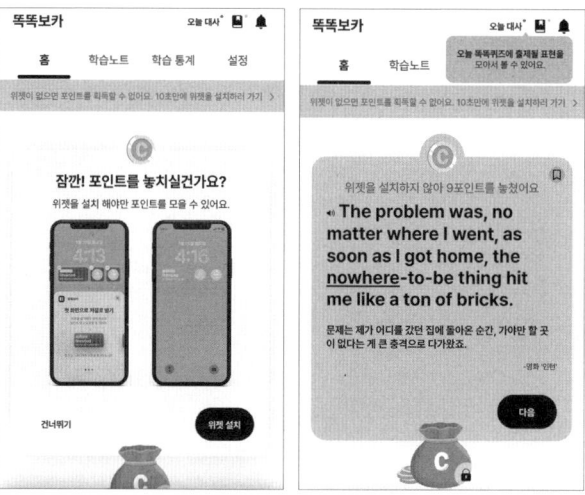

똑똑보카의 컨펌셰이밍

서비스가 원하는 '위젯 설치'라는 행동을 할 때까지 사용자는 빨간색 경고 메시지를 보며 불편하고 불안한 감정을 느껴야 한다. 이 앱에서 개인의 자율적인 선택권은 존재하지 않는다. 그저 서비스가 하라는 대로 하지 않으면 무언가 단단히 잘못한 것처럼 죄책감을 느끼고 지속적인 앱 사용마저 어렵게 만든다.

2.2 컨펌셰이밍 디자인에 사용되는 UX 심리학

사용자에게 죄책감이나 불안함을 심어줄 수 있는 문구는 처음 시선을 끄는 데에 효과적이다. 이와 동시에 그 시선을 잡아둘 수 있는 디자인 전략을 함께 사용한다면 서비스의 의도대로 클릭할 확률이 더욱 높아진다. 컨펌셰이밍과 함께 자주 사용되는 세 가지 원칙을 살펴보자.

피츠의 법칙

목표물의 크기와 목표물까지의 거리에 따라 목표물까지 도달하는 시간이 달라지는 현상을 설명하는 이론이다. 서비스에서 클릭하도록 유도하는 버튼이 목표물이 되면, 서비스는 그 버튼의 크기를 다른 버튼보다 크게 만들고, 또 언제든 바로 클릭할 수 있도록 가까운 위치에 배치한다.

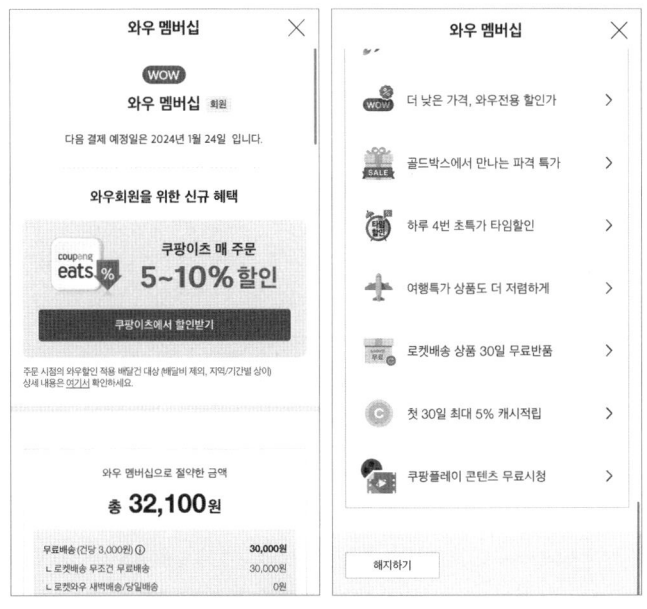

피츠의 법칙 사례

서비스 해지 버튼 같은 사용자가 클릭하지 않았으면 하는 버튼을 숨겨놓거나 작게 만들어 놓은 것도 피츠의 법칙을 적용한 디자인이다. 예시 이미지처럼 유료 멤버십 해지를 위해 마이페이지에 들어가도 스크롤을 끝까지 내려야만 [해지하기] 버튼이 보인다. 이 뒤로도 네 번의 클릭과 스크롤 내리기를 해야 원하는 목표에 다다를 수 있도록 만들어 놓았다.

시각적 앵커

시각적 앵커(visual anchor)는 단단하게 고정한다는 뜻을 가진 닻(anchor)이라는 단어로 알 수 있듯, 보는 사람의 시선을 집중시키고 고정하는 디자인을 의미한다. 피츠의 법칙에서 설명했던 목표물의 크기도 시각적 앵커의 주요 요소 중 하나다. 그 외에도 색상, 위치, 모양 등의 요소를 조정함으로써 사용자의 시선을 끌 수 있다. 여기서 중요한 건 대비(contrast)다. 요소별 옵션을 조정하여 중요한 순서대로 강조해야 명확한 시각적 계층 구조가 만들어진다.

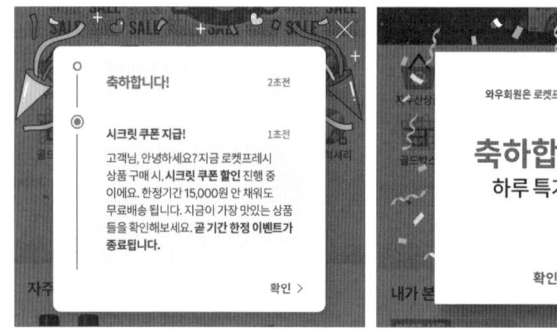

시각적 앵커 사례

예시에서는 사용자가 클릭했으면 하는 버튼의 색깔과 크기, 위치는 눈에 띄게 만들었다. 그리고 클릭하지 않았으면 하는 [닫기(X)] 버튼은 눈에 띄지 않도록 연하게, 작고 얇게 만들어서 구석진 위치에 배치했다. 이렇게 대비를 통해 특정 요소에 시선을 고정한 것처럼 컨펌셰이밍 사례에서도 클릭을 유도하고자 하는 버튼과 누르지 않았으면 하는 버튼의 크기, 색상, 모양에 차이를 두는 방향으로 시각적 앵커를 적용한다.

시각적 무게

시각적 무게(visual weight)는 보는 사람의 관심을 끄는 힘을 의미한다. 크기가 크거나 모양이 단순하거나 색깔이 어두울수록 시각적 무게가 무거운 디자인이며 사용자의 시선을 끌기 쉽다. 이는 단일 버튼보다 대비되는 버튼이 두 개 이상 있을 때 더욱 효과를 발휘한다.

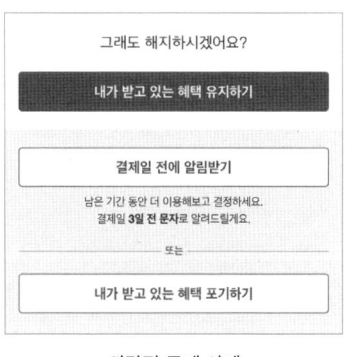

시각적 무게 사례

예시 이미지 속 화면에서는 해지할 가능성을 높이는 [결제일 전에 알림받기] 버튼과 바로 해지하는 [내가 받고 있는 혜택 포기하기] 버튼보다 [내가 받고 있는 혜택 유지하기] 버튼이 더 무겁게 디자인되어 있다. 이렇게 서비스를 지속적으로 이용하도록 유도하면서 동시에 '혜택을 포기'한다는 컨펌셰이밍 문구를 사용함으로써 서비스 이탈을 불편하게 만들고 있다.

❯ 생각해 볼 문제

사용자의 이탈 방지를 위해 똘똘 뭉친 사총사인 피츠의 법칙, 시각적 앵커, 시각적 무게 이론 그리고 컨펌셰이밍 문구는 줄곧 같이 사용된다. 각자 제 역할을 톡톡히 해내며 발생하는 시너지 효과는 꽤 강력하다. 사용자를 불안하고 불편하게 만드는 디자인임에도 기업에서 계속 사용하는 이유가 바로 이것이다. 이 네 전략이 뭉쳤을 때 클릭률 등의 지표가 확실하게 올라가기 때문이다.

UX 디자인은 사용자 경험 디자인을 의미하고, 디자인의 최종 목표는 긍정적인 사용자 경험을 제공하는 것이다. 하지만 언제부터인가 기업들은 사업 성과 지표만을 목표로 두고 사용자를 함정에 빠뜨리는 디자인을 무자비하게 사용하고 있다. 사용자에게 좋은 경험을 제공하는 것이 목표였다면 반응 저항(reactance, 특정 행동의 자유를 위협하는 환경에서 발생하는 불쾌한 저항 반응)을 고려하여 그들이 떠나고 싶어 할 때 최대한 쉽게 떠날 수 있도록 디자인했어야 한다. 이는 당장 사업 지표 개선 등의 단기적인 목표를 이루는 데는 효과가 있을지 몰라도 브랜드의 이미지를 개선하고 충성 고객을 늘리는 장기적인 목표와는 점점 멀어지게 만든다.

이처럼 동일한 상황임에도 어떤 이론과 전략을 적용하는지에 따라 전혀 다른 디자인 결과물이 나올 수 있다. 그리고 동일한 이론도 어떤 목표를 위해 사용하는지에 따라 이어지는 결과가 달라진다. 긍정적인 사용자 경험 제공을 목표로 피츠의 법칙, 시각적 앵커, 시각적 무게 이론과 함께 컨펌셰이밍 디자인을 사용할 수도 있다. 그렇다면 이 세 가지 이론이 사용자에게 좋은 경험을 제공하는 방향으로는 어떻게 구현될 수 있을까?

3 실수를 용납하지 않는 디자인

네이버는 수십 년간 국내 포털사이트의 디자인 트렌드를 이끌어 왔다. 2008년 11월에는 무려 17개월 동안 매월 1회 이상 디자인을 수정하고 사용자의 반응을 관찰했으며, 현재까지도 가장 효과적인 메인 페이지 UI를 만들기 위해 개선을 반복하고 있다. 그리고 가장 최근인 2023년 5월, 3년 만에 PC 메인 페이지 UI를 전면 리디자인했다.

3.1 네이버와 인스타그램의 리디자인

네이버의 새로운 메인 페이지에서는 다양한 UX 심리학 이론이 적용된 결과를 확인할 수 있다. 그중에서도 눈에 띄는 변화는 사용자에게 좀 더 친절해졌다는 점이다.

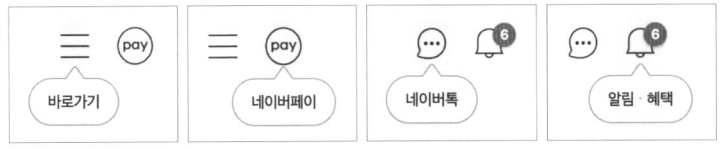

네이버의 아이콘 안내 문구

먼저 웹의 메인 페이지 상단에서 볼 수 있는 변화다. UI를 만드는 디자이너와 개발자에게는 너무나도 익숙한 아이콘이 사용자에게는 그렇지 않을 수 있다. 처음 메인 화면에 들어선 사용자라면 낯선 모양의 아이콘을 보고 헤맬 수 있다. 이러한 상황을 방지하기 위해 특정 아이콘에 마우스 커서를 올리면 그 아이콘이 무엇을 의미하는지에 관한 안내 문구가 표시된다. 그 덕에 사용자는 하나하나 클릭해보며 어디로 연결되는 아이콘인지 확인할 필요가 없다.

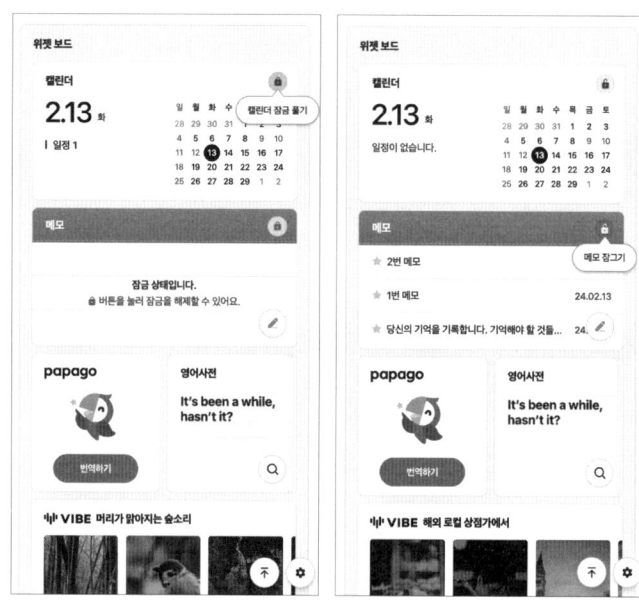

네이버의 캘린더 잠금 풀기 및 메모 잠그기

또 하나의 변화는 새롭게 추가된 위젯 보드에서 확인할 수 있다. 이 기능은 멀티태스킹을 할 수 있다는 편리함을 제공하지만, 여러 가지 기능이 작은 보드에 모여 있어서 클릭 실수가 발생할 가능성도 크다. 특히, 메모나 캘린더의 일정은 잘못 클릭해서 내용이 손상되면 사용자에게 미칠 영향도 큰 영역이다.

이를 예방하고자 위젯 보드에서는 잠금 기능을 함께 제공한다. 캘린더와 메모에서 잠금을 풀어야만 콘텐츠에 접근이 가능하고 잠금을 해두면 내용을 확인하고 수정할 수 없다. 그리고 위젯 보드에서도 마찬가지로 잠금 아이콘이 어떤 기능을 의미하는지에 대한 안내 문구를 표시해 준다. 잠금 기능이 있다는 걸 인지하지 못했거나 어떤 기능인지 파악하지 못한 사용자를 위해 추가 설명을 덧붙여주는 것이다.

인스타그램 메뉴

인스타그램의 업데이트된 UI에서도 비슷한 변화를 발견할 수 있다. 기존 인스타그램에서는 우측 상단에 있는 메뉴 버튼을 누르면 게시물의 링크를 복사할 수 있었다. 그러나 업데이트되면서 더 이상 메뉴 버튼이 아닌 종이비행기 모양의 공유 아이콘을 눌러야 링크를 복사할 수 있다. 항상 해오던 대로 메뉴 버튼을 누를 사용자를 위해 인스타그램은 '메뉴 위치가 변경되었습니다. 공유, 링크 복사의 위치를 확인하세요.'라는 메시지를 잘 보이게 띄워둔다.

업데이트된 지 몇 개월이 지난 지금도 여전히 이 메시지를 확인할 수 있다. 물론 사용자도 여전히 예전 습관대로 기존에 누르던 버튼을 누르고 있을 것이다. 여기서 중요한 건 새로운 변화에 익숙해지지 않은 사용자가 실수할 입력을 고려하여 메뉴 위치가 변경되었음을 계속 알려주고 있다는 사실이다.

이와 같은 변화는 모두 사용자를 배려한 디자인이다. 실수를 포함하여 사용자가 취할 수 있는 다양한 행동을 고려하고 이에 관대하게 대처하는 것, 바로 포스텔의 법칙(Postel's Law)[72]이다. 초기 인터넷 발전을 이끈 존 포스텔(Jon Postel)의 이름을 딴 이 법칙은 견고성의 원칙(robustness principle)이라고도 알려져 있다.

> 사용자에게 보여주는 건 최대한 보수적이고 꼼꼼하게,
> 사용자가 행동하는 건 최대한 유연하고 관대하게 받아들이자.

이러한 원칙은 사용자가 기계처럼 완벽하지 않고 오히려 실수투성이인 인간이라는 점을 전제로 한다. 네이버와 인스타그램 사례에서 본 것처럼 사용자가 행할 수 있는 여러 행동과 실수를 방지하는 디자인을 통해 포스텔의 법칙을 실천할 수 있다.

3.2 BAD CASE vs GOOD CASE

만약 네이버가 포스텔의 법칙을 고려하지 않았다면 어땠을까? 웹사이트에 접속했을 때 상단 바에 아무런 설명 없이 다양한 아이콘만 나열되어 있다면, 분명 익숙한 모양이기는 하지만 클릭했을 때 어떤 페이지로 연결될지 감을 잡기 힘들다면? 하나를 시험 삼아 클릭해 봤는데 예측과 전혀 다른 페이지로 이동했다면? 사용자는 메뉴 아이콘을 누를 때마다 불안할 것이다. 이 아이콘이 원하는 페이지로 연결해 줄 것인가에 대해 의문을 품게 되고, 그렇지 않았을 때 되돌아가서 수수께끼를 풀 듯 정답을 맞혀야 하는 상황에 부담을 느낄 수도 있다.

위젯 보드의 잠금 기능도 마찬가지다. 한 번이라도 잘못 클릭해서 메모나 일정이 바뀌거나 삭제된 경험을 하게 되면 위젯 보드를 사용할 때마다 불안할 것이다. 아예 그러한 상황을 피하기 위해 위젯 보드에 접근 자체를 하지 않고 각각의 기능을 새 창을 열어 따로 사용하려고 할 수도 있다.

인스타그램은 어떨까? 만약 변화를 알려주는 메시지가 없었다면 평소처럼 메뉴 버튼을 눌러도 원하던 기능을 찾을 수 없어 헤맸을 것이다. 그러다 기능을 아예 사용하지 못하거나 운이 좋게 발견하더라도 이유 모를 변화에 대해 화가 날지도 모른다. 그리고 나중에는 또 속기 싫다는 마음에 버튼을 누를 때마다 불안할 것이다.

다행히 네이버와 인스타그램은 모두 실수할지도 모를 사용자의 행동을 고려하여 디자인을 했지만, 사용자의 여러 행동을 고려하지 않고 불안함을 불러일으키는 서비스는 여전히 많다.

유튜브 뮤직 vs 멜론

유튜브 뮤직 메인 페이지에서는 다양한 테마별로 노래를 분류하여 보여준다. 그중에 노래를 골라서 현재 듣고 있는 재생 목록에 추가하려면 노래 제목 오른쪽에 있는 작은 점 세 개짜리 아이콘을 누른 후 [현재 재생 목록에 추가]를 선택하면 된다. 본래 UI가 만들어진 의도대로 사용자가 이렇게만 사용한다면 이 디자인은 문제가 전혀 없다.

유튜브 뮤직의 재생 목록 추가

그러나 사용자는 기계가 아니다. 머리로는 작은 점 세 개를 누르려고 생각했을지라도 실제 손가락은 다른 영역을 잘못 누를 수 있다. 점 세 개 아이콘에서 가장 가까운 영역은 노래 제목과 가수가 표시된 영역이다. 여기를 누르면 곧바로 음악이 재생된다. 문제는 여기서 발생한다. 듣고 있는 노래와 관련된 다른 노래를 이어서 재생해 주는 유튜브의 핵심 기능 때문에 노래 하나를 재생하면 그와 관련된 재생 목록이 만들어진다. 즉, 듣고 싶은 노래를 고심해서 선곡한 후 현재 재생 목록에 추가했는데, 다른 노래를 실수로 누르면 만들어 둔 재생 목록이 한 번에 날아가는 것이다.

현재 재생 목록이 다른 재생 목록으로 대체된다는 확인 메시지를 띄워준다거나 이전 재생 목록을 불러오는 되돌리기 기능도 없다. 실수에 대한 결과가 치명적인 반면, 노래 선택 영역과 메뉴 영역의 크기 차이 때문에 실수를 하게 될 가능성은 너무 크다. 심지어 실수를 방지할 어떤 예방책도 마련되어 있지 않아서 잘못 누를 때마다 날아가는 재생 목록을 지켜볼 수밖에 없다. 결과적으로 사용자는 노래를 하나 추가할 때마다 혹여나 잘못 누를까 불안해하며 조심스럽게 손가락을 움직여야 한다.

멜론의 재생 목록 추가

다른 스트리밍 서비스는 어떨까? 멜론의 경우, 유튜브 뮤직처럼 특정 노래와 비슷한 노래들을 추천해 주는 '믹스업' 기능을 제공한다. 하지만 노래를 선택했을 때 바로 재생 목록이 새롭게 교체되는 유튜브 뮤직과 달리 사용자가 원하는 기능이 노래 재생인지, 믹스업인지, 다운로드인지 한 번 더 선택할 수 있는 메뉴가 하단에 등장한다(왼쪽 이미지). 유튜브 뮤직과 동일하게 작은 점 세 개 아이콘을 클릭하면 곡에 대한 상세 기능을 실행할 수 있고(가운데 이미지), 이런 추가 단계 없이 바로 노래를 재생하고 싶으면 노래 제목 옆에 있는 재생 버튼을 누르면 된다(오른쪽 이미지).

노래 선택 영역은 작은 아이콘들에 비해 큰 영역을 차지하고 있어서 사용자가 원하지 않아도 누르게 될 가능성이 크다. 그러나 다시 바깥 영역을 누르면 이전으로 돌아갈 수 있고, 그 노래에 대한 주요 기능도 여전히 선택하여 실행할 수 있으므로 큰 걱정 없이 앱을 사용할 수 있다. 재생 목록을 교체하지 않아도 미리 비슷한 노래라고 추천된 리스트를 확인해 볼 수 있다는 점도 사용자의 마음을 편하게 해준다.

아이폰 통화 vs 안드로이드 통화

아이폰 사용자라면 누구나 긴장하고 조심하게 되는 순간이 있다. 바로 통화 목록에서 스크롤을 내릴 때다. 혹여나 잘못 터치했다간 돌이킬 수 없는 통화 연결이 시작된다. 연결음이 울리기 전에 재빠르게 종료해도 상대방 기록에 부재중으로 남는 건 막을 수 없다. 물론 전화를 해야 할 때는 한 번의 터치로 연결될 수 있기에 편리한 디자인이다. 하지만 오로지 한 가지의 정상적인 상황에만 초점을 맞추고 사용자가 실수했을 때의 상황을 전혀 고려하지 않은 이 디자인이 좋은 디자인이라고 할 수 있을까?

안드로이드 스마트폰 사용자는 불안에 떨 필요 없이 통화 목록에 들어갈 수 있다. 목록에 있는 연락처를 터치하더라도 연락처 통화, 영상 통화, 메시지 기능을 선택할 수 있는 페이지로 연결되거나(왼쪽 이미지) 하단 메뉴가 열리기 때문이다(가운데 이미지).

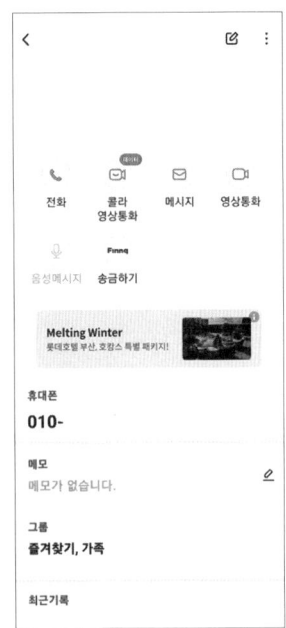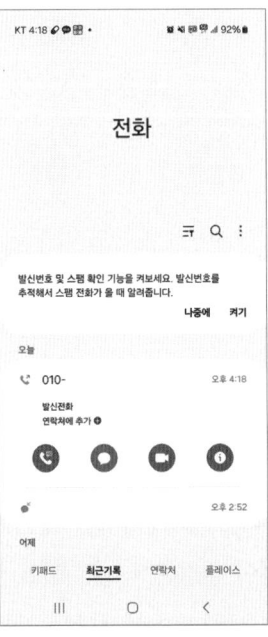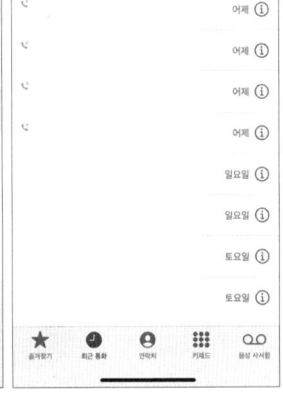

안드로이드(왼쪽, 가운데)와 아이폰(오른쪽)의 통화 화면

아이폰에서는 이런 상세 기능 페이지에 들어가려면 목록 끝에 있는 파란색 아이콘을 눌러야 한다. 유튜브 뮤직 사례처럼 영역의 크기 차이가 커서 아이콘을 누르려다 더 넓은 연락처 영역을 잘못 누르기 쉽다. 작은 아이콘을 누르려다 연락처를 눌러버리면 취소할 수 없이 바로 전화 연결이 되는 실수를 할 가능성이 큰 상황이다. 그런데 누르기 힘든 작은 아이콘을 제대로 눌렀을 땐 오히려 뒤로 가기와 종료 버튼이 있다. 이런 모순적인 디자인 때문에 고통받는 건 결국 사용자다.

마이크로소프트 오피스, 어도비 vs 피그마

'프로그램이 응답하지 않습니다.'라는 직무를 막론하고 직장인이 가장 두려워하는 메시지. 하루 종일 작업한 걸 한순간에 날리고 싶지 않다면 저장 단축키인 [Ctrl]+[s]를 습관처럼 눌러줘야 한다. 잠시 한눈팔다가 노트북 화면을 닫아버리거나 오랫동안 자리를 비워서 화면 보호기가 켜지는 상황을 대비하기 위해서도 저장 버튼을 수시로 눌러주는 건 필수다. 자동 저장 기능이 있긴 하지만 여전히 저장 버튼을 수시로 눌러야 안심이 된다. 언제 어디서 어떤 오류가 발생할지 예상할 수 없기 때문이다.

오류나 실수 방지가 오로지 사용자의 몫인 마이크로소프트(Microsoft)와 어도비(Adobe)와 달리 피그마(Figma)는 다른 형식의 파일로 추출하지 않는 이상 별도의 저장을 하지 않아도 된다. 인터넷이 연결되어 있다면 항상 자동 저장이 되는 시스템이기 때문이다. 만약 사용자가 습관처럼 저장 단축키를 누르면, 피그마는 단축키를 누르지 않아도 당신의 작업을 자동으로 저장해준다는 친절한 메시지를 띄워준다. 만약 인터넷이 연결되어 있지 않으면 작업 내용이 저장되고 있지 않다는 경고 메시지를 띄움으로써 사용자의 실수를 한 번 더 예방한다. 실수가 곧 직접적인 피해로 이어지는 불안한 디자인과 비교하면 너무나 다정한 디자인이 아닐 수 없다.

3.3 휴리스틱 원칙

사용자가 디자인된 의도와 다른 행동을 취했기 때문에 어쩔 수 없이 부작용을 감당해야 한다는 식의 태도는 사용자가 불안함을 느끼게 한다. 이를 방지하기 위해 사용자의 입장을 충분히 생각하여 발생할 수 있는 실수나 갑작스러운 상황에 대처할 수 있는 디자인이 필요하다.

하지만 포스텔의 법칙을 따라 최대한 많은 경우의 수를 고려하여 디자인하더라도 결국 이러한 일의 주체 또한 불완전한 인간이다. 여전히 예측 불가한 사용자의 행동과 실수는 발생할 것이고 시스템의 오류로도 이어질 수 있다. 그렇다면 이렇게 사용자가 이미 실수를 저질렀을 경우에 서비스는 어떻게 대처해야 할까? 가장 중요한 건 사용자에게 통제권을 주는 것이다. 이는 UX/UI 휴리스틱 원칙과 연결된다.

UX 디자인 분야를 개척한 세계적인 UX 컨설팅 회사인 닐슨 노먼 그룹의 공동 창업자인 제이콥 닐슨은 UX/UI에 적용해야 할 10가지 사용성 휴리스틱(Jakob Nielsen's 10 usability heuristics)을 정리했다. 이 10가지 원칙을 기준으로 UI를 검토하고 사용성에 대해 평가할 수 있으며 이는 디자인 작업의 기준점이 되기도 한다.

1	시스템 상태의 가시성(visibility of system status)
2	시스템과 현실의 일치(match between system & real world)
3	사용자 통제와 자유(user control & freedom)
4	일관성과 표준(consistency & standards)
5	오류 방지(error prevention)
6	기억보다 인식(recognition rather than recall)
7	사용의 유연성과 효율성(flexibility & efficiency of use)
8	심미적이고 간결한 디자인(aesthetic and minimalist design)
9	오류 인식, 진단, 복구(help users recognize, diagnose, recover from errors)
10	도움말과 문서화(help & documentation)

오류가 발생했을 때 혹은 의도치 않은 실수를 했을 때 당황할 사용자를 도와주기 위해서는 3번 사용자 제어와 자유 항목에 집중해야 한다. 이 원칙은 사용자가 어떤 상황에서든 죄책감이나 불안함을 느끼지 않도록 작업을 취소하고 되돌릴 수 있는 기능을 제공해야 한다고 이야기한다. 뒤로 가기나 취소, 종료 버튼을 어디에서나 누를 수 있게 넣어주는 것만으로도 사용자에게 스스로 제어할 수 있다는 안도감을 준다. 특히 앱에서 외부 링크나 팝업으로 연결되는 경우 뒤로 가기 버튼은 꼭 필요하다.

트레바리라는 한 독서 모임 앱은 외부 링크로 연결되는 메인 메뉴를 제공하는데, 예시 이미지에서 볼 수 있듯 뒤로 가기 버튼은 어디에도 찾아볼 수 없다.

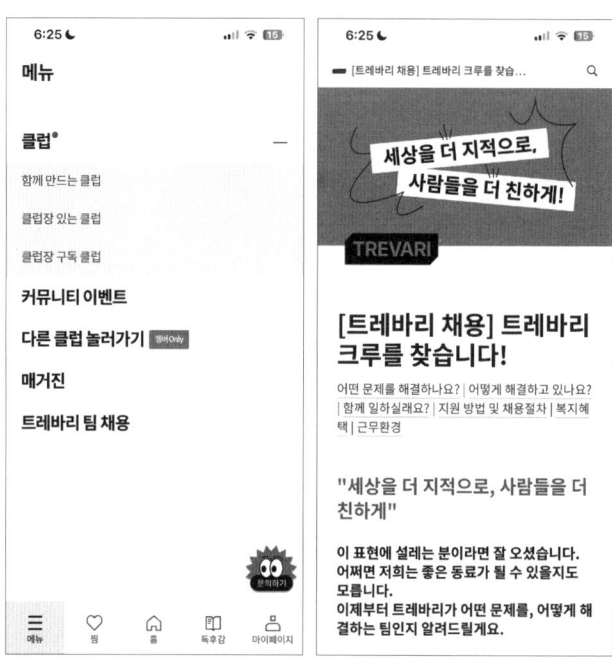

트레바리의 외부 링크 페이지

이 말은 특정 메뉴를 한 번 누른 후 앱의 다른 기능을 사용하기 위해서는 무조건 앱을 종료하고 재접속해야 한다는 걸 의미한다. 메뉴를 눌러보다가 길을 잃고 특정 페이지에 갇힐 수 있는 이런 디자인은 사용자로 하여금 '이걸 눌러도 되는 걸까?'하는 불안감을 느끼게 한다.

> **생각해 볼 문제**

> 사용자를 배려하고 안심시켜 주는 건 서비스의 몫이어야 한다. 사용자의 실수까지도 보듬어줄 친절한 서비스가 되기 위해 휴리스틱 원칙을 어떻게 적용할 수 있을지 생각해 보자.

4 적절한 종료 타이밍이 중요한 이유

밥그릇만 바꿔도 다이어트가 된다는 말이 있다. 우리는 밥 한 그릇에 담긴 양을 모두 먹어야 한다는 생각 때문에 배가 불러도 중간에 멈추지 못하고 끝까지 먹으려고 하는 경향이 있다. 그래서 크기가 좀 더 작은 밥그릇이나 동일한 크기이면서 밑부분이 높게 올라와 있는 형태의 그릇에 밥을 담아 먹으면 밥의 양이 줄었다고 느끼지 않고 평소와 똑같은 포만감을 느끼면서 자연스럽게 소식을 할 수 있게 된다. 반대로 기존에 먹던 것보다 더 큰 그릇에 음식을 담아 먹으면 과식을 하게 된다. 밥그릇의 크기가 작든 크든 자신에게 주어진 음식을 모두 해치워야 한다는 생각, 일종의 본능이다.

이 본능 때문에 드라마 시청을 싫어하는 이들도 있다. 보통 시리즈 하나에 10부작 내외로 편성되는 드라마는 한번 시작하면 바로 끝나는 영화와 달리 더 많은 시간을 들여서 봐야 한다. 한 시리즈에 8편이 있든 16편이 있든 하나의 드라마로 인식되므로 예상보다 훨씬 더 많은 시간을 투자해야 할 수도 있다. 아무리 재미가 없어도 일단 시작한 드라마는 끝까지 봐야 한다는 생각 때문에 이제까지 들인 것보다 더 많은 시간과 에너지를 들여서 결말을 보려는 매몰 비용의 오류에 빠지기도 한다. 이러한 경향을 이미 잘 알고 있는 사람들은 아예 드라마 보는 걸 시작하지도 않으려 한다.

4.1 단위 편향과 완료 편향

두 이야기에서 알 수 있는 인간의 본능적인 두 가지 편향이 있다. 규모나 수량과 관계없이 자신에게 할당된 작업을 하나의 단위(unit)라고 여기고 이를 모두 해냄으로써 완성하려는 경향을 단위 편향(unit bias)[73]이라고 한다. 밥그릇의 크기와 상관없이 한 그릇을 모두 먹으려는 것처럼 빵 한 봉지를 받았을 땐 그 한 봉지를 다 먹어야 완료했다고 느끼고, 빵을 반으로 나눈 반 조각을 받았을 땐 그것만 다 먹어도 완료했다고 느낀다. 책을 읽다가 중간에 그만두려고 할 때도 읽고 있던 챕터의 끝까지 혹은 읽고 있던 페이지의 끝까지는 읽어야 한다고 무의식적으로 생각하는 것, 모두 단위 편향에 의한 현상이다.

그리고 이와 밀접하게 연결되어 있는 완료 편향(completion bias)[74]은 시작한 작업을 완료해야 한다고 느끼는 내적 추진력을 의미한다. 이 덕에 작업을 수행하고 나서 만족감과 성취감을 느끼고, 다음 작업도 끝까지 완성하려는 의욕이 더 커진다. 단위 편향과 마찬가지로 완료 편향도 주어진 일을 끝까지 해내려는 내적 동기이자 끈기가 되어준다.

물론 부작용도 있다. 드라마 시청처럼 일단 한번 시작하면 끝을 내야 한다는 생각 때문에 아예 일을 시작하지 않거나 수많은 할 일 목록 중에서 가장 빠르고 쉽게 완료할 수 있는 일만을 처리하는 것이다. 먼저 끝내야 하는 일을 시작도 하지 않고 뒤로 미루는 현상은 이 두 가지 편향 때문이기도 하다.

단위 편향과 완료 편향을 고려한 UX 디자인 전략은 사용자에게 명확한 종료 지점을 제공하는 것이다. 디지털 서비스가 두 편향을 고려하여 긍정적인 사용자 경험을 주기 위해선 사용자에게 명확한 종료 지점을 제공하는 게 중요하다. 작업을 완료하려는 편향과 서비스의 종료 지점은 어떤 관련이 있을까? 단위 편향과 완료 편향을 고려하지 않아서 사용자에게 불편하고 찝찝한 감정을 느끼게 하는 서비스를 살펴보자.

4.2 사용자의 마음을 찝찝하게 하는 서비스

독서 앱

책 한 권을 완독한 건 꽤 큰 성취다. 이렇게 작업을 완료했을 때 우리 뇌에서는 쾌락의 신경 전달 물질인 도파민이 나온다. 이는 성취에 대해 우리 몸이 보상하는 방식으로, 책을 다 읽었다는 걸 확실하게 인지할 때 느낄 수 있는 만족감이기도 하다. 반대로 말하면, 책을 완독했는데도 완료했다는 느낌을 느끼지 못했을 경우 사람들은 찝찝한 마음이 들 것이다. 책을 다 읽고도 왜 완료했다는 느낌을 받지 못하는 걸까?

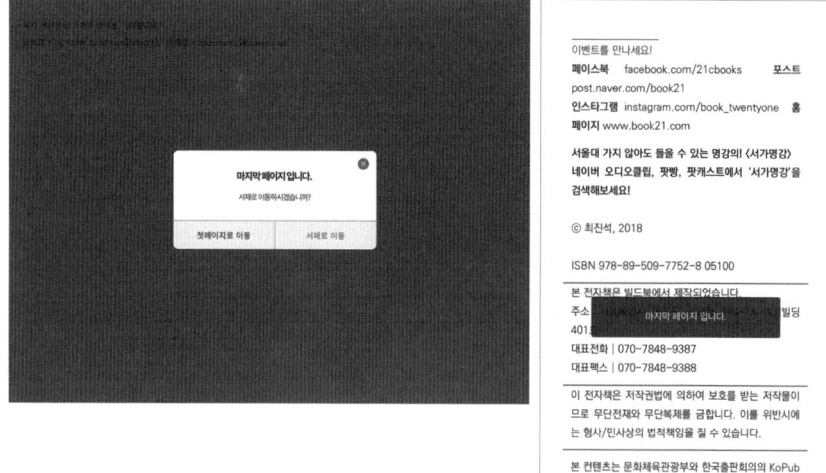

교보문고 전자도서관과 밀리의 서재의 완독 화면

책의 마지막 페이지에 도달했을 때 뿌듯한 감정이 드는 건 종이책이든 전자책이든 마찬가지다. 종이책은 그동안 읽었던 페이지들을 시각과 촉각으로 다시금 확인하며 독자 스스로 작업 완료에 대한 성취감을 느낄 수 있다. 반면 전자책은 물리적인 실체가 없어서 읽어온 양에 대한 보상을 느낄 수 없기 때문에 서비스에서 완료했다는 느낌을 제공해야 한다.

이런 사용자의 마음을 아는지 모르는지 전자도서관 앱과 유료 독서 플랫폼인 밀리의 서재는 책의 마지막 페이지에 도달했을 때 어떤 완료 표시도 명확하게 해주지 않는다. 무언가 더 있을까 싶어서 다음 장으로 넘어가도록 터치해 봐도 '마지막 페이지입니다.'라는 팝업 메시지만 뜰 뿐이다. 그나마 도서관 앱은 첫 페이지나 서재로 이동할 수 있는 버튼이 있지만, 밀리의 서재는 그저 마지막 페이지라는 쓸쓸한 문구만 띄워준다.

이렇게 메마른 마지막 페이지에서 사용자는 완성된 느낌을 쉽사리 느낄 수 없다. 독서 앱에 오랜 시간 머물며 서비스를 이용했건만 어떤 보상도 받을 수 없다. 남는 건 오로지 책을 다 보고도 개운하지 않고 찜찜한 마음뿐이다.

밀리의 서재에서는 그동안 독서 습관을 만들기 위한 다양한 미션을 수행하도록 사용자를 독려해 왔다. 그러나 미션 완료에 대한 명확한 표시는 자동으로 해주지 않았는데, 이를테면 하루 10분 혹은 하루 10페이지 읽기 미션을 다 수행했음에도 미션을 완료하기 위해서는 사용자가 다시 미션 페이지에 들어가서 추가 동작을 해야 했다. 즉, 목표를 달성했지만 완성된 느낌은 받을 수 없었던 것이다. 하지만 집중 모드 기능이 추가되면서 보다 확실한 성취감을 느낄 수 있게 바뀌었다. 집중 모드를 시작하면서 10페이지든 10분이든 목표를 설정할 수 있고, 중간에 목표까지 50% 남았다는 독려와 마지막에 목표를 달성했다는 메시지를 띄워주는 식이다.

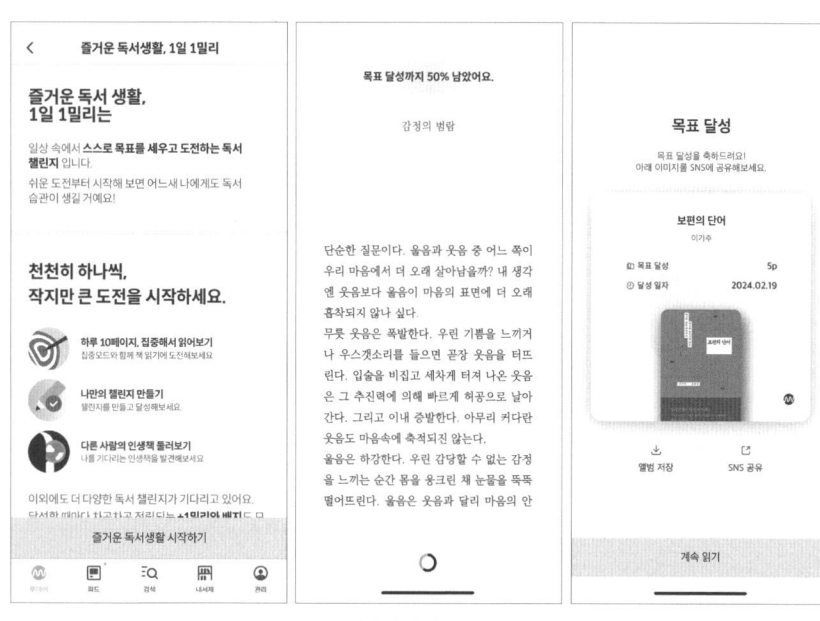

밀리의 서재 챌린지

여전히 수행을 완료한 미션에 대해서는 직접 미션 페이지로 이동해서 [보상 받기]를 클릭해 줘야 하지만, 집중 모드를 통해 성취감과 만족감을 느꼈기 때문에 추가적인 동작도 이어서 할 확률이 높아진다. 독서 목표 달성을 축하하듯, 책을 읽다가 마지막 페이지에 도달했을 때도 '완독을 축하해요!'라는 메시지와 함께 읽는 데 얼마만큼의 시간을 투자했는지, 인상적이라고 표시한 문구는 어떤 게 있었는지, 달성한 날짜와 총 페이지 수는 얼마나 되는지 알려준다면 사용자는 좀 더 만족스럽고 가벼운 마음으로 책을 덮을 수 있을 것이다.

영어 공부 앱

여러 영어 공부 앱은 사용자의 학습을 독려하기 위해 하루에 달성해야 할 학습량을 정해준다. 그 후엔 공부할 시간이라는 알림 메시지를 보내고, 목표 달성 시 레벨 업과 같은 보상을 제공하는 등 다양한 방법으로 학습량을 채울 수 있도록 사용자를 설득한다. 하지만 이 서비스들은 결정적으로 완전하게 완성된 느낌을 받을 수 없다는 공통점이 있었다.

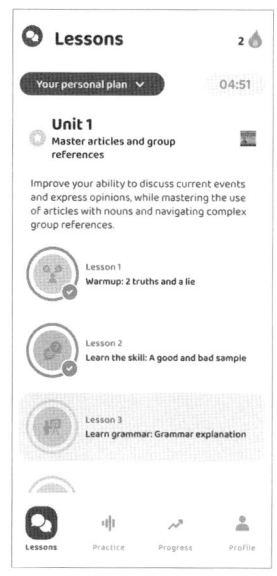
프랙티카

케이크

스픽

예시로 가져온 세 가지 서비스 모두 학습 분량을 채웠을 때 완료 메시지를 보여준다. 확인 버튼을 누르면 다시 메인 페이지로 돌아가는데, 그곳엔 여전히 완료되지 않은 강의가 많이 보인다. 특히 케이크

앱의 경우, 다양한 콘텐츠를 제공한다는 게 서비스의 강점인 만큼 메인 페이지에서 계속 새로운 콘텐츠를 보여주는 무한 스크롤 형태로 디자인되어 있다.

미리 계획한 하루치 목표를 달성했음에도 무언가를 계속해야 될 것만 같이 학습 콘텐츠가 많이 쌓여 있어서 이대로 앱을 종료하기에는 찝찝하다. 분명 구몬 선생님과 약속한 만큼 학습지를 다 풀었는데 선생님이 약속한 분량보다 더 많은 양의 학습지를 두고 간 탓에 목표를 달성하고도 여전히 눈앞에 숙제가 쌓여 있는 것과 같은 느낌이다.

영어 공부 앱의 좋은 사례

사용자를 불편하고 찝찝하게 하고 싶지 않다면 기억해야 할 것은 한 가지다. 사용자가 서비스를 통해 수행하고자 했던 작업을 완료했을 때, 완성된 느낌을 갖고 앱을 종료할 수 있도록 만드는 것이다. 어떤 일을 성취했고, 그러므로 만족스러운 그 상태에서 가볍게 앱을 빠져나갈 수 있어야 한다.

최대한 앱에 오래 머물도록 만드는 게 중요하지 않냐고 반박할 수도 있다. 그러나 무조건 오래 머물게 만드는 것이 편안한 마음으로 다시 돌아오도록 만드는 것보다 중요하다고 주장할 수 있는 사람은 없을 것이다. 수단과 방법을 가리지 않고 강제로라도 사용자를 묶어두려고 한다면 오히려 저항심이 심해져서 아예 서비스를 탈퇴하고 앱을 삭제하는 상황이 벌어지리라는 건 어렵지 않게 공감할 수 있는 일이기 때문이다.

결과적으로 목표 달성 시에 깔끔하게 앱을 종료할 수 있게 해주고 다음 날에도 가벼운 마음으로 접속할 수 있도록 도와주는 것이 장기적인 사용자 유지에 가장 효과적이다. 이는 듀오링고의 사례를 살펴보면 확실하게 알 수 있다.

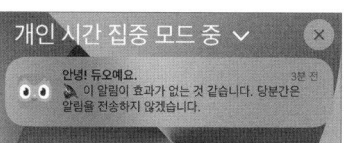

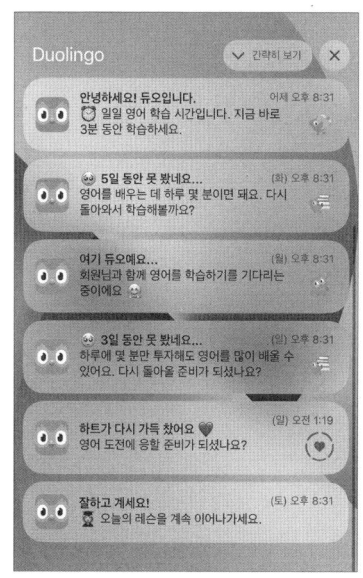

듀오링고 종료 메시지

듀오링고는 다른 보통의 학습 앱과 마찬가지로 앱에 접속하지 않은 날, 사용자에게 학습을 유도하는 메시지를 보낸다. 그러나 어떤 이유에서든 사용자가 알림을 확인하지 않고 앱에 재접속하지 않으면 서비스에서 자체적으로 알림을 중단한다. 사용자의 자세한 사정은 알 수 없다. 목표에 도달하여 더 이상 영어 공부가 필요 없어졌을 수도 있고, 다른 일 때문에 너무 바빠서 앱에 접속하지 못하는 상황일 수도 있다. 사용자가 어떤 상황이든 알림 메시지를 계속 보내며 끈질기게 앱 사용을 유도한다면 결국 질려서 앱 자체를 삭제하는 상황에 이르게 될 수도 있다.

하지만 듀오링고는 앱을 더 이상 사용하지 않는 사용자의 상황을 고려하여 그들이 필요를 느껴서 다시 돌아올 때까지 앱 알림을 당분간 중단하겠다고 이야기한다. 서비스의 이런 배려는 사용자가 불안해하거나 죄책감을 느낄 필요 없이 앱 사용을 멈출 수 있게 도와준다. 이렇게 앱 사용 경험을 긍정적으로 마무리하면 나중에 언어 학습에 대한 필요를 느꼈을 때 다시 돌아올 가능성이 커진다. 이게 바로 적절한 종료 타이밍이 중요한 이유이다.

> **생각해 볼 문제**

> 한 번 앱을 사용하는 게 아니라 다시 돌아와서 지속적으로 앱을 사용하는 사용자의 비율, 즉 유저 리텐션(user retention)을 높이는 건 서비스의 생존에 있어서 아주 중요한 일이다. 하지만 목표를 달성하고 앱을 종료하는 사용자가 성취감이나 만족감 대신 불편함, 찝찝함, 이유를 알 수 없는 불안함을 계속 느낀다면 결국 장기적으로 사용자를 유지하는 데 악영향을 끼칠 것이다. 완성된 느낌을 주지 않는 것 말고도 유저 리텐션에 영향을 줄 수 있는 디자인이 한 가지 더 있다. 바로 연속 기록 디자인이다.

> 학습을 비롯한 많은 서비스에서 볼 수 있는 연속 기록 디자인은 유저 리텐션을 올리기 위해 사용되는 전략이다. 목표 달성을 연속으로 며칠이나 했는지 기록함으로써 사용자가 매일 서비스에 접속해서 하루치 목표를 달성하는 날을 하루씩 늘려갈 수 있도록 동기 부여를 한다. 연속으로 목표를 달

성한 날이 길어질수록 사용자가 앱을 지속적으로 사용하고자 하는 동기는 더욱 커질 것이다. 이는 간단하지만 강력한 디자인으로, 유저 리텐션을 올리는 데 큰 도움을 준다.

듀오링고 연속 기록 챌린지

그러나 사용자를 아예 이탈하게 만들 수도 있는 위험한 디자인이기도 하다. 매일 목표를 달성한 장기 사용자더라도 한 번 놓치면 이제까지 쌓인 연속 기록 전체를 다 잃게 되는 구조이기 때문이다. 더 오래 연속 기록을 유지했을수록 상실감은 클 수밖에 없다. 유저 리텐션에 도움은 되지만 오히려 사용자가 더 많이 이탈할 수도 있는 연속 기록 디자인은 과연 서비스에 득이 되는 전략일까, 실이 되는 전략일까? 단위 편향과 완료 편향을 고려했을 때 유저 리텐션을 올릴 수 있는 방법은 또 어떤 게 있을지 생각해 보자.

5 구매 유도 다크 패턴

"열차 출입문 닫습니다. 출입문 닫습니다. The door is closing."

출퇴근길, 지하철역에 빽빽하게 몰려드는 사람들보다 더 조급하고 불안하게 만드는 것은 지하철 안내 방송이다. 문이 열리고 사람들이 쏟아져 내리기가 무섭게 출입문을 닫겠다는 방송이 흘러나온다. 아직 사람들이 내리고 있는데도 곧 열차가 출발하니 한 발짝 물러서 달라고 이야기한다. 지하철 안으로 한 발 내딛기도 전에 문을 닫고 가버릴까 봐 나도 모르게 앞사람에게 좀 더 가까이 밀착하게 된다.

남은 시간이 얼마 없다며 재촉하는 지하철 방송과 같은 패닉 유발 타이머는 디지털 세계에도 존재한다.

기간 한정 파격 특가

00:15:56

이 시간이 끝나면 쿠폰이 사라집니다

필요한 물건도 없는데 빠르게 줄어드는 타이머 숫자를 보고 있으면 당장이라도 적당한 물건을 찾아 구매해야 할 것만 같은 충동에 휩싸인다.

쿠팡의 기간 한정 파격 특가와 요기요의 요타임딜

저녁 메뉴 고민을 덜기 위해 잠시 둘러보려고 접속한 배달 음식 앱에서도 언제 시작됐는지도 모르는 할인 가능 시간 타이머가 똑딱거린다. 그러면 전혀 생각지도 않았지만 15분 뒤에 할인이 끝난다는 이유로 곱창 주문을 고민하게 된다. 타이머로 시간이 얼마나 남았는지 알려주지도 않고 그저 곧 끝나니 기회를 잡으라며 재촉하는 경우도 있다.

정확하게 언제인진 모르겠지만 곧 68% 파격 할인이 종료된다고 하면 잠깐 구경이라도 해볼까 싶고, 또 언제 끝나는진 모르겠지만 슈퍼위크라는 할인 기간이 끝나면 비싸지는 옷들이라고 하니 이 좋은 타이밍에 하나라도 건져야 할 것만 같다. 패닉 유발 타이머는 왠지 모르게 미루고 아끼던 지출을 당장 행해야만 합리적인 행동처럼 느끼게 만들어서 계획에 없던 충동구매를 하도록 이끈다.

스픽 광고와 지그재그 슈퍼 위크

이와 함께 항상 같이 붙어 다니며 사용자를 정신없이 불안하게 하고 과소비의 길로 끌어들이는 구매 유도 4종 세트가 있다. 그동안 정신을 차릴 새도 없이 마구 결제하도록 만든 메시지가 무엇이었는지 샅샅이 파헤쳐 보자.

5.1 구매 유도 다크 패턴 4종 세트

앱스토어 인기 차트 1위를 달리고 있는 쇼핑 앱, 테무(Temu)는 어떤 방법으로 소비자들의 구매 욕구를 끌어올리고 있을까?

앱스토어 인기 차트

테무의 온보딩

일단 들어가자마자 화려한 조명 효과와 함께 쿠폰의 유혹이 펼쳐진다. 시작부터 예사롭지 않다. 그저 앱을 다운로드하였을 뿐인데 '당신을 위한 특별한 상품'이라며 무려 13만 원짜리 쿠폰을 준다.

13만 원에 놀랄 틈도 없이 26만 원짜리 쿠폰 묶음이 포함된 스핀을 돌리라고 한다. 잭팟이 터졌다. 다섯 개의 상품을 구매하고 받으라며 26만 원짜리 쿠폰을 주는데, 남은 시간 타이머가 빠르게 줄어들고 있다. 1,000분의 1초인 밀리초 단위까지 보여주며 시간이 얼마 남지 않았다는 걸 강조한다. 그리고 마지막 직격타를 날린다. 26만 원짜리 쿠폰을 10분 안에 사용하면 39만 원짜리 쿠폰으로 바꿔준단다. 앱에 들어온 지 5분도 안 됐는데 당장 10분 안에 39만 원어치 물건을 사야 하는 상황이 됐다. 이렇게 테무의 구매 유도 굴레에 빠져들기 시작한다.

재고 부족 메시지

10분 안에 39만 원어치 장바구니를 채워보자. 일단 메인 화면에서 어떤 물건이 있는지 둘러보는데 주황색 글씨가 눈에 띈다. '품절 임박', '1개만 남음' 재고가 딱 한 개 남았다는 줄무늬 양말이 있다. 비록 양말이 필요했던 건 아니지만, 그리고 품질이 어떤지 가격이 적당한 건지도 잘 모르겠지만 단 한 개만 남았을 만큼 인기가 좋은 물건이라면 그만큼 괜찮다는 거 아닐까? 무엇보다 얼른 장바구니에 담지 않으면 다른 누군가가 딱 하나 남은 이 물건을 채갈지도 모른다.

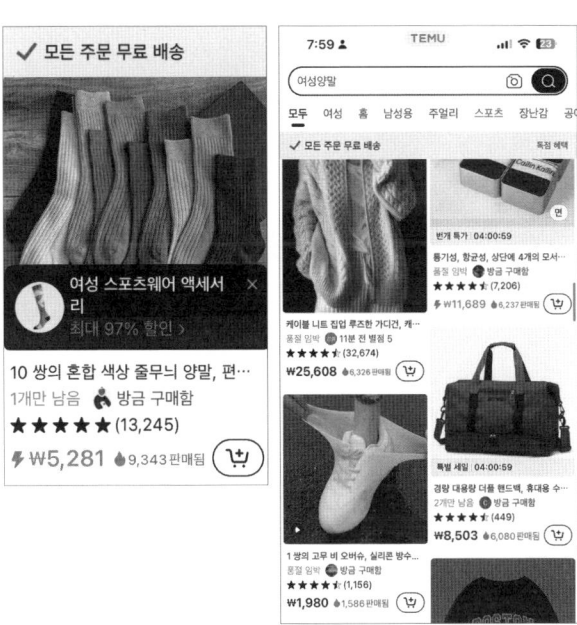

테무의 재고 부족 메시지

이런 생각을 했다면 재고 부족 메시지 덫에 걸려든 것이다. 잠시 심호흡을 하고 조금만 자세히 살펴보자. 놀라울 만큼 전시된 상품 대부분이 품절 임박 상태이며, 한두 개만 남은 물건도 여럿 보인다. 구매하면 메인 페이지에서 품절 상태로 바뀌는지조차 알 수 없다. 문제는 몇 개 남지 않았다는 문구를 보면 고민할 틈도 없이 빠르게 장바구니에 넣고 결제를 해야 할 것만 같은 다급함을 느낀다는 것이다.

활동 메시지

재고 부족 메시지에 쫓겨 한 개밖에 안 남았다는 양말 페이지로 들어가 보니 역시나 '하나만 남음'이라는 문구와 함께 쉴 새 없이 위아래로 움직이는 모래시계가 보인다. 그리고 아래쪽에 있는 글씨가 눈에 띈다. '서두르세요! 품절 임박 및 14명의 장바구니에 담겨있습니다!'

상품 페이지 내의 활동 메시지

남은 재고는 하나뿐인데 무려 14명의 장바구니에 담겨있다니! 한 명이라도 먼저 결제를 누르는 순간 이 양말과의 인연은 끝이다. 눈에 보이지도 않는 열댓 명의 경쟁자가 머릿속에 그려지며 한층 더 조급해졌다.

이렇게 다른 사용자가 어떤 행동을 하고 있는지 알려주며 구매 행동을 합리화하도록 도와주는 문구를 '활동 메시지'라고 한다. 최근에 432명이 이 품목에 별 다섯 개를 주었다는 말, 최근 24시간 동안 144개가 판매되었다는 말, 999명 이상의 장바구니에 담겨있으니 서두르라는 말 모두 양말을 필요로 한 적이 없으며 절대 그걸 사려고 이 쇼핑 앱에 들어온 게 아니라는 사실을 망각하도록 만든다. 처음 계획이 무엇이었든 간에 일단 빠르게 움직여서 모두가 사는 이 상품을 무사히 쟁취하는 것만이 목표가 되어버린다.

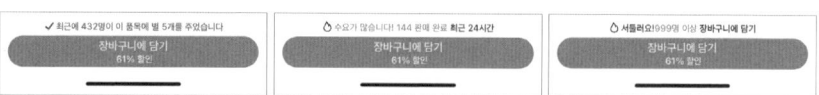

버튼 상단 활동 메시지

패닉 유발 타이머

다른 사람의 활동을 실시간으로 모니터링하며 신경전을 하는 이 순간에도 39만 원 쿠폰을 사용할 수 있는 10분의 시간은 계속 줄어들고 있다. 더 이상 고민할 시간이 없다. 어떤 옵션을 선택할 건지 결정하기 위해 상세 페이지를 읽으며 스크롤을 내렸다. 아래로 쭉 내려가 보니 구매하려고 했던 양말과 비슷한 권장 상품 목록이 나온다.

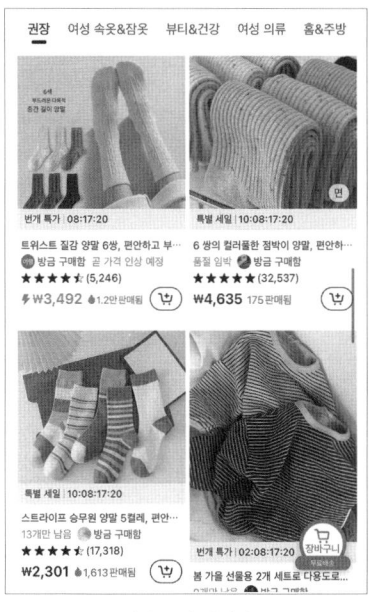

번개 특가 타이머

권장 상품에는 공통으로 패닉 유발 타이머가 달려있다. '번개 특가', '특별 세일'이라는 문구와 함께 곧 터질 것처럼 줄어드는 시간이 보인다. 안 그래도 쿠폰 타이머에 이미 불이 붙어서 심지와 함께 마음이 타들어 가고 있는데 또 하나의 폭탄이 던져졌다. 이러다 양말만 수십 세트 주문하게 될지도 모른다.

기간 한정 메시지

에라 모르겠다 하는 심정으로 양말 수 켤레를 장바구니에 담았다. 하지만 쿠폰을 사용하려면 여전히 채워야 하는 금액이 많이 남아 있다. 양말 페이지에서 벗어나 이것저것 누르다 보니 어느새 기간 한정 혜택 페이지에 들어오게 됐다.

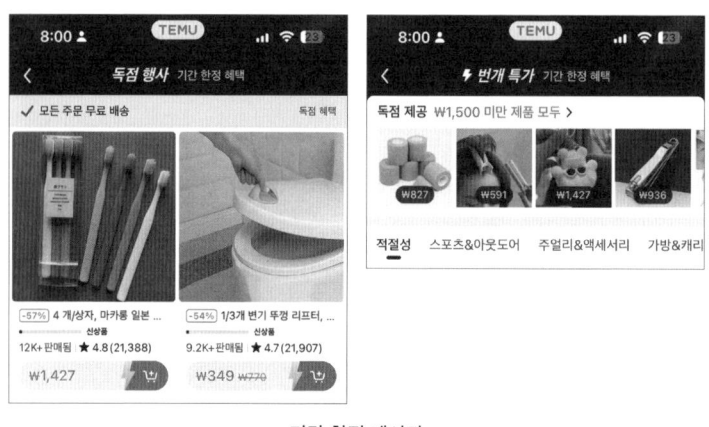

기간 한정 메시지

어떤 상품은 모든 주문이 무료 배송인 독점 행사 중이며 또 어떤 상품은 번개 특가로 제공한다고 한다. 이 모든 이벤트는 한정된 기간에만 진행된다고 하는데 정확히 언제 종료되는지는 알 수 없다. 그냥 곧 할인이 끝나는 행사 상품들이니 다른 것보다 여기에 있는 물건들 먼저 둘러보고 장바구니에 넣어야 한다는 정보만 알 수 있을 뿐이다.

5.2 후회 회피 편향, 인지 부조화

구매 유도 4종 세트의 굴레에 빠져 정신없이 물건을 담다 보면 금세 수십만 원어치 장바구니를 채울 수 있다. 이렇게까지 빠르게 움직이도록 만드는 강력한 힘은 사실 사용자 내면의 심리에 숨어 있다.

재고가 부족한 상품을 보며 당장 구매하지 않으면 후회할 것 같다는 두려움을 느끼고, 다른 사용자의 행동이나 쿠폰 사용 가능 시간을 알려주는 타이머를 보며 지금 빠르게 움직여야 나중에 후회가 없을 거라고 생각하는 것, 그렇게 결제를 해버리는 것 모두 후회 회피 편향(regret aversion bias)[75] 때문이다.

후회는 정서적 고통이다. 이를 피하기 위해 논리적인 결정이 아니라 순간적인 감정에 따라 의사결정을 해버리거나 후회를 불러일으킬 만한 행동을 하는 것 자체를 꺼리는 편향적 사고를 후회 회피 편향이라고 한다. 주식 시장에서 투자자들이 미래에 후회할까 봐 어떤 결정도 하지 못하는 상황을 예로 들 수 있다.

이러한 편견은 다른 사람의 선택을 따라 하려는 행동 패턴으로 이어진다. 베스트셀러처럼 이미 많은 이들이 선택한 옵션을 따라서 구매하면 책임을 피할 수 있고 후회할 가능성이 낮다고 믿는 것이다. 그러다 보니 다른 사람들의 구매 내역을 알 수 있는 재고 부족 배지나 활동 메시지가 더욱 효과적으로 지출을 유도한다.

패닉 유발 타이머나 기간 한정 메시지도 마찬가지다. 이 시간이 끝나면 가격이 올라서 후회할 거라는 두려움에 사로잡혀 이를 피하려고 감정적 지출로 이어지기 쉽다. 어떤 후회도 하지 않을 만한 안전한 선택을 하려는 마음이 결국 충동구매라는 오류를 범하게 만드는 것이다.

후회를 피하려다 가장 후회할 만한 과소비를 하게 되는 아이러니, 이를 인지 부조화(cognitive dissonance)[76]라고 한다. 생각과 행동이 일치하지 않는 인지 부조화 상태에서는 불편한 마음을 느낄 수밖에 없지만, 그럼에도 자신이 덫에 걸렸다는 사실을 알아차리긴 힘들다. 후회를 하기 싫다는 마음과 후회스러운 행동을 했다는 사실 사이에 발생한 간극을 좁히기 위해 뇌에서 합리화 프로세스가 시작되기 때문이다. 예정에 없던 양말을 구매했지만 어쩌다 이런 충동적인 행동을 하게 되었는지 반성하는 대신 어차피 양말은 계속 신어야 하고 이참에 낡은 양말을 버리고 새로 채우면 되겠다고 생각하며 소비를 정당화한다.

정리해 보면 후회 회피 편향으로 인해 구매 유도 메시지에 쉽게 흔들리고, 후회할 만한 충동구매를 하게 되지만 인지 부조화 상태를 벗어나기 위해 합리화를 하는 '과소비 심리 메커니즘'이 완성된다.

> **생각해 볼 문제**

과소비 심리 메커니즘 때문에 우리는 구매 유도 메시지에 속수무책으로 걸려들고도 쉽사리 행동을 바꾸지 못한다. 그리고 서비스들은 이러한 우리의 심리적 허점을 이용하여 감정적 지출을 유도하기 위해 계속해서 구매 유도 메시지를 남용한다. 실제로 동일한 상품임에도 구매 유도 메시지 4종 세트가 붙은 상품이 소비자에게 선택된 확률이 훨씬 높았다는 연구 결과가 있다. 그러나 이는 사용자의 심리를 교묘하게 이용하여 비합리적인 소비를 하도록 만드는, 엄연한 다크 패턴이다.

테무 말고도 굉장히 많은 서비스에서 이러한 다크 패턴 메시지를 사용한다. 아마 이런 문구를 사용하지 않는 쇼핑 앱이 없을 정도로 생각보다 훨씬 더 많은 곳에서 비슷한 방법으로 소비를 부추기고 있을 것이다. 그만큼 클릭과 구매 유도에 효과적이기 때문에 쇼핑 앱과 떼려야 뗄 수 없는 다크 패턴이다.

하지만 조금만 더 생각해 보면 실제로 구매할 마음이 없는 사용자를 꼬드겨서 충동구매를 일으키는 문구와 구매를 하려고 마음먹고 들어온 사용자에게 선택을 쉽게 할 수 있도록 도와주는 문구는 사실 한 끗 차이라는 걸 알 수 있다.

그러니 재고가 얼마 남지 않았다거나 곧 쿠폰이 만료된다는 다급한 재촉 메시지처럼 사용자의 연약한 부분을 찔러서 과소비나 충동구매를 유도하는 대신에 좀 더 세련되게 상품을 어필할 수도 있지 않을까? 앞에서 소개한 네 가지 유형 말고도 사용자의 구매를 불러일으키는 메시지가 어떤 게 있는지 살펴보며 현명한 소비를 유도할 수 있는 문구와 디자인에 대해 고민해 보자.

6 강제하는 디자인 vs 자신 있는 디자인

'너 그때 그 회사 기억나?' 친구와 함께 AI 컨퍼런스에 다녀온 적이 있다. 다양한 주제의 연구와 함께 AI 기술 기반의 스타트업을 소개하는 행사였다. 그중 한 기업의 서비스를 인상 깊게 봤던 친구는 실제로 체험판 구독을 시작했었다고 한다. 처음엔 무료로 제공되는 기능만 사용했는데 만족도가 꽤 높아서 유료 플랜 체험판도 구독했던 것 같다.

진짜 이야기는 여기서부터 시작된다. 무료 체험 기간이 끝날 때쯤, 구독 해지를 하려고 웹사이트에 다시 접속했더니 무료 도구만 사용 가능한 상황이었다. 이미 유료 도구를 사용하지 못하는 상태인 데다가 홈페이지 어디에서도 무료 체험 기간이나 종료에 대한 안내가 없었다. 그래서 당연히 체험판이 끝났다고 생각했고, 추가로 어떤 행동을 해야 할 필요성을 느끼지 못했다.

그런데 며칠 뒤, 1년 플랜의 요금 수십만 원이 과금되었다. 급하게 구독 취소와 환불 요청 방법을 찾아보고 알게 된 건 어떤 경우에도 한 번 결제가 된 이후에는 환불이 불가능하다는 정책이었다. 고객센터 전화번호나 온라인 상담 창구도 없었다. 그제야 다른 사람들의 후기가 눈에 들어왔다. 무료 체험 기간이나 종료에 대한 어떤 안내도 없이 자동 결제가 된 후에 환불이 안 돼서 순식간에 수십만 원을 날린 사람이 한둘이 아니었다. 뒤늦게 이 사실을 알게 된 친구는 지푸라기라도 잡으려는 심정으로 서비스에 메일을 보냈고, 정말 다행히도 환불을 받았다고 한다. 정책상 환불이 안 되는 건데 결제되고 몇 시간 이내로 메일을 줘서 예외적으로 환불을 해주는 거라는 생색은 덤이었다.

컨퍼런스에서 알게 된 이후, 굉장히 좋은 이미지로 기억되던 서비스였다. 당장은 아니더라도 언젠가 한 번은 사용해 볼 의향이 있었다. 그런데 친구의 경험담을 듣고 나니, 선뿔리 서비스 구독을 하면 안 되겠다는 생각이 먼저 들었다. 혹여나 구독 해지 버튼을 못 찾으면, 혹은 해지 기간을 놓치면 순식간에 몇십만 원을 잃을 수 있으니 불안했다. 사용한 만큼 요금을 지불하고 언제든 구독 해지를 할 수 있는 선택권이 있는 게 아니라 서비스의 눈치를 보며 이용해야 할 것 같은 느낌이다.

이렇게 무료 체험판이 종료되는 시점에 어떤 알림이나 경고 없이 곧바로 서비스 비용을 청구하는 디자인을 강제 연속성(forced continuity)이라는 다크 패턴으로 분류한다.[77] 정기적으로 돈을 지불해야 하는 구독 서비스에서 많이 활용되는 덫이다. 일단 처음에는 무료로 서비스를 이용할 수 있도록 한다. 대신 신용카드 번호와 같은 지불 정보를 입력해 두어야 한다. 그리고 그걸 이용해서 체험판 종료 시 자동으로 결제되도록 하는 것이다.

체험판을 시작하자마자 자동 결제나 구독을 미리 해지하거나 체험판 종료 시점을 철저하게 기록해 두고 기억하지 않는 이상 속절없이 당할 수밖에 없다. 이런 디자인은 사용자가 망각해야만 목적을 달성할 수 있기 때문에 일부러 무료 체험 기간이나 해지 방법과 같은 중요한 정보를 숨겨두기도 한다. 그래서 AI 서비스를 구독하던 친구도 무료 체험이 언제 종료되는지에 대한 정보를 쉽게 얻을 수 없었던 것이다. 사용자가 빠져나가지 못하도록 해지 버튼을 꼭꼭 숨겨두는 로치 모텔 디자인과 함께 많이 사용되는 다크 패턴 유형이다. 로치 모텔과 강제 연속성 조합은 엄청난 시너지를 발휘하여 사용자를 무력하게 만들고 서비스의 이익을 극대화한다. 하지만 모든 구독 서비스가 이런 디자인을 적용하는 건 아니다. 다음 메일을 살펴보자.

슬랙 평가판 종료 메일

슬랙은 석 달 동안 유료 플랜 체험판을 제공한다. 일주일도, 한 달도 아닌 석 달이라는 기간은 사용자가 슬랙을 구독하고 있다는 사실을 잊어버리기에 충분하다. 그러나 슬랙은 사용자의 뒤통수를 치지 않는다. 무료 체험 종료 일주일 전과 3일 전에 각각 한 번씩 메일을 보내서 곧 무료 플랜으로 변경될 것임을 확실하게 알린다.

메일에 어설프게 중요한 사실을 숨기거나 링크에 들어가야만 확인할 수 있게 만들지도 않았다. 체험 종료 시점이 3월 31일이고 4월 1일부터 무료 플랜으로 바뀐다는 사실이 진한 글씨로 쓰여 있다. 무엇보다 슬랙에서 주고받은 메시지와 파일 내역이 곧 잠긴다는 경고도 확실하게 강조해서 이야기한다.

이로써 사용자는 플랜을 업그레이드하거나 중요한 파일이 잠기기 전에 미리 백업을 하거나, 두 가지 행동 중에서 하나를 선택할 수 있다. 드디어 서비스 사용의 주체가 되어 선택권을 가지게 된 것이다.

워낙 다른 서비스에 속았던 적이 많아서 이번에도 설마 했지만 체험판 종료일에 다시 한번 메일이 왔다. 체험판이 종료되고 이제 무료 플랜으로 다운그레이드 되었음을 알리는 메일이었다. 사전에 안내한 바와 같이 메시지와

플랜 다운그레이드

4장 사용자를 불안하게 하는 UX

파일 내역이 잠겼다는 내용도 포함되어 있다.

슬랙은 놀라울 정도로 윤리적인 디자인의 정석을 보여준다. 체험판 종료 전에 미리 두 번에 걸쳐서 알림을 보내고, 서비스가 종료된 이후에는 대화 내역이 잠기니 미리 조치가 필요하다는 경고도 확실하게 한다. 또한 유료 플랜으로 업그레이드하지 않는다면 신용 카드를 등록할 필요가 없다고 안심시켜 주기까지 한다.

이렇게 중요 정보를 숨기지 않고 선택권을 제공하는 디자인은 사용자가 언제든 믿고 유료 플랜을 구독할 수 있게 만든다. 설령 돈을 지불하고 서비스를 이용하더라도 빠져나가고 싶을 때 빠져나갈 수 있게 해주리라는 믿음이 생기기 때문이다. 당장은 필요가 없더라도 다시 슬랙을 사용해야 할 때가 오면 기꺼이 돈을 지불하고 사용할 것이다.

한번 긍정적인 인상을 받은 서비스라면 그에 대해 전반적으로 긍정적인 평가를 할 가능성이 크다. 이렇게 하나의 특성이 전체 평가에 영향을 미치는 후광 효과는 일종의 인지 편향이다. 이로 인해 친구가 사용했던 AI 서비스는 그 기술이 아무리 좋다고 한들, 유료 결제 시점을 미리 알려주지 않았기 때문에 서비스 전체를 부정적으로 평가하게 된다. 반면, 슬랙은 사용하면서 특출나게 유용하다고 느끼는 부분이 없었어도 마지막에 구독을 안내하는 방식을 경험한 후, 서비스 전체를 긍정적으로 평가하게 된다.

후광 효과 외에도 마지막을 잘 마무리해야 한다는 시사점을 주는 피크 엔드 법칙을 고려했을 때, 사용자를 불안하고 찝찝하게 만드는 강제 연속성 디자인 대신 슬랙처럼 윤리적인 지침에 따라 서비스를 디자인할 필요가 있다.

> **생각해 볼 문제**

한참 동안 AI 서비스에 대해 분노 섞인 후일담을 들려주던 친구는 이런 말을 덧붙였다. '자신들의 기술력을 정말 중요하게 생각하고 자랑스럽게 여기는 회사인 줄 알았어.'

AI 컨퍼런스에서도 링크드인과 같은 SNS에서도 항상 그들이 가진 기술에 초점을 맞춰서 어필하던 서비스였다. 정말로 그들의 기술과 서비스에 자신이 있었다면 사용자에게 서비스 사용의 자율권을 줬을 것이다. 하지만 첫 유료 결제는 거의 강제로 이루어지다시피 진행됐고, 무조건 환불이 안 된다는 정책을 내세우는 그들의 태도로 인해 친구는 기술력이 진짜 괜찮은 회사가 맞는지에 대한 의문이 든다고 했다.

SNS에 어떤 글을 올리고 어떤 광고 콘텐츠를 만드는지, 그것만이 서비스의 이미지를 결정하지 않는다. 실제로 사용자에게 어떤 경험을 제공했는지, 특히 서비스 사용을 종료할 때 어떤 감정을 느끼며 떠나가게 했는지를 되돌아봐야 한다. 그리고 그 경험 안에서 서비스의 진짜 능력, 핵심 가치를 어필하려면 당당하고 자신 있는 디자인이 필요하지 않을까? 단순히 도덕적으로 옳지 않아서 다크 패턴을 지양하는 게 아니라 서비스의 매력을 자신 있게 보여주기 위해 윤리적인 디자인을 선택할 수 있는 것이다. 숨김없이 당당한 디자인은 곧 윤리적인 디자인이 될 수 있다.

1 부정적인 사용자에 대처하는 방법
2 감각적으로 소통하는 서비스
3 심플함 속 화려함, 화려함 속 심플함
4 계획하고 기억하고 행동하라
5 정보를 소화하는 방법
6 오래 보아야 예쁘다, 서비스도 그렇다

CHAPTER

5

사용자가
기억하는 UX

1 부정적인 사용자에 대처하는 방법

열 마디의 칭찬을 들어도 한 사람의 비난이 더 오래 기억에 남는다. 정답을 맞힌 열 개의 문제보다 실수로 틀린 한 문제가 더 신경 쓰인다. 이렇게 좋은 일이 99개 있어도 나쁜 일에 초점을 맞춰 바라보는 인간의 본성은 부정 편향 개념으로 설명할 수 있다.

1.1 부정 편향

부정 편향(negativity bias)[78]은 사람들이 긍정적이거나 중립적인 일보다 부정적인 일을 더 자세하게, 더 많이 기억하는 경향을 의미한다. 이 때문에 SNS를 오래 볼수록 피로감을 느낄 수밖에 없다. 인스타그램에서 선행을 베풀었다는 뉴스와 범죄 뉴스를 각각 하나씩 봤어도 결국 내용을 기억하고 친구에게 이야기하는 건 자극적인 후자의 내용이기 때문이다.

그렇다고 부정 편향이 꼭 나쁜 영향만 주는 건 아니다. 등산을 하다가 산 중턱에서 마주친 뱀 대신 아름다운 풍경에만 관심을 가진다면 그건 그대로 큰일이 날 수 있기 때문이다. 즉, 생존이 걸린 상황에서는 부정 편향이 우리를 안전하게 지켜주는 역할을 한다. 문제는 생존의 위협을 받지 않는 일상생활에서도 편향이 그대로 작동한다는 데 있다.

1.2 부정 편향을 고려한 UX 디자인 전략

사용자의 부정 편향을 고려한 UX 디자인은 생사가 오가는 상황이 아님에도 부정적인 면에만 집중하는 사용자들의 시선을 긍정적인 면으로 돌리는 디자인이다. 이 전략이 디지털 서비스에 어떻게 나타나는지 살펴보자.

에러 페이지

사용자는 디지털 서비스의 99%를 문제없이 사용하다가도 오류가 발생한 1%를 기억할 것이다. 그 1%로 인해 사용자가 불쾌함을 느끼고 이탈하는 상황을 방지하기 위해 에러 페이지의 디자인이 중요하다.

404 페이지와 픽사의 에러 페이지

왼쪽의 404 페이지처럼 알 수 없는 오류 코드와 관리자 코드를 알려주면 사용자는 무엇이 잘못된 건지 알 수 없어 불쾌감을 느끼고 이탈하기 쉽다. 반면, 픽사(Pixar)의 에러 페이지에는 애니메이션 인사이드 아웃의 등장인물인 슬픔이와 함께 '우리가 찾는 무언가가 장기 기억에서 잘못되었을 수도 있다.'라는 유머러스한 문구가 적혀 있다.

픽사라는 회사의 개성을 드러내면서 예상치 못한 상황에서 오류가 발생하여 당황했을 사용자에게 오히려 재미요소를 부여한 에러 페이지다. 이 외에도 에러 페이지에서 빠르게 벗어날 수 있는 버튼이나 링크를 즉시 제공함으로써 사용자에게 부정적으로 각인될 수 있는 오류 발생 상황을 만회할 수 있다.

베스트 리뷰 선정 옵션

물건을 구매할 때, 숙소를 예약할 때, 음식을 주문할 때 우리는 다른 소비자의 리뷰를 살펴본다. 당연하게도 눈길을 끄는 건 별 다섯 개의 리뷰가 아닌 별 한 개의 리뷰다. 아무리 좋은 리뷰가 많아도 1점 짜리 후기가 치명적인 단점을 이야기하고 있다면 그 옵션은 선택하지 않을 가능성이 크다. 따라서 판매자 입장에서는 사용자가 부정적인 리뷰에 접근하는 것 자체를 어렵게 만드는 것이 하나의 전략일 수 있다.

예를 들면, 네이버 스마트스토어에서는 판매자가 선정한 베스트 리뷰가 먼저 노출되는 옵션을 제공한다. 이를 통해 사용자는 긍정적인 리뷰에 쉽게 접근할 수 있고 베스트 리뷰에 선정되지 않은, 부정적인 리뷰를 보기 위해서는 다음 페이지로 넘어가야 한다거나 필터를 '낮은 별점 순'으로 변경하는 등의 추가 작업이 필요하다.

하지만 긍정 리뷰 강조 디자인이 과하면 오히려 사용자에게 왜곡된 정보를 줄 수 있어 주의가 필요하다. 숙박 예약 서비스인 여기어때는 사실을 확인할 수 없는 후기를 업주의 요청에 따라 블라인드 처리할 수 있는 리얼 리뷰 제도를 도입했다. 이는 악의적인 의도를 갖고 작성한 후기가 잠재적인 고객에게 보이는 걸 방지할 수 있는 제도지만, 업주가 부정적인 후기를 무분별하게 삭제하고 좋은 평가만을 남겨두는 식으로 남용한다면 소비자는 더 이상 리뷰와 서비스를 신뢰할 수 없을 것이다.

네이버 스마트스토어의 베스트리뷰 선정

뉴스 큐레이션 서비스

사용자는 자극적이고 부정적인 기사를 클릭하고 그런 뉴스를 기억할 확률이 더 높다. 이런 인간의 성향은 너무나 강력해서 뉴스 큐레이션 서비스에게는 사용자의 마음을 낚아챌 특별한 전략이 필요하다. 예를 들면, 대표적인 뉴스 큐레이션 서비스인 뉴닉(Newneek)은 단순히 볼 만한 최신 뉴스를 몇 개 골라주는 것에서 한발 더 나아가 뉴스 내용을 읽기 쉽게 항목화하여 정리해 주고 어려운 한자어 대신 쉬운 단어와 이모티콘, 부드러운 요죠체를 사용하여 독자가 뉴스에 어렵지 않게 다가갈 수 있도록 도와준다.

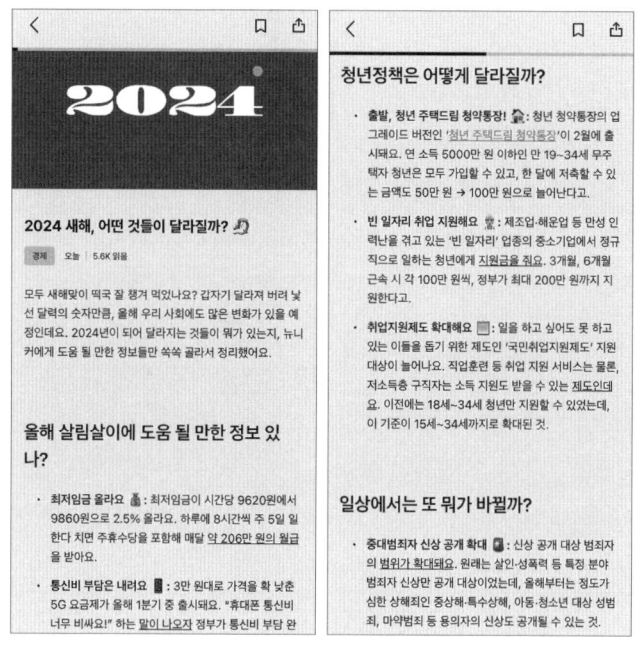

뉴닉의 뉴스 큐레이션(1)

또한 사용자의 목적에 맞게 다양한 테마의 뉴스를 보여준다. 다른 독자들의 의견을 토핑처럼 얹었다는 의미의 '피자스테이션'이나 의도적으로 따뜻한 소식을 볼 수 있는 메뉴인 '고슴이의 덧니' 등 큐레이터의 역량이 돋보이는 콘텐츠가 그 예시이다. 이는 단순히 뉴스 기사가 아닌 하나의 콘텐츠로 사용자에게 어필할 수 있으므로 부정적인 뉴스에만 집중하는 사용자의 관심을 끌 수 있다.

뉴닉의 뉴스 큐레이션(2)

교육/금융 서비스

서비스 사용 전에 이미 부정 편향에 갇혀 있는 사용자도 있다. 예를 들면, 영어 시험 점수를 올리기 위해 혹은 영어 회화 능력을 키우기 위해 서비스를 이용하는 사용자는 자신의 부족한 부분에 신경 쓰고 있을 확률이 높다. 이런 사용자를 위해서는 사소한 성취라도 확실하게 인정해 주고 축하하며 긍정적인 부분으로 시선을 돌려주는 것이 중요하다.

이러한 전략은 토스에서도 잘 활용하고 있다. 대출을 갚아 나가는 사용자에게 단순히 남은 대출 금액을 알려주는 대신 상환 시점마다 소액의 포인트를 지급하여 격려하고, 대출 상환이 끝나면 축하 메시지를 띄워서 성취를 인정해 주는 것이다. 이는 부정적인 것만 보고 있는 사용자에게 긍정적인 면을 보여줌으로써 서비스 이용 경험 또한 긍정적으로 바꿀 수 있는 전략이다.

토스의 대출 관리

> **생각해 볼 문제**

서비스 자체의 문제든 사용자의 개인적인 사정이든 서비스 경험 과정에서 일어나는 부정적인 감정은 사용자에게 선명하게 각인될 가능성이 크다. 따라서 많은 서비스가 다양한 디자인 전략을 통해 사용자의 시선을 긍정적인 면으로 돌리기 위해 노력하고 있다.

특히 서비스 자체에서 발생하는 불편함은 서비스의 이미지까지 부정적으로 만들 수 있기 때문에 미리 예방하는 것이 중요한데, 이는 곧 제품 출시 전 실행하는 사용성 테스트의 중요성을 의미한다. 제품을 설계하고 개발하며 익숙해진 내부 관계자들과 달리 사용자는 예상치 못한 곳에서 어려움을 겪고 오류를 맞닥뜨릴 수 있다. 따라서 제품을 미리 테스트하여 사용자의 불만을 최소화하는 것이다. 그럼에도 발생하는 문제에 대해서는 에러 페이지 사례처럼 추후 관리 전략을 따로 마련해야 한다.

내 서비스를 이용하는 사용자의 관심을 뺏는 부정적인 요인은 무엇일까? 초기 서비스라면 불안정한 사용성이 될 수 있고 커머스 서비스라면 부정적인 리뷰, 교육 서비스라면 목표치에 도달하지 못한 사용자의 현재 시험 점수일 수 있다. 부정적인 요인만을 바라보게 되는 사용자에게 좋은 면을 보여주기 위해 어떤 디자인이 필요할지 생각해 보자.

2 감각적으로 소통하는 서비스

성수동 골목을 지나다 보면 진한 빵 냄새가 확 풍기는 지점이 있다. 그 냄새를 따라가면 사람들이 길게 줄을 선 소금빵 집이 하나 보인다. 고급 재료와 훌륭한 맛 때문에 유명해졌다고 하는데, 그런 정보를 몰랐더라도 그 냄새를 맡아본 사람이라면 다른 사람들을 따라 줄을 설 수밖에 없을 것이다. 이처럼 무의식적 자극에 대한 반응은 꽤 강력하다.

휴게소의 호두과자, 겨울철 길거리의 붕어빵, 지하철역 델리만쥬처럼 각 장소와 시기마다 풍기는 냄새는 우리의 감각을 자극한다. 이외에도 제품과 함께 보이는 광경, 소리, 느낌, 맛 등은 사람들이 제품과 감정적으로 연결되도록 만들어서 오래도록 기억에 남는다.

감각적 호소(sensory appeal) UX 디자인을 위해서는 오감을 통해 사용자의 기억에 남는 감각적인 연결을 만드는 것이 중요하다.

오프라인에서의 감각적 호소 디자인

오프라인에서는 빵 냄새처럼 후각을 자극하는 브랜드 매장을 흔히 볼 수 있다. 영국에서 시작한 자연주의 화장품 브랜드인 러쉬(Lush)는 그 브랜드 제품만의 독특한 향이 워낙 강력해서 매장이 시야에 들어오기도 전에 근처에 러쉬가 있다는 걸 알아차리게끔 만든다. 코를 킁킁대며 매장에 들어서면 알록달록한 제품들이 보이고, 마음에 드는 제품은 매장 안의 세면대에서 직접 만져보며 테스트할 수도 있다.

꼭 식품이나 화장품 브랜드만이 매력적인 후각 경험을 제공하는 건 아니다. 국내 대표 서점인 교보문고는 브랜드만의 시그니처 향을 개발한 것으로 잘 알려져 있다. 오프라인 매장에 들어서면 나무 향이 은은하게 퍼져서 마치 숲을 거니는 듯한 기분이 든다. 일명 '책 향(The Scent of PAGE)'이라고 교보문고만의 독특한 향으로 자리 잡으면서 고객들의 관심과 문의가 점차 늘었고 결국 디퓨저와 캔들, 룸스프레이 등의 상품을 출시했다고 한다.

감각 마케팅을 적극 활용하는 브랜드는 후각, 시각, 촉각 등 오감을 자극하여 브랜드의 매력을 어필하고 고객을 끌어들인다. 이를 통해 고객에게 좀 더 몰입감 있고 기억에 남는 경험을 선사할 수 있다.

온라인에서의 감각적 호소 디자인

후각이나 미각, 촉각 등의 감각은 디지털로 전달하기 어렵다. 하지만 잘 묘사된 글과 이미지는 맛과 향을 느낄 수 있게 만들고, 적절한 타이밍의 소리는 촉각을 자극할 수 있다. 특히 모든 서비스의 가장 기본 요소인 텍스트는 어떻게 작성하는지에 따라서 사용자에게 후각, 미각, 촉각 경험까지 제공할 수 있는 강력한 힘이 있다.

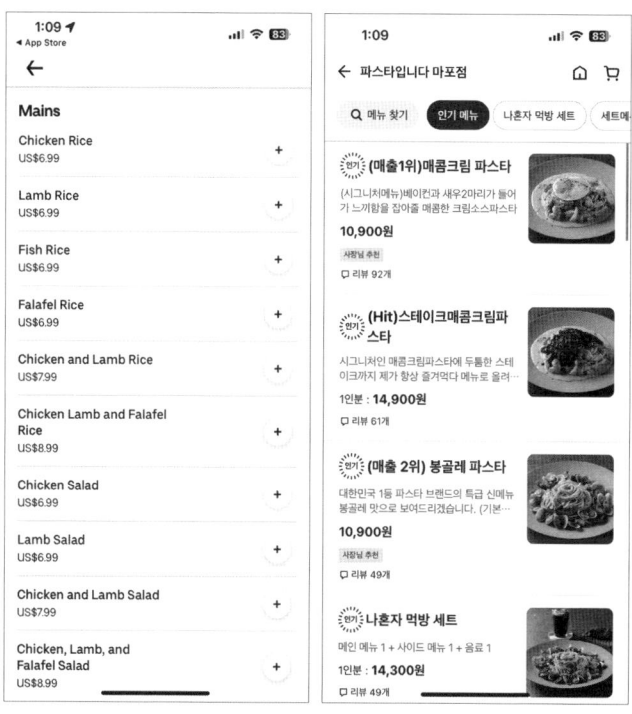

우버이츠와 배달의민족의 메뉴 화면

우버이츠와 배달의민족은 모두 음식을 배달 주문할 수 있는 서비스다. 그러나 앱이 제공하는 메뉴 화면에서 느낄 수 있는 감정엔 조금 차이가 있다. 우버이츠는 음식 메뉴를 그저 이름과 가격으로만 표시한다. 이런 건조한 메뉴판은 사용자의 흥미나 식욕을 돋우지 못한다. 반면 배달의민족은 사실적인 음식 이미지와 함께 구체적으로 맛을 표현하는 설명이 적혀 있다. 점주의 성향에 따라 이러한 설명은 조금씩 다를 수 있지만 플랫폼에서 음식에 대한 이미지와 설명을 노출해 준다는 점에서 우버이츠보다 시각, 후각, 미각을 자극하는 풍부한 경험을 제공할 수 있다.

상품 후기를 볼 때도 단순히 별점만 있거나 글만 적힌 후기보다는 상품을 사용하는 이미지가 상상력을 더욱 자극한다. 그보다 한 단계 더 나아가서 직접 사용하는 영상을 보면 실제로 그 상품을 사용하는 것처럼 다양한 감각을 느낄 수 있다. 움직임을 통해 한층 더 생생한 시각적 자극이 전달되고 상품을 만지거나 사용할 때 들리는 소리는 제품의 텍스처를 연상하게 한다. 또 배경에 깔리는 음악이나 음성 해설은 영상을 보는 사람의 경험을 전반적으로 더 풍부하게 만든다.

네이버 웹툰은 이렇게 다양한 자극 요소를 잘 활용하여 독자에게 좀 더 몰입감 있는 경험을 제공하고 있다. 만화의 특정 분위기를 살리기 위해 배경 음악이 재생되기도 하고, 공포 장르에서는 긴장감과 몰입감을 극대화하기 위해 움직이는 애니메이션과 효과음이 나오기도 한다. 그리고 사실적인 음식 묘사를 통해 독자의 미각과 후각을 자극하기도 한다.

네이버 웹툰 「노인의 꿈」

사례에서 살펴보았듯 디지털 기기라는 제한적인 환경에서도 다양한 방법으로 오감을 통합하고 풍부한 사용자 경험을 만들 수 있다. 이때 가장 중요한 건 서비스에 적합한 감각을 찾는 것이다. 음식을 요리할 때 들리는 소리나 누군가 먹고 있는 영상은 사용자가 음식의 맛과 향을 상상하도록 만들 수 있다.

하지만 빠르게 음식을 주문하고 싶은 사용자를 고려했을 때 음식 배달 주문 앱에서 메뉴별 소리나 영상 후기를 제공하는 건 적절하지 않다. 이런 소리나 영상은 레시피를 제공하는 서비스에 적합하며, 음식 배달 서비스에서는 음식이 조리된 후 배달되는 과정을 모션으로

5장 사용자가 기억하는 UX

보여주는 게 몰입감 있는 경험을 만드는 데 훨씬 효과적이다.

이처럼 서비스에 적합한 감각과 함께 사용자가 서비스를 사용하는 맥락도 고려해야 한다. 예를 들면 조용한 공공장소에서 앱을 사용하고 있어서 소리를 크게 듣기 어렵다거나 인터넷이 느린 장소에 있어서 영상이나 모션을 재생하기 어려운 상황 등이 있을 수 있다. 사용자가 처할 수 있는 다양한 환경을 고려하면서 서비스를 풍부하게 해줄 감각을 살린다면 매력적인 감각 경험을 제공할 수 있을 것이다.

> **생각해 볼 문제**

사용자의 다양한 감각을 자극함으로써 좀 더 매력적이고 풍부한 경험을 디자인할 수 있다. 기술적 한계가 있는 디지털 환경에서도 시각, 청각 요소를 잘 활용하여 충분히 사용자의 오감을 자극할 수 있다.

그리고 기술이 점차 발전하면서 가상 현실(Virtual Reality, VR)을 체험할 수 있는 기기가 등장함에 따라 사용자와의 감각적 연결을 만들 수 있는 접점이 많아졌다. 그중에서도 애플에서 출시한 비전 프로는 마치 실제 공간에 디지털 콘텐츠가 존재하는 것과 같은 경험을 제공하며 극도의 몰입감을 느낄 수 있게 해준다. 집, 카페, 심지어 비행기 등 어떤 공간에 있든 나만의 극장과 오락실을 만들어서 즐길 수 있다.

비전 프로와 같은 VR 기기는 현실과 디지털 세계를 넘나들며 그 경계를 명확하게 인지할 수 없다는 점에서 몰입도 높은 경험을 제공하지만 디지털 과몰입을 불러일으킬 수도 있다. 이미 스마트폰과 그 안에서 볼 수 있는 콘텐츠에 대한 중독 문제가 심각하다. 이런 상황에서 디지털 세계로의 몰입을 더욱 극대화하는 기기의 등장은 이러한 문제를 심화시킬 수 있다.

> 이제 우리는 풍부한 사용자 경험을 제공하면서도 그에 대한 부작용과 2차 효과를 고민해야 한다. 높은 디지털 의존성과 과몰입에 현명하게 대처하기 위해서는 어떤 디자인 전략이 필요할까?

3 심플함 속 화려함, 화려함 속 심플함

40년 만에 서울시 지하철 노선도가 새롭게 리디자인되었다. 가장 눈에 띄는 변화는 가운데에 크게 동그랗게 그려진 2호선 라인이다. 2호선은 출발지와 도착지가 같은 순환선임에도 그동안 다른 지하철 노선과 같이 길게 뻗은 형태로 그려져 있었다. 그러다 보니 서울의 중심부를 돌고 있는 열차라는 사실도 인지하기 어려웠다.

2호선이 원형으로 바뀐 노선도는 이런 중요한 정보를 더 확실하게 강조한다. 그리고 2호선 외에 다른 노선들이 여러 각도로 표현됐던 기존과 다르게 수평, 수직, 45도의 대각선으로만 그려지도록 통일함으로써 2호선의 원 형태가 더욱 눈에 띄는 효과가 있다.

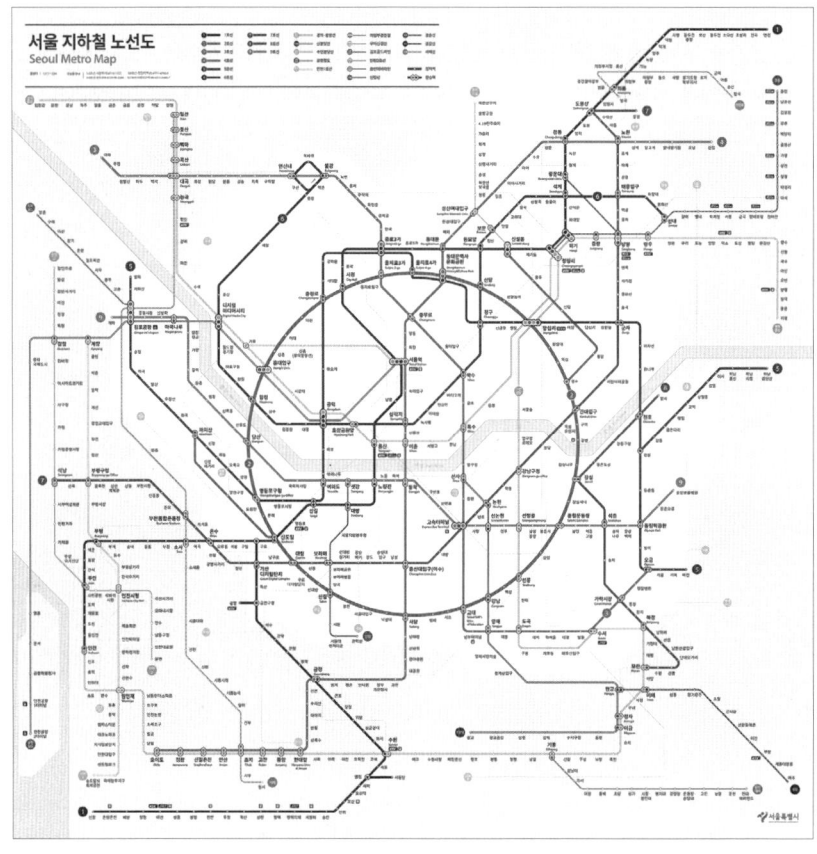

서울 지하철 노선도

쉽게 눈치챌 수 있는 또 한 가지 변화는 노선도 배경의 곳곳에 칠해진 파란색이다. 이 배경색은 공항철도가 지나가는 곳에 있는 바다와 서쪽부터 동쪽까지 쭉 이어지는 한강을 표현한 것이다. 기존의 노선도 배경이 하얀색으로 통일되어 있었던 것과 달리 새로운 노선도에서는 바다나 강과 같은 지리적 정보도 얻을 수 있다.

3.1 폰 레스토프 효과

앞서 살펴본 원형의 2호선과 파란색으로 표현한 지리 정보처럼 다른 요소와 비교했을 때 형태와 색상 등으로 차별화된 요소는 시선을 끌 수 있고 사용자의 머릿속에 더욱 오래 기억된다. 이러한 효과를 폰 레스토프 효과(Von Restorff effect)라고 하며 고립 효과(Isolation effect)라고도 잘 알려져 있다.[79] 여기서 중요한 건 차별화이다. 만약 주변의 다른 요소가 모두 독특한 형태를 띠고 있다면 그 어떤 것도 강조할 수 없다. 무엇이 중요한지 어떤 정보를 전달하는 게 목적인지 명확해야만 폰 레스토프 효과가 빛을 발할 수 있다.

알림 배지

앱 아이콘 오른쪽 위편에 붙어 있는 빨갛고 동그란 배지나 문자 메시지 왼쪽 파란 점은 확인하지 않은 콘텐츠가 있다는 걸 알려준다. 이런 알림 배지는 사용자에게 확인이 필요하다는 걸 지속해서 상기시킨다.

iOS 메뉴 알림

아이폰의 알림 배지와 읽지 않은 메시지 표시

요금제

사용자에게 다양한 요금제를 소개할 때도 폰 레스토프 효과가 적용된다. 서비스에서 가장 어필하고 싶은 요금제를 눈에 띄게 디자인하고 다른 요금제는 기본적인 형태로 표현하는 방식이다. 그러면 여러 가지 요금제 중에서 어떤 걸 선택할지 확신하지 못하던 사용자도 가장 강조된 요금제에 눈길이 가게 되고, 그걸 선택할 가능성이 커진다.

예스24(YES24) 크레마클럽

3.2 부작용 사례

알림 배지나 요금제처럼 사용자가 주목하고 기억했으면 하는 특정 요소를 강조하는 디자인 모두 폰 레스토프 효과를 적용한 것이다. 주로 UI 요소의 색상, 크기, 모양으로 차별화를 두고 이렇게 고립된 요소는 배경에 있는 다른 요소보다 기억되기 쉽다. 하지만 모든 개체가 자신의 중요성을 주장하면 그 어떤 것도 강조될 수 없다.

이를테면 책이나 문서에서 중요한 부분을 표시하기 위해 빨간펜과 형광펜을 사용하는데, 강조 표시를 너무 많이 하다 보면 색이 칠해진 부분이 원래의 텍스트보다 더 많아지기도 한다. 이렇게 되면 여기저기 칠해진 알록달록한 색상에 주의를 뺏겨 결국 무엇이 가장 중요한지 놓쳐버리게 된다.

번화가에서도 이러한 현상을 자주 마주한다. 여기저기 휘황찬란한 간판과 눈이 부시도록 밝은 조명이 켜진 번화가를 걷다 보면 시선이 갈 곳을 잃는다. 모든 식당과 주점이 서로 더 눈에 띄고 싶어서 자신의 정체를 강조하는 탓에 결국 그 어떤 곳도 잠재 소비자에게 눈에 띌 수 없게 되는 것이다.

디지털 세계에서도 마찬가지다. 광고 콘텐츠 대부분은 사람들의 시선을 사로잡기 위해 화려하게 디자인된다. 그러다 보니 SNS에서 눈에 띄는 콘텐츠는 광고일 가능성이 크다. 여기서 한 가지 더 고려해야 할 심리학 이론은 배너 블라인드니스(banner blindness)[80] 효과다. 이미 너무 많은 광고를 접한 사용자는 무의식중에 지나치게 화려한 디자인을 광고라고 인식하고 이를 무시하는 경지에 다다랐다.

네이버 검색 상단 파워링크와 카카오톡 채팅 상단 광고

네이버 검색 결과 상단에 나오는 파워링크는 쳐다보지도 않고 스크롤을 내려 아래에 있는 콘텐츠를 보는 것, 인스타그램 피드에서 광고 콘텐츠가 뜨면 자연스럽게 무시하고 다른 콘텐츠로 넘어가는 것, 항상 사용하는 앱이지만 매번 광고가 나타나는 상단 코너는 한 번도 유의 깊게 보지 않는 것 모두 우리가 일상에서 무의식적으로 광고를 무시하는 배너 블라인드니스 현상이다.

> **생각해 볼 문제**

중요한 요소를 각인시키기 위해 사용한 폰 레스토프 효과는 잘못 사용하면 광고로 오해받고 결과적으로 사용자에게 외면당할 수 있다. 그래서 알림 배지나 요금제 디자인과 달리 수많은 콘텐츠와 경쟁해야 하는 상황에서는 폰 레스토프 효과를 적용하기가 굉장히 까다롭다. 사용자의 시선을 끌고 확실한 인상을 주며 오래도록 기억되기 위해서는 더욱 세심한 전략을 고민해 봐야 한다.

지나친 화려함 때문에 폰 레스토프 효과가 뒤집혔듯 화려함 속에서의 심플함이 배너 블라인드니스라는 부작용을 또 한 번 뒤집을 수 있다. 모두가 다 나를 봐달라고 외치는 번화가에서 간판 없는 집이 오히려 주목받는 것처럼 시끄럽고 자극적인 디지털 콘텐츠 세상 속에서도 담백하고 진심 어린 콘텐츠가 더 눈에 띌 수 있다.

하지만 SNS에 이미 광고가 아닌 척하는 광고 콘텐츠가 넘쳐나는 탓에 이러한 세심한 전략의 효과는 한 번 더 뒤집히게 되었다. 일상 콘텐츠나 진심 어린 후기를 가장한 채 사용자에게 다가가지만 결국 모든 것은 만들어진 스토리다. 이에 배신감을 느낀 사용자는 이전보다 더욱 신경을 곤두세우며 광고를 가려내려 할 것이다. 그러다 보면 실제 콘텐츠는 차단해 버리고 오히려 광고만을 골라 보게 될 수도 있다. 이렇게 혼란스러운 상황은 부정적인 사용자 경험이 될 수밖에 없다.

그러면 폰 레스토프 효과가 넘쳐나는 콘텐츠 세계에서 효력을 발휘하려면 어떻게 해야 할까? 부작용의 또 다른 부작용이 되는 상황을 막을 수는 없을까?

4 계획하고 기억하고 행동하라

지루함을 느끼던 와중에 무의식적으로 스마트폰을 집어 들었다. 가장 먼저 보이는 건 'OO 님이 올린 새 게시물을 확인해 보세요!'라는 인스타그램 알림이었다. 알림을 따라 인스타그램에 들어가서 피드를 훑어보는데 '아직도 영어 공부 결심만 하시나요?'라는 문구가 눈에 띈다. 이끌리듯 영어 공부 포스팅을 눌렀고 월간 구독권 구매를 누르기까지 5분이 채 걸리지 않았다. 지금 아니면 언제 시작할 거냐는 도발적인 광고 문구가 정곡을 찌름과 동시에 때마침 50% 할인 이벤트가 곧 종료된다고 했기 때문이다. 잠시 무료함을 느껴 스마트폰을 하다가 어느새 영어 학습 앱 결제까지 해버렸다. 이 모든 과정이 10분 이내에 진행될 수 있었던 이유는 세 번이나 트리거가 일치했기 때문이다.

4.1 트리거 3종 세트

트리거(trigger)는 총의 방아쇠를 뜻하는 단어로 특정 행동을 촉발하는 요인을 의미한다. 이는 다시 내부 트리거와 외부 트리거로 나눌 수 있다. 먼저 내부 트리거는 마음에서 우러나오는 행동 계기와도 같은 것이다. 디지털 제품의 내부 트리거라고 하면 외부의 어떤 자극 없이도 앱을 다운로드하거나 사용하게 만드는 사용자의 개인적인 상황이나 감정과 같이 내부에서 나오는 심리적 신호다.

반대로 외부 트리거는 광고나 문자 메시지, 이메일, 앱의 알림과 같이 사용자가 어떤 행동을 취하도록 유도하는 바깥에서 오는 신호다. 이 둘, 내부 트리거와 외부 트리거가 일치하면 행동 계기와 동기가 강해지므로 사람들이 움직이기 더 쉽다. 10분 만에 영어 학습 앱의 월간 구독 결제를 했던 사례에서는 내부 트리거와 외부 트리거가 일치하는 순간이 세 번 등장한다.

❶ 첫 번째 일치 상황

지루함을 느끼던 와중 (내부 트리거) + 가장 먼저 보이는 건 'OO 님이 올린 새 게시물을 확인해 보세요!'라는 인스타그램 알림 (외부 트리거) = 인스타그램에 접속 (행동)

❷ 두 번째 일치 상황

'아직도 영어 공부 결심만 하시나요?'라는 문구 (외부 트리거) + 안 그래도 올해는 영어 좀 제대로 공부해 보려고 했는데 벌써 2월의 끝자락이다. (내부 트리거) = 영어 공부 포스팅 조회 (행동)

❸ 세 번째 일치 상황

지금 아니면 언제 시작할 거냐는 도발적인 광고 문구가 정곡을 찌름 (외부 트리거: 광고 문구 + 내부 트리거: 지금 아니면 시작하지 못할 것 같다는 불안 신호) + 때마침 50% 할인 이벤트가 곧 종료된다고 했기 때문 (외부 트리거) = 월간 구독권 구매 (행동)

이렇게 내부에서 오는 심리적 신호와 외부에서 오는 자극이 몇 번이나 딱 맞아떨어졌기 때문에 결제까지 모든 게 물 흐르듯 진행되었다. 만약 여기에 개인이 직접 설정한 트리거가 추가된다면 더욱 확실하고 강력한 행동 촉발 메커니즘이 만들어진다. 사용자가 자신의 내적인 동기에 따라 스스로 상황을 설정하는 것, 이를 자체 시작 트리거(self-initiated trigger)라고 부른다.

강력한 행동 동기가 되는 자체 시작 트리거를 UX 디자인에 적용하기 위해서 서비스는 개인의 특정 상황, 환경, 맥락에 따라 설정을 변경할 수 있는 개인화 기능을 제공할 수 있다. 이를 통해 사용자의 행동이 어떻게 변화할 수 있는지 살펴보자.

아이폰

아이폰은 사용자가 집중할 수 있는 환경을 만드는 집중 모드 기능을 제공한다. 이 기능을 통해 사용자는 수면, 업무, 독서, 게임, 운전, 운동을 하는 시간에 어떤 연락을 받지 않고 어떤 앱을 사용하지 못하도록 잠글 것인지 설정할 수 있다. 매번 직접 집중 모드를 켜지 않아도 특정 시간대나 장소에 다다르면 자동으로 집중 모드가 시작된다.

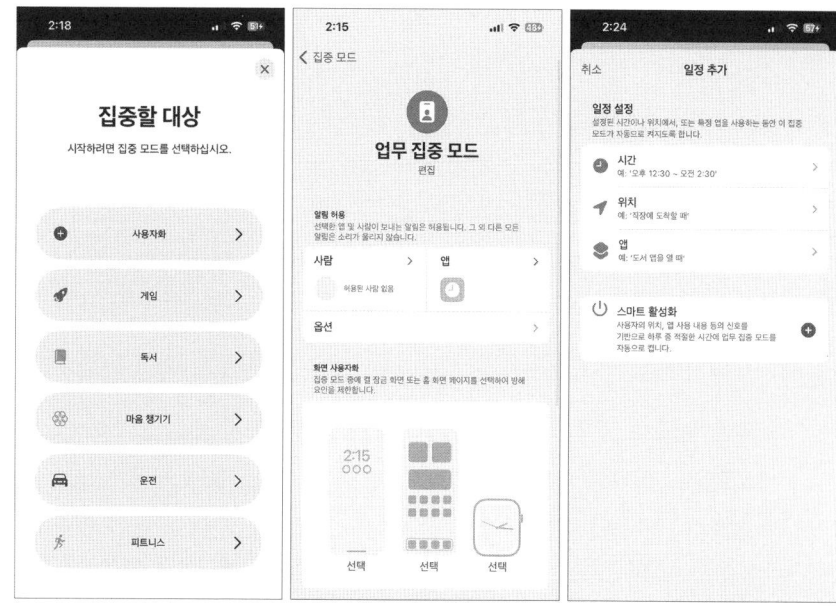

아이폰 집중 모드

예를 들어 업무 집중 모드 일정을 평일 오전 9시부터 오후 6시까지로 설정하거나 회사 위치를 등록하면 그 시간대에 혹은 그 위치에 도달했을 때 자동으로 집중 모드가 활성화된다. 그리고 특정 앱에 접속할 때도 자동으로 집중 모드가 활성화되도록 설정할 수 있다. 독서 앱이나 내비게이션 앱, 명상 앱에 접속하면 각각 독서, 운전, 마음 챙기기 집중 모드가 활성화되는 것이다.

중요한 건 이 모든 자동화 설정을 사용자가 직접 해야 한다는 사실이다. 중요한 일을 할 땐 오로지 이 일에만 집중하겠다고 스스로 결심하고 집중 모드를 설정해 두었기 때문에 중간에 집중력이 흐트러

5장 사용자가 기억하는 UX

져서 잠시 스마트폰을 들었다가도 '업무 집중 모드' 상태임을 발견하고 다시 업무로 돌아올 가능성이 크다. 외부 연락으로부터 방해받는 상황도 방지해주지만, 무의식적으로 딴짓을 하려고 할 때도 스스로 약속한 작업 시간임을 상기시켜 주는 효과가 있다.

연락과 알림을 제한하는 집중 모드 외에도 화면을 오래 보거나 너무 가까이서 보는 걸 제한하는 기능도 있다. 이 또한 타인에 의해 강제되는 것이 아니라 사용자가 스스로 스마트폰 사용을 제한하고 싶거나 게임 중독에서 벗어나고 싶다고 느꼈을 때 직접 설정할 수 있는 기능들이다. 따라서 제한된 환경과 규칙을 따르고자 하는 의지가 훨씬 높을 수밖에 없다.

스크린 타임과 화면 주시 거리

마이루틴

습관이 만들어지려면 최소 3주의 기간이 필요하다는 말이 있을 만큼 습관을 들이는 건 쉽지 않은 일이다. 개인의 의지만으로는 새로운 행동을 반복하고 지속해서 하기 어려울뿐더러 이제까지 해오던 습관이 아니기 때문에 결심 자체를 아예 잊어버리기 십상이다. 따라서 새로운 행동이 자리 잡을 때까지 그 행동을 유도하는 환경을 조성하는 게 중요하다.

마이루틴이라는 루틴 관리 앱은 사용자가 매일 실천하기를 원하는 습관을 잊지 않고 행하도록 도와준다. '일어나자마자 물 한 컵과 영양제 먹기'라는 루틴을 앱에 적어두면 아침 시간에 루틴을 체크해 보라는 알림 메시지를 보내는 방식이다. 다이어트나 업무 시간, 기분 좋은 아침 시간 등 목적과 상황에 맞게 루틴을 만들고 알림 받는 시간을 사용자가 직접 지정할 수도 있다.

마이루틴

단순히 '업무 시간에는 일에만 집중하자.'라는 추상적인 목표를 세우는 게 아니라 업무를 시작할 땐 커피를 내린 후 중요 업무를 정리하고 그다음엔 정해진 시간만큼 일에 집중하겠다는 구체적인 행동 루틴을 설정할 수 있는 것이다. 이로써 사용자는 스스로 설정한 디지털 환경에서 지키겠다고 결심한 루틴, 새롭게 만들겠다고 다짐한 습관을 계속 떠올리며 실천을 이어나갈 수 있다.

4.2 주의 사항

내부 트리거와 외부 트리거가 일치해서 사용자가 더 쉽게 특정 행동을 취했던 것처럼 자체 시작 트리거로 인해 사용자는 해야 할 일을 잘 기억할 수 있고, 수행하고자 하는 의지도 한결 높아진 상태를 유지할 수 있다. 중요한 업무를 처리해야 된다는 사실, 원래 유튜브 쇼츠를 보는 시간이 아니라 업무 시간이었다는 사실, 며칠 전에 꼭 지키자고 다짐했던 루틴이 있다는 사실, 이 중요한 사실들을 잊지 않고 기억하게끔 만들기 위해 그리고 꾸준히 행동하도록 만들기 위해 자체 시작 트리거가 필요하다.

서비스는 자체 시작 트리거를 설정할 수 있는 개인화 기능과 알림 기능을 제공하고 사용자는 자신의 목표를 계속 상기시키는 환경을 직접 만들어주는 것으로 이를 활용할 수 있다. 이로써 좋은 습관을 만드리라 결심하고 서비스는 이를 계속 상기시켜 주고 다시 사용자는 실천하게 되는, 이러한 선순환 구조가 만들어진다.

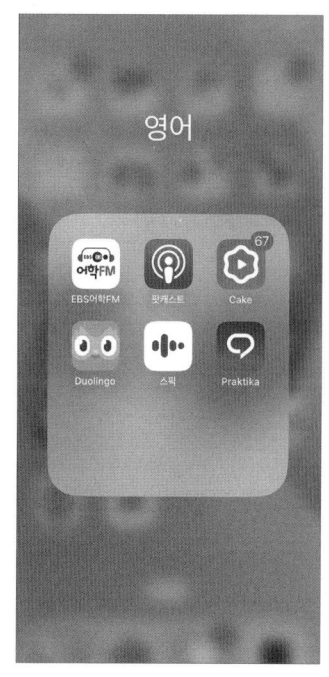

알림 배지

주의해야 할 건 알람 폭격이다. 비록 사용자가 스스로 설정한 알람은 더 확실한 행동 유도가 된다고 하지만, 그렇다고 너무 많은 양의 알람이나 메시지를 보낸다면 이는 역효과를 유발할 수밖에 없다.

시도 때도 없이 울리는 알람을 무시했더니 확인하지 않은 메시지가 수십 개에 달한다는 배지가 보인다. 어떤 내용인지 확인하기도 전에 숨이 턱 하고 막혀서 앱을 삭제하고 싶어진다. 이와 같은 부담감은 누구나 느낄 수 있고, 아예 사용을 중단하는 결과도 언제든 발생할 수 있다. 무엇이든 지나치면 독이 된다는 사실을 잊지 말자.

> **생각해 볼 문제**

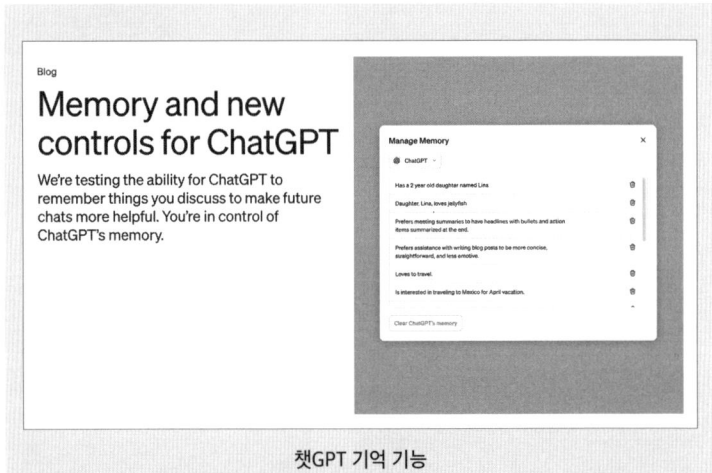

챗GPT 기억 기능

빠른 속도로 발전하고 있는 생성형 인공지능 챗GPT가 최근 업데이트를 통해 기억 기능이 추가되었다고 한다. 이전까지는 동일한 채팅 창 안에서만 이전 대화와 맥락을 기억했지만, 이제 사용자의 중요한 정보를 항상 기억하는 형태로 발전했다.

사용자의 아이가 강아지를 좋아한다는 사실을 기억한다면 아이의 생일 카드를 만들어달라고 했을 때 강아지 그림을 그려줄 것이다. 또 3년 전부터 뷰티 브랜드를 운영하고 있다는 사실을 기억한다면 새로운 이벤트 기획에 대한 아이디어를 물어봤을 때 이를 고려하여 이벤트 아이디어를 생성해 줄 수 있다. 추리 소설을 좋아하는 취향을 기억한다면 책을 추천해달라고 했을 때 해당 장르의 베스트셀러를 알려줄 수도 있다.

이렇게 사용자 개개인의 가족 사항이나 직업, 취미, 기호 등 개인정보를 모두 기억하는 인공지능은 우리의 삶에 더욱 밀접하게 영향을 미칠 것이다. 이제까지는 직접 스마트폰을 조작하여 설정하는 방식으로 자체 시작 트리거를 활용했지만, 앞으로는 인공지능이 사용자의 생활 패턴과 성향을 기억하고 분석하여 루틴을 추천하고 나쁜 습관을 고칠 수 있도록 전자기기의 설정을 자동으로 바꿔버리는 걸 상상해 볼 수도 있다.

인간이 스스로 설정하는 게 아닌 자신보다 자신을 더 잘 아는 인공지능이 사용자를 위한 자체 시작 트리거를 만드는 것이다. 이런 미래가 다가온다면 인공지능이 어떤 정보를 기억하고 어떤 환경을 조성해 주는 게 좋을지 상상해 보자. 지금 재미 삼아 기획한 인공지능 기억 서비스가 언제, 어디서, 어떻게 실현될 수 있을지는 아무도 모르는 일이다.

5 정보를 소화하는 방법

맨날 SNS에서 사람들이 요리하는 영상을 보고 있지만 정작 배고플 때 생각나는 레시피는 하나도 없다. 신용카드를 쓸 때마다 문자 알림이 오는 걸 확인하지만 카드값 내는 날, 어디에 이만큼이나 돈을 쓴 건지 도저히 기억이 안 난다. 넷플릭스에서 미드를 볼 때마다 영어 자막을 켜두지만 막상 외국인을 만나면 머릿속이 새하얗게 변하고 어떤 영어 표현도 생각이 나질 않는다.

자주, 여러 번, 반복적으로 보는 것들임에도 머릿속에 남는 게 없는 이유는 그저 보기만 했기 때문이다. 무언가를 확실하게 기억하려면 그 정보를 보다 깊이 있게 처리하는 과정이 필요하다. 영어 단어를 외울 때 단어장의 글자들을 표면적으로 읽기만 하는 것보다 직접 종이에 쓰고 말하고 문장으로 만들면 더 잘 외워지는 것처럼 말이다. 사용자가 무언가를 기억하게 해야 하는 서비스도 이러한 정보 처리 깊이(depth of processing)[81] 개념을 이해해야 한다. 이제, 깊이 있는 정보 처리를 위한 네 가지 방법에 대해 알아보자.

새로운 정보 학습

정보를 수동적으로 받아들이는 게 아니라 분석하고 응용하고 종합하는 방식으로 습득한다면 훨씬 오래 기억에 남는다. 학습 서비스에서는 이러한 전략을 자주 사용한다.

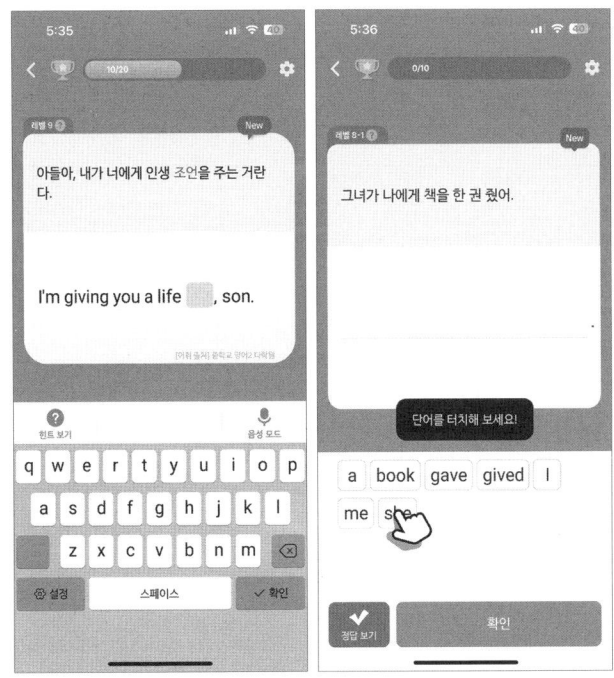

말해보카의 영어 문제

예를 들어 영어 단어 암기 서비스인 말해보카는 영어 단어와 뜻을 그냥 알려주는 게 아니라 한국어로 해석된 문장을 보고 영어 문장의 빈칸을 채우거나 영작하는 방식으로 단어를 외우도록 한다. 사용자는 빈칸을 보고 들어갈 단어를 고민하며 한 번 더 생각하고, 또 단어 카드를 배치하여 문장을 만들면서 문장 구조와 단어의 쓰임새에 대해 좀 더 깊이 있게 인지할 수 있다.

토스에서도 새로운 금융 지식을 전달하기 위해 퀴즈를 만들었다. 맞힐 확률이 반반인 간단한 O, X 퀴즈지만 대출 금리가 높아지는 상황,

대출 한도가 줄어드는 이유에 대해서 사용자 스스로 고민하며 정답을 유추해 봄으로써 정보에 한 단계 더 깊이 파고들게 된다. 이러한 과정을 거친 후에 정답에 대한 해설로 금융 정보 기사를 제공한다. 앞서 정답에 대해 고민했던 시간이 있어서 사용자는 집중도가 훨씬 높아진 상태에서 새로운 금융 지식을 받아들일 수 있다.

토스의 머니 팁

'스트레스 DSR이 뭔가요?'라는 제목은 당장 공부하려고 마음먹은 사람이 아니라면 그다지 클릭하고 싶은 제목은 아니다. 그러나 먼저 고민해 보게끔 퀴즈라는 미끼를 던지고 그 후에 관련 기사를 제공했기 때문에 동일한 제목이라도 사용자의 흥미가 높을 수밖에 없다. 토스는 이렇게 사용자가 새로운 금융 정보를 좀 더 잘 습득할 수 있게 도와줌으로써 금융 상품을 홍보할 기회와 그 효과를 얻어갈 수 있다.

재작업

정보를 받아들이는 것으로 그치는 게 아니라 한 번 더 자신의 말로 표현하고 그걸 다른 사람과 공유함으로써 좀 더 깊이 있게 정보를 처리할 수 있다. 네이버는 다양한 주제에 관해 다른 사람들과 이야기할 수 있는 오픈톡 서비스를 제공하고 있다.

네이버 오픈톡

여기서 인기 있는 주제는 OTT 콘텐츠다. 방송별로 오픈톡이 개설되어 있는데, 주목받는 방송일수록 인기 순위 상위권에 있다. 현재 1위인 한 드라마 오픈톡에는 무려 20만 명이 참여하고 있을 정도로 화력이 대단하다.

콘텐츠의 홍보 수단으로 활용되는 오픈톡에 참여함으로써 사용자가 누릴 수 있는 효과 중 하나는 재작업(reworking)이다. 영화나 드라마를 시청한 것으로 끝낼 수도 있지만, 오픈톡에서 다른 시청자와 소통하고 의견을 공유하면 콘텐츠에 대해 한 번 더 생각할 수 있게 된다. 그러면 혼자 보기만 했을 때보다 스토리나 감상이 더 오래 기억에 남는다. 다른 사람과의 대화를 통해 한층 더 재밌게 시청할 수 있는 건 덤이다.

그림 우월 효과

그림 우월 효과(picture superiority effect)[82]는 언어 정보보다 시각 정보, 즉 글보다 이미지가 더 쉽고 오래 기억될 수 있다고 설명한다. 이를 잘 사용한 슬립테크 서비스가 있다. 사용자 수면의 질을 분석하고 리포트를 제공하는 슬리라는 앱이다. 슬리는 사용자가 꿈을 이미지로 기록할 수 있도록 생성형 AI 기능을 제공한다.

슬리의 꿈 기록

이 기능을 통해 사용자는 자신의 꿈을 좀 더 쉽게 기억할 수 있다. 머릿속에 남아 있는 꿈에 대한 잔상을 글로 적음으로써 한 번, 그리고 AI가 생성한 이미지를 보고 저장함으로써 또 한 번, 꿈이라는 기억을 정교화하는 단계를 거치며 정보를 깊이 있게 처리하기 때문이다. 여기에 그림 우월 효과까지 더해져서 아침에 일어나자마자 잊기 쉬운 꿈에 대한 기억이 오래도록 이어질 수 있다.

장소법

장소법(method of loci)[83]은 기억의 궁전이라고도 하며, 고대 그리스부터 쉽게 기억하는 방법으로 전해져 내려온다. 한 번에 외우기 어려운 항목을 특정 공간이나 위치에 순서대로 배치해 두면 기억하기 쉽다는 게 장소법의 핵심이다. 이러한 장소법을 사용하여 기억력을 향상시킬 수 있도록 돕는 재밌는 앱이 하나 있다.

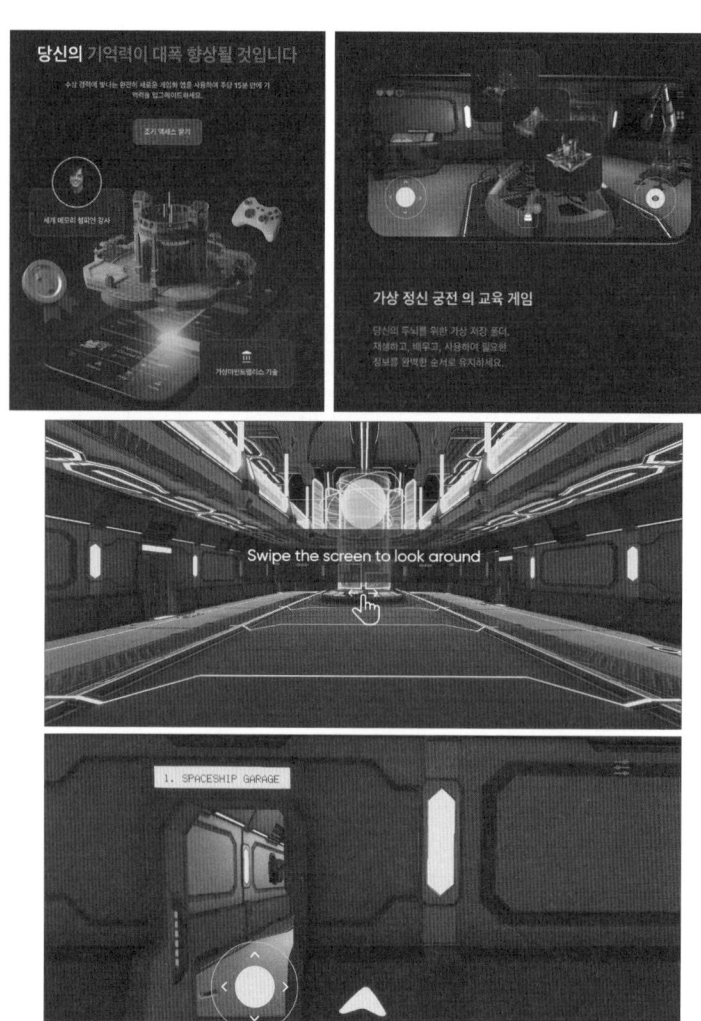

메모리OS의 온보딩

메모리OS(memoryOS)라는 이 앱은 가상 공간을 통해 일종의 기억력 훈련 게임을 할 수 있다. 가상의 3D 공간에서 특정 위치와 임무를 암기하는 방식, 즉 장소법을 활용하여 정보를 깊이 있게 처리함으로써 기억력 훈련을 하는 것이다. 오래 할 필요도 없이 하루 5~10분이라는 짧은 시간만 투자하면 된다. 서비스 개발자에 따르면 데모 테스트에 참여한 사용자의 기억력이 무려 70%나 증가했다고 한다. 장소법이 그만큼 기억하는 데 효과적인 방식인 셈이다.

> **생각해 볼 문제**

정보를 받아들이고 처리하는 방법은 여러 가지가 있다. 여기서 중요한 건 사용자 스스로 한 번 더 깊이 생각하는 과정을 거치는 것이다. 서비스는 어디까지나 그런 기회를 제공할 뿐, 사용자의 행동이 뒤따르지 않으면 그 어떤 전략이나 디자인도 효과를 볼 수 없다.

정보를 깊게 처리할 수 있는 다양한 방법과 사례를 그저 읽고 넘어가는 것으로 그치지 말고 이름이나 번호, 날짜 등 평소에 자주 잊어버려서 곤란했던 경험이 있는 요소를 쉽게 기억하기 위해 네 가지 전략 중 어떤 걸 적용할 수 있을지 고민해 보자. 정보 처리 깊이라는 개념을 잊지 않고 오래도록 기억하는 것은 물론 건망증 고민까지 해결할 수 있을 것이다.

이처럼 이 책에서도 내용을 마무리할 때마다 다양한 생각할 거리를 던지고 있다. 질문에 대한 답을 찾으며 스스로 생각하는 시간을 보냄으로써 이론 하나하나를 좀 더 오래 기억할 수 있을 것이다. 질문에 답하지 않고 넘어간 부분이 있다면 잠시 책을 덮고 고민해 보는 시간을 가져보자.

6 오래 보아야 예쁘다, 서비스도 그렇다

작년 현대카드 연간 명세서를 다시 보니, 가장 많이 돈을 쓴 곳 1위가 29CM였다.

현대카드의 소비 하이라이트

29CM는 패션부터 시작해서 각종 생활용품, 가구, 전자제품, 화장품까지 아우르는 쇼핑 플랫폼이다. '감도 깊은 취향 셀렉트샵'이라는 소개말처럼 카테고리별로 다양한 브랜드를 골라 모아둔 것이 특징이다.

29CM의 콘텐츠

사실 비슷한 쇼핑 플랫폼은 많다. 현재 스마트폰에 다운로드한 쇼핑 앱만 여섯 개나 된다. 그럼에도 자꾸만 29CM에서 구매하게 되는 이유는 '구경하는 재미' 때문이 아닐까 싶다. 29CM는 마치 잡지 같다. 미용실에서 머리가 다 되길 기다리며 보던 종이 잡지처럼 특정 목적 없이, 별다른 생각 없이 이것저것 뒤적거리며 볼 수 있는 콘텐츠가 풍부하다. 그래서 SNS가 아님에도 마치 SNS처럼 시간이 날 때마다 들어가서 구경하게 된다. 그러다 보니 처음 알게 된 브랜드도 점차 익숙해지고 친근해진다. 낯설었던 상품들도 여러 번 보다 보니 예뻐 보이고, 어느 날 문득 생각나기까지 한다. 그렇게 29CM에게 카드 소비 1위 자리를 내주게 되었다.

6.1 단순 노출 효과

처음엔 낯설었던 브랜드나 상품이 보면 볼수록 좋아지고 생각나게 되는 건 단순 노출 효과 덕택이다. 단순 노출 효과(mere exposure effect)[84]는 이름 그대로 단순히 어떤 대상에 익숙해진다는 이유만으로 그에 대한 선호도가 높아지고 기억에 남는 현상을 의미한다. 친숙할수록 더 좋아진다고 해서 친숙성의 원리(familiarity principle)라고도 한다.

우리는 익숙한 것을 끌어당긴다. 익숙하고 친숙한 것은 불확실성과 함께 우리의 뇌가 처리해야 하는 정보의 양을 줄여준다. 무인도에 가서 두 개의 과일 중 하나를 선택해야 하는 상황이라고 가정해 보

자. 하나는 처음 보는 과일이고 하나는 익숙한 과일이면 당연히 익숙한 과일을 먹을 것이다. 처음 보는 과일은 독성이 있을 수도 있고 알레르기 반응을 일으킬 수도 있으므로 익숙한 과일이 더 안전한 선택이다. 그렇게 우리는 진화해 왔기 때문에 익숙한 대상에 대해 더 긍정적으로 반응할 수밖에 없다.

6.2 가용성 휴리스틱

가장 쉽고 빠르게 떠오르는 정보를 기반으로 의사결정을 내리는 현상을 가용성 휴리스틱(availability heuristic) 혹은 가용성 편향(availability bias)이라고 한다.[85] 이 개념은 가장 최근에 본 뉴스 기사가 무엇인지에 따라 상황을 다르게 판단하는 예시로 자주 설명된다. 만약 최근에 비행기 사고가 크게 났던 뉴스를 접했다면 비행기는 위험하다는 인상이 강하게 남아서 한동안은 비행기를 타지 않으려고 할 것이다. 실제로는 자동차 사고가 비행기 사고보다 자주 일어나지만, 이러한 통계적 수치보다 머릿속에 즉각적으로 떠오르는 비행기 사고에 대한 인상이 의사결정에 영향을 주게 된다.

쇼핑을 할 때도 마찬가지다. 신발을 구매하려고 매장에 방문했을 때 선택할 가능성이 가장 큰 상품은 최근 SNS에서 봤던 신발이다. 매장에는 신상품이나 할인 중인 상품이 잔뜩 진열되어 있지만 SNS에서 봤던 그 신발이 이미 뇌리에 박혀 있어서 다른 상품은 눈에 들어오지 않는다. 잡지를 뒤적거리듯 29CM 앱을 들락날락하며 봤던 브랜드와 상품들이 머릿속에 각인되어 있기 때문에 무언가 구매하려고 할 때 그 상품들이 먼저 떠오르는 것도 마찬가지다. 최근에 보았거나 그 전부터 자주 봐왔던 물건들은 언젠간 구매할 가능성이 상당히 크다.

6.3 기억에 남기기 위한 SNS 활용

단순 노출 효과와 가용성 휴리스틱의 핵심은 사용자에게 계속 노출될수록 호감도가 올라가고 기억될 확률이 높아진다는 것이다. 당연히 한 번이라도 더 노출된 서비스가 사용자에게 최근 기억으로 자리 잡을 가능성이 크다. 이를 위해 많은 서비스가 SNS를 적극적으로 활용한다.

먼저, 카카오톡 친구 추가를 한 사용자에게 주기적으로 메시지를 보내서 브랜드를 노출하는 전략이 있다. 앱의 푸시 알림이 사용자의 주의를 끄는 것처럼 카카오톡 메시지도 비슷한 역할을 한다. 서비스 앱이 없거나 혹은 앱을 다운로드하지 않은 사용자에게도 서비스의 소식을 알릴 수 있는 수단이기에 할인 쿠폰을 주겠다고 유혹하며 카카오톡 친구 추가를 독려한다.

카카오톡 광고 메시지(1)

카카오의 스토리 채널에서는 브런치의 새 글이나 이벤트를 소개하는 메시지를 보내고, 세금 신고 서비스인 삼쩜삼 채널은 세금 신고 시기별로 알림과 함께 세무 서비스를 이용할 수 있는 쿠폰을 함께 발송한다. 29CM 같은 쇼핑몰은 주로 쿠폰의 유효 기간을 알리며 얼른 사용하라고 부추기거나 후기를 작성하라고 독려하는 메시지도 보낸다.

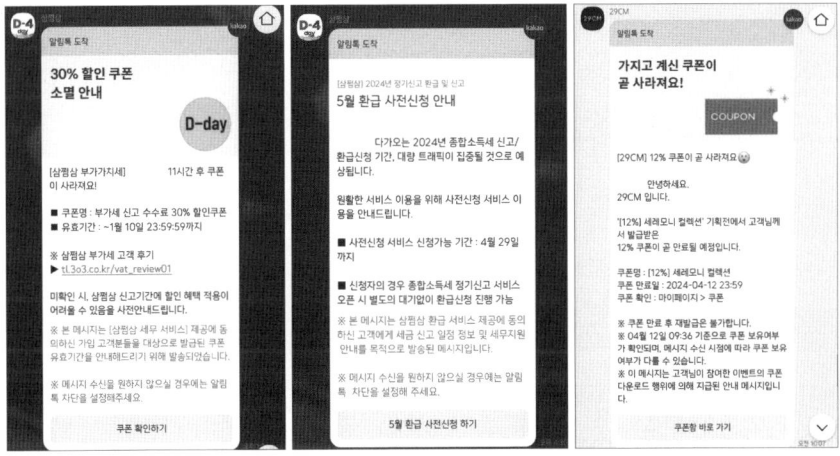

카카오톡 광고 메시지(2)

29CM가 패션, 라이프 스타일 등의 브랜드를 한데 모아서 소개하듯 휴식과 관련된 장소, 공연, 전시, 클래스 등을 큐레이션하는 서비스도 있다. 블림프(Blimp)라는 서비스는 휴식에 진심이다. 세상의 모든 안식처로 안내하겠다는 말처럼 평온한 시간을 보내기 위해 할 수 있는 모든 방법을 소개한다.

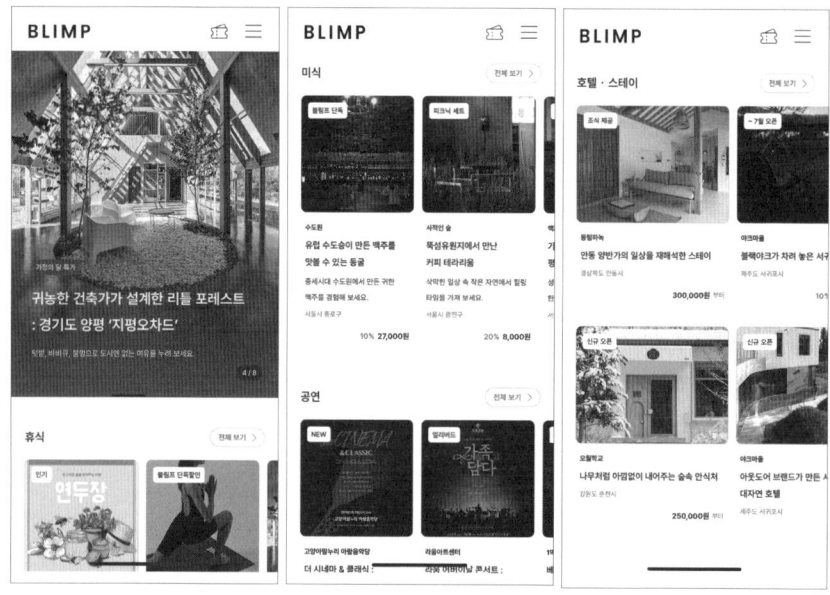

블림프의 휴식 콘텐츠 큐레이션

여건이 되지 않아서 여행을 떠날 수 없는 사용자를 위해 여행하는 기분을 느낄 수 있는 사운드를 제공하기도 한다. 인스타그램 업로드도 활발하게 하며 다양한 휴식 공간이 사용자에게 각인될 수 있도록 돕는다. SNS에서 한 번, 블림프 앱을 통해 또 한 번, 그렇게 계속 보게 되는 여행지나 전시와 공연은 어느새 마음속 위시 리스트에 자리 잡고 있을 것이다.

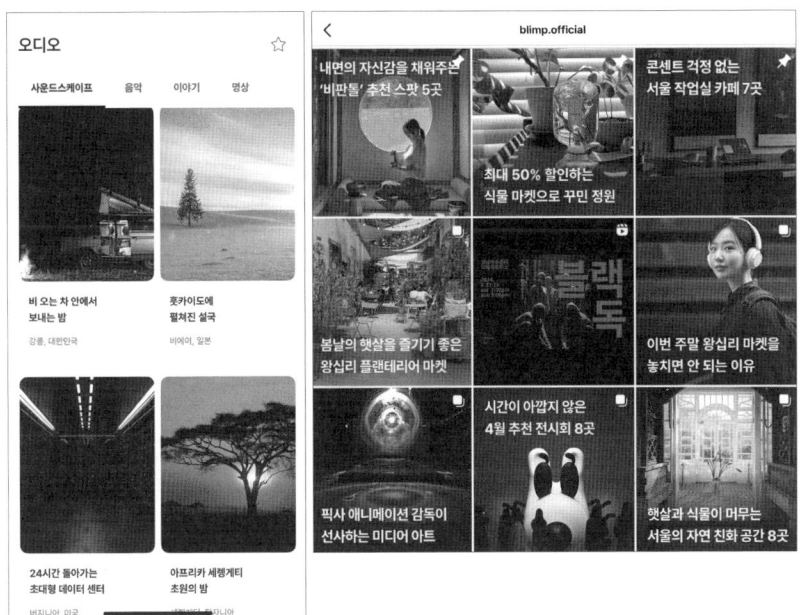

블림프 오디오 목록과 인스타그램 계정

6.4 데일리 부가 서비스

직접적으로 이벤트를 홍보하고 쿠폰을 뿌리며 서비스를 노출하기도 하지만, 일상에서 반복할 수 있는 데일리 부가 서비스를 제공해서 서비스에 익숙해지게 만들기도 한다. 대표적으로 매일 걸음 수를 기록하고 분석해 주는 토스의 만보기나 네이버의 건강 서비스를 예로 들 수 있다. 토스나 네이버가 건강 관련 서비스는 아니다. 하지만 만보기와 같은 서비스를 제공함으로써 사용자가 매일 앱에 접속하게 한다. 그러다 보면 앱에 있는 콘텐츠를 하나라도 더 보여줄 수 있고 또 기억하게 만드는 것까지도 가능하다.

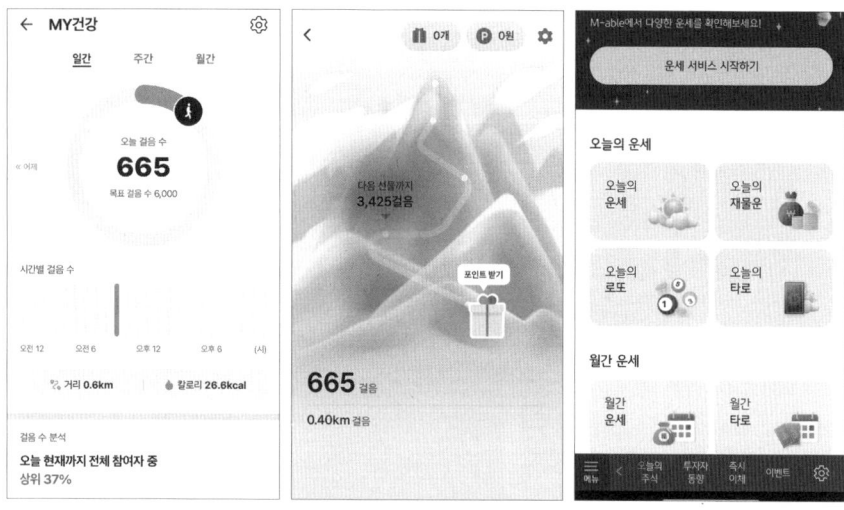

네이버의 MY건강, 토스의 만보기, KB증권의 오늘의 운세

걸음 수 측정 외에도 매일의 운세를 보여주거나 심리 테스트를 만들어서 결과를 메인 서비스와 연결시키는 등 서비스를 노출하는 전략은 다양하게 찾아볼 수 있다. 특히, 걷기나 운세처럼 매일 사용할 수 있는 서비스는 확실하게 사용자를 묶어둘 수 있다. 이를 락인(lock-in) 효과라고 한다. 사용자가 한 번이라도 네이버를 통해 걸음 수를 기록했거나 KB증권에서 운세 혹은 타로를 보기 시작했다면 다른 곳에서 동일한 서비스를 제공하더라도 전환하는 걸 꺼린다. 이렇게 데일리 부가 서비스를 이용하면서 특정 앱에 정착한다면 그 앱에서 제공하는 다른 서비스도 함께 이용할 확률이 높아지는 것이다.

❯ 생각해 볼 문제

'자세히 보아야 예쁘다, 오래 보아야 사랑스럽다.'라는 나태주 시인의 시처럼 서비스나 상품도 처음 봤을 때보다 계속, 자주, 반복해서 봤을 때 그리고 좀 더 오래 알고 지냈을 때 더 친근하게 느껴지고 좋아 보인다. 익숙하거나 편안하거나 혹은 가장 최근에 본 것일수록 사람들은 쉽게 떠올리고 기억하면서 의사결정을 할 때도 가장 우선으로 고려한다.

하지만 인간의 본능과 마음을 지나치게 단순화해서 설명하기는 어렵다. 단순 노출 효과를 노린다고 매일 SNS 피드와 카카오톡 메시지에 등장하는 서비스를 생각해 보자. 과연 그 서비스의 소식과 콘텐츠를 볼 때 호기심이 들고 반가울까? 아니면 지겹고 벗어나고 싶은 욕구가 들까? 이미 차단한 카카오톡 채널이 한두 개가 아닌 걸 보면 단순 노출 효과는 분명 일정 수준까지만 유효하다.

그렇다면 그 적당한 지점을 어떻게 찾을 수 있을까? 모든 것이 그렇듯 너무 지나치면 오히려 독이 된다. 어떻게든 눈에 띄려는 시도인 듯 아닌 듯하면서 어느새 사용자가 스며들 수 있게 만드는 전략에 대해 고민해 보자.

각주별 출처

1. Stevie Borrello, The cobra effect, Quartz Weekly Obsession (Oct. 11, 2019), https://qz.com/emails/quartz-obsession/1726565/the-cobra-effect
2. Chollete, L., & Harrison, S. G. (2021). Unintended consequences: ambiguity neglect and policy ineffectiveness. Eastern Economic Journal, 47(2), 206.
3. Emine Sanner, 'I didn't realise how badly it affected me until I was off it': what it's like to have a social media detox ((Dec. 15, 2022), https://www.theguardian.com/media/2022/dec/15/i-didnt-realise-how-badly-it-affected-me-until-i-was-off-it-should-more-of-us-try-a-social-media-detox
4. Tom Knowles, I'm so sorry, says inventor of endless online scrolling, https://www.thetimes.com/business-money/technology/article/i-m-so-sorry-says-inventor-of-endless-online-scrolling-9lrv59mdk
5. Center for Humane Technology, https://www.humanetech.com/who-we-are
6. 안희정, 챗GPT, 채용시장까지 뒤흔든다… 어떤 변화 불러올까, https://zdnet.co.kr/iew/?no=20230327163419
7. Deceptive patterns, Types of deceptive pattern, https://www.deceptive.design/types
8. Samuelson, W., & Zeckhauser, R. (1988). Status quo bias in decision making. Journal of risk and uncertainty, 1, 7-59.
9. MacKenzie, I. S. (1992). Fitts' law as a research and design tool in human-computer interaction. Human-computer interaction, 7(1), 91-139.
10. Fredrickson, B. L. (2000). Extracting meaning from past affective experiences: The importance of peaks, ends, and specific emotions. Cognition and Emotion, 14(4), 577-606. https://doi.org/10.1080/026999300402808
11. Brehm, S. S., & Brehm, J. W. (2013). Psychological reactance: A theory of freedom and control. Academic Press.
12. User Offboarding Checklist, https://growth.design/case-studies/adobe-cancel-subscription
13. Katharina Buchholz, Threads Shoots Past One Million User Mark at Lightning Speed, https://www.statista.com/chart/29174/time-to-one-million-users/

14. Tversky, A., & Kahneman, D. (1981). The framing of decisions and the psychology of choice. science, 211(4481), 453-458.
15. Nisbett, R. E., & Wilson, T. D. (1977). The halo effect: Evidence for unconscious alteration of judgments. Journal of personality and social psychology, 35(4), 250.
16. Makena Kelly, Here's why Threads is delayed in Europe / Europe's Digital Markets Act could prevent Meta from connecting Instagram to Threads accounts, https://www.theverge.com/23789754/threads-meta-twitter-eu-dma-digital-markets
17. Therese Fessenden, Privacy Policies and Terms of Use: 5 Common Mistakes (Jul. 26, 2020), https://www.nngroup.com/articles/privacy-policies-terms-use-pages/
18. Deceptive patterns, Comparison prevention, https://www.deceptive.design/types/comparison-prevention
19. What is product-led growth?, https://www.productled.org/foundations/what-is-product-led-growth
20. Thaler, R. H., & Sunstein, C. R. (2021). Nudge: The final edition. Yale University Press.
21. Byrne, S., & Hart, P. S. (2009). The boomerang effect a synthesis of findings and a preliminary theoretical framework. Annals of the International Communication Association, 33(1), 3-37.
22. Lazear, E. P. (1995). Bait and switch. Journal of Political Economy, 103(4), 813-830.
23. Deceptive patterns, Hidden Costs, https://www.deceptive.design/types/hidden-costs
24. Dearborn, D. C., & Simon, H. A. (1958). Selective perception: A note on the departmental identifications of executives. Sociometry, 21(2), 140-144.
25. https://unsplash.com/ko/%EC%82%AC%EC%A7%84/%EB%82%AE-%EB%8F%99%EC%95%88-%EC%88%B2%EC%9D%98-%EB%B2%8C%EB%A0%88-%EB%88%88-%EB%B3%B4%EA%B8%B0-19SC2oaVZW0
26. Wilson, E. O. (1986). Biophilia. Harvard university press.
27. Kaplan, R. "The experience of nature: A psychological perspective." Cambridge University Perss (1989).
28. Ryan, C. O., & Browning, W. D. (2020). Biophilic design. Sustainable built environments, 43-85.

29. https://verdeco.fi/2017/08/04/case-google-attracting-workers- with-biophilic-design/?lang=en, https://convene.com/catalyst/office/facebook- new-office/, https://neurolandscape.org/2018/03/29/amazon-unveils-biophilic- workspace/)

30. https://www.forestapp.cc/

31. Joey Knelman, Design Lessons from Evolutionary Biology, https://uxbooth.com/articles/design-lessons-from-evolutionary-biology/

32. Vann, S. W., & Tawfik, A. A. (2020). Flow theory and learning experience design in gamified learning environments. Learner and user experience research.

33. Deterding, S. (2012). Gamification: designing for motivation. interactions, 19(4), 14-17.

34. Eyal, N. (2014). Hooked: How to build habit-forming products. Penguin.

35. Jane McGonigal, Ideas for modern living: blissful productivity, https://www.theguardian.com/lifeandstyle/2010/oct/17/ideas-modern-living-productivity-video-computer-games

36. Falk, A., & Fischbacher, U. (2006). A theory of reciprocity. Games and economic behavior, 54(2), 293-315.

37. Spillers, F. (2010). Progressive disclosure.

38. Schmitt-Beck, R. (2015). Bandwagon effect. The international encyclopedia of political communication, 1-5.

39. Dai, H., Milkman, K. L., & Riis, J. (2014). The fresh start effect: Temporal landmarks motivate aspirational behavior. Management Science, 60(10), 2563-2582.

40. Bar-Haim, Y., Lamy, D., Pergamin, L., Bakermans-Kranenburg, M. J., & Van Ijzendoorn, M. H. (2007). Threat-related attentional bias in anxious and nonanxious individuals: a meta-analytic study. Psychological bulletin, 133(1), 1.

41. Hadjikhani, N., Kveraga, K., Naik, P., & Ahlfors, S. P. (2009). Early (M170) activation of face-specific cortex by face-like objects. Neuroreport, 20(4), 403-407.

42. https://unsplash.com/

43. https://unsplash.com/

44. Labor Perception Bias, https://growth.design/case-studies/labor-perception-bias

45. Buell, R. W., & Norton, M. I. (2011). The labor illusion: How operational transparency increases perceived value. Management Science, 57(9), 1564-1579.

46. Aurora Harley, Perceived Value in User Interfaces, https://www.nngroup.com/articles/perceived-value/

47. Crum, L. (2020). Laws of UX: Using Psychology to Design Better Products & Services, by Jon Yablonski Sebastopol, CA: O'Reilly Media, 2020, 152 pp. 9781492055310. US 44.99/CAD 59.99.

48. Adar, E., Tan, D. S., & Teevan, J. (2013, April). Benevolent deception in human computer interaction. In Proceedings of the SIGCHI conference on human factors in computing systems (pp. 1863-1872).

49. Nancy Wartik, The Election Needle Returns, https://www.nytimes.com/2017/12/14/reader-center/nyt-needle-election.html

50. Zeigarnik, B. (1938). On finished and unfinished tasks.

51. Nunes, J. C., & Dreze, X. (2006). The endowed progress effect: How artificial advancement increases effort. Journal of Consumer Research, 32(4), 504-512.

52. Hull, C. L. (1932). The goal-gradient hypothesis and maze learning. Psychological review, 39(1), 25.

53. Brown, J. S. (1948). Gradients of approach and avoidance responses and their relation to level of motivation. Journal of comparative and physiological psychology, 41(6), 450.

54. Cheema, A., & Bagchi, R. (2011). The effect of goal visualization on goal pursuit: Implications for consumers and managers. Journal of Marketing, 75(2), 109-123.

55. 강준혁, 네이버 블로그, 2021년 신규 콘텐츠 3억개…역대 최다기록, https://www.metroseoul.co.kr/article/20211209500027

56. Chip Heath and Dan Heath, The Curse of Knowledge, https://hbr.org/2006/12/the-curse-of-knowledge

57. Nettle, D., Harper, Z., Kidson, A., Stone, R., Penton-Voak, I. S., & Bateson, M. (2013). The watching eyes effect in the Dictator Game: it's not how much you give, it's being seen to give something. Evolution and Human Behavior, 34(1), 35-40.

58. Dear, K., Dutton, K., & Fox, E. (2019). Do 'watching eyes' influence antisocial behavior? A systematic review & meta-analysis. Evolution and Human Behavior, 40(3), 269-280.

59. Landsberger, H. A. (1958). Hawthorne Revisited: Management and the Worker, Its Critics, and Developments in Human Relations in Industry.

60. Kate Moran, Usability Testing 101, https://www.nngroup.com/articles/usability-testing-101/

61. https:// www.tiktok.com/@danimarielettering/ video/7301724587488759070?is_from_ webapp=1&web_id=7303464134547441 159

62. Lundqvist, A., Liljander, V., Gummerus, J., & Van Riel, A. (2013). The impact of storytelling on the consumer brand experience: The case of a firm-originated story. Journal of brand management, 20, 283-297.

63. https://www.musinsa.com/app/goods/3407 592?utm_source=google_shopping&utm_medium=sh&source=GOSHSAP001&gad_so urce=1&gclid=CjwKCAiA0PuuBhBsEiwAS7fsNVILxhx61CCr4OdYS6ezY5VFFSsMozUe MewO-xuyz9Pi9JpMH91u0hoCJncQAvD_BwE

64. Howard, J., & Howard, J. (2019). Bandwagon effect and authority bias. Cognitive errors and diagnostic mistakes: A case-based guide to critical thinking in medicine, 21-56.

65. Klayman, J. (1995). Varieties of confirmation bias. Psychology of learning and motivation, 32, 385-418.

66. Zhang, T., & Zhang, D. (2007). Agent-based simulation of consumer purchase decision-making and the decoy effect. Journal of business research, 60(8), 912-922.

67. Tversky, A., & Kahneman, D. (1974). Judgment under Uncertainty: Heuristics and Biases: Biases in judgments reveal some heuristics of thinking under uncertainty. science, 185(4157), 1124-1131.

68. Valenzuela, A., & Raghubir, P. (2009). Position-based beliefs: The center-stage effect. Journal of Consumer Psychology, 19(2), 185-196.

69. Hick, W. E. (1952). On the rate of gain of information. Quarterly Journal of experimental psychology, 4(1), 11-26.

70. Iyengar, S. S., & Lepper, M. R. (2000). When choice is demotivating: Can one desire too much of a good thing?. Journal of personality and social psychology, 79(6), 995.

71. Deceptive patterns, Confirmshaming, https://www.deceptive.design/types/confirmshaming

72. Allman, E. (2011). The magazine archive includes every article published in Communications of the ACM for over the past 50 years. Communications of the ACM, 54(8), 40-45.

73. Geier, A. B., Rozin, P., & Doros, G. (2006). Unit bias: A new heuristic that helps explain the effect of portion size on food intake. Psychological Science, 17(6), 521-525.

74. O'Connor, T. (2019). Professional development: Mindset: Are you a victim of completion bias?. LSJ: Law Society of NSW Journal, (62), 46.

75. Gazel, S. (2015). The regret aversion as an investor bias. International Journal of Business and Management Studies, 4(02), 419-424.

76. Harmon-Jones, E., & Mills, J. (2019). An introduction to cognitive dissonance theory and an overview of current perspectives on the theory.

77. Gray, C. M., Kou, Y., Battles, B., Hoggatt, J., & Toombs, A. L. (2018, April). The dark (patterns) side of UX design. In Proceedings of the 2018 CHI conference on human factors in computing systems (pp. 1-14).

78. Skowronski, J. J., & Carlston, D. E. (1987). Social judgment and social memory: The role of cue diagnosticity in negativity, positivity, and extremity biases. Journal of personality and social psychology, 52(4), 689.

79. Hunt, R. R. (1995). The subtlety of distinctiveness: What von Restorff really did. Psychonomic Bulletin & Review, 2, 105-112.

80. Benway, J. P. (1998, October). Banner blindness: The irony of attention grabbing on the World Wide Web. In Proceedings of the Human Factors and Ergonomics Society Annual Meeting (Vol. 42, No. 5, pp. 463-467). Sage CA: Los Angeles, CA: Sage Publications.

81. Craik, F. I., & Tulving, E. (1975). Depth of processing and the retention of words in episodic memory. Journal of experimental Psychology: general, 104(3), 268.

82. Childers, T. L., & Houston, M. J. (1984). Conditions for a picture-superiority effect on consumer memory. Journal of consumer research, 11(2), 643-654.

83. Maguire, E. A., Valentine, E. R., Wilding, J. M., & Kapur, N. (2003). Routes to remembering: the brains behind superior memory. Nature neuroscience, 6(1), 90-95.

84. Zajonc, R. B. (1968). Attitudinal effects of mere exposure. Journal of personality and social psychology, 9(2p2), 1.

85. Tversky, A., & Kahneman, D. (1973). Availability: A heuristic for judging frequency and probability. Cognitive psychology, 5(2), 207-232.

30가지 심리학 이야기로 풀어보는 UX 디자인
한 입 크기 UX

출간일	2025년 8월 29일
지은이	윤하린
펴낸이	김범준
기획·책임편집	최규리
교정교열	윤나라
편집디자인	한지혜
표지디자인	셀로판 강수정
발행처	(주)비제이퍼블릭
출판신고	2009년 05월 01일 제300-2009-38호
주소	서울시 중구 청계천로 100 시그니쳐타워 서관 9층 945, 946호
주문·문의	02-739-0739
팩스	02-6442-0739
홈페이지	http://bjpublic.co.kr
이메일	bjpublic@bjpublic.co.kr
가격	24,000원
ISBN	979-11-6592-331-0 (93000)

한국어판 © 2025 (주)비제이퍼블릭

이 책은 저작권법에 따라 보호받는 저작물이므로 무단 전재와 무단 복제를 금지하며,
내용의 전부 또는 일부를 이용하려면 반드시 저작권자와 (주)비제이퍼블릭의 서면 동의를 받아야 합니다.

 이 책을 저작권자의 허락 없이 **무단 복제 및 전재(복사, 스캔, PDF 파일 공유)하는 행위**는 모두 저작권법 위반입니다. 저작권법 제136조에 따라 **5년** 이하의 징역 또는 **5천만 원** 이하의 벌금을 부과할 수 있습니다. 무단 게재나 불법 스캔본 등을 발견하면 출판사나 한국저작권보호원에 신고해 주십시오(불법 복제 신고 https://copy112.kcopa.or.kr).

잘못된 책은 구입하신 서점에서 교환해드립니다.